DIETER MIDDEL

Öffentlich-rechtliche Willenserklärungen von Privatpersonen

Schriften zum Öffentlichen Recht

Band 157

Öffentlich-rechtliche Willenserklärungen von Privatpersonen

Von

Dr. Dieter Middel

DUNCKER & HUMBLOT / BERLIN

Gedruckt 1971 bei Buchdruckerei Richard Schröter, Berlin 61
Printed in Germany

ISBN 3 428 02454 0

Inhalt

2. Abschnitt

Der Entwurf einer Verwaltungsrechtsordnung für Württemberg

3. Abschnitt

Die grundsätzliche Anwendbarkeit des bürgerlichen Rechts auf die ungeregelten öffentlich-rechtlichen Willenserklärungen Privater

2. Abschnitt

Anfechtbarkeit öffentlich-rechtlicher Willenserklärungen von Privatpersonen

3. Abschnitt

Die Geschäftsfähigkeit von Privatpersonen im öffentlichen Recht

Abkürzungsverzeichnis

a.a.O.	am angegebenen Ort
AbgEG	Gesetz über die Entschädigung der Mitglieder des Bundestages vom 24. Juni 1954, BGBl II, S. 637
ABL	Amtsblatt
ABLKR	Amtsblatt des Kontrollrates in Deutschland
AcP	Archiv für die civilistische Praxis (Bd/Seite)
a.F.	alte Fassung
AmateurfunkG	Gesetz über den Amateurfunk vom 14. März 1949, WiGBl S. 20 und § 1 Nr. 1 VO v. 12. Mai 1950, BGBl, S. 181
AnnDR	Annalen des Deutschen Reichs (Jahr/Seite)
AO	Reichsabgabenordnung in der Fassung vom 22. Mai 1931, RGBl I, S. 161
AöR	Archiv des öffentlichen Rechts, bis zum 26. Bd.: Archiv für öffentliches Recht (Bd./Seite)
AOStrafÄndG	Gesetz zur Änderung strafrechtlicher Vorschriften der Reichsabgabenordnung und anderer Gesetze (AOStrafÄndG) vom 10. August 1967, BGBl I, S. 877
ApothG	Gesetz über das Apothekenwesen vom 20. August 1960, BGBl I, S. 697
(Bay)ApothG	Gesetz über das Apothekenwesen (Apothekengesetz) vom 16. Juni 1952, GVBl, S. 181
(SchlH)Aufwandsentschädigungsg	Gesetz über die Entschädigung der Abgeordneten des Schleswig-Holsteinischen Landtags vom 31. Mai 1955, GVBl (GVOBl SchlH), S. 125
a.z(ul).a.O.	am zuletzt angegebenen Ort
Bad.	Baden, badisch
BÄO	Bundesärzteordnung vom 2. Oktober 1961, BGBl I, S. 1857
BapothO	Bundes-Apothekenordnung vom 5. Juni 1968, BGBl I, S. 601
Bay.	Bayern, bayerisch
BayBG v. 1946	Bayerisches Beamtengesetz vom 28. Oktober 1946, GVBl, S. 349
BayBG v. 1966	Bayerisches Beamtengesetz (BayBG) i.d.F. vom 20. Dezember 1966, GVBl 1967, S. 153
BayBO	Bayerische Bauordnung (BayBO) vom 1. August 1962, GVBl, S. 179

BayBS	Bereinigte Sammlung des bayerischen Landesrechts
BayStrWG	Bayerisches Straßen- und Wegegesetz (BayStrWG) vom 11. Juli 1958, GVBl, S. 147, i.d.F. vom 25. April 1968, GVBl, S. 64
BayVBl	Bayerische Verwaltungsblätter (Jahr/Seite)
BayVGHENF	Sammlung der Entscheidungen des Bayerischen Verwaltungsgerichtshofs mit Entscheidungen des Bayerischen Verfassungsgerichtshofs Neue Folge (Bd./Seite)
BB	Der Betriebsberater (Jahr/Seite)
BBauG	Bundesbaugesetz vom 23. Juni 1960, BGBl I, S. 334
BBG	Bundesbeamtengesetz (BBG) vom 14. Juli 1953, BGBl I, S. 551, i.d.F. vom 22. Oktober 1965, BGBl I, S. 1776
BDO	Bundesdisziplinarordnung (BDO) vom 28. November 1952, BGBl I, S. 761, i.d.F. vom 20. Juli 1967, BGBl, S. 750
Begründung zum HambWegeG	Mitteilung des Senats an die Bürgerschaft Nr. 138 Hamburg, den 1. April 1958, Entwurf eines Wegegesetzes und Entwurf eines Gesetzes über die Höhe der Grundbuchbeiträge nach dem Wegegesetz
Bem.	Bemerkung(en)
Berl.	Berlin, berlinerisch
BestO für Ärzte	Bestallungsordnung für Ärzte vom 15. September 1953, BGBl I, S. 1334, vom 26. Januar 1955, BGBl I, S. 36
BestO für Apotheker	Bestallungsordnung für Apotheker vom 8. Oktober 1937, RGBl I, S. 1118 (außer Kraft getreten durch § 19 Nr. 2 BapothO)
BGB	Bürgerliches Gesetzbuch vom 18. August 1896, RGBl, S. 195
BGBl (I, II)	Bundesgesetzblatt (Teil I, Teil II)
BGHZ	Entscheidungen des Bundesgerichtshofs in Zivilsachen (Bd./Seite)
BjagdG	Bundesjagdgesetz i.d.F. vom 30. März 1961, BGBl I, S. 304
BLV	Verordnung über die Laufbahnen der Bundesbeamten (Bundeslaufbahnverordnung — BLV) i.d.F. vom 14. April 1965 (BGBl I, S. 323)
BNotO	Bundesnotarordnung vom 24. Februar 1961, BGBl I, S. 98
BRAO	Bundesrechtsanwaltsordnung vom 1. August 1959, BGBl I, S. 565
Brem.	Bremen, bremisch
BRRG	Rahmengesetz zur Vereinheitlichung des Beamtenrechts (Beamtenrechtsrahmengesetz —

	BRRG) vom 1. Juli 1957, BGBl I, S. 667 i.d.F. vom 22. Oktober 1965, BGBl, S. 1754
BTÄO	Bundes-Tierärzteordnung vom 17. Mai 1965, BGBl I, S. 416
(Hamb)BürgerschaftswahlG	Gesetz über die Wahl zur hamburgischen Bürgerschaft vom 24. April 1961, GVBl, S. 139
BVerfGG	Gesetz über das Bundesverfassungsgericht vom 12. März 1951, BGBl I, S. 243
BVerwGE	Entscheidungen des Bundesverwaltungsgerichts (Bd./Seite)
BW	Baden-Württemberg, baden-württembergisch
BWaffenG	Bundeswaffengesetz vom 14. Juni 1968, BGBl I, S. 633
BWahlG	Bundeswahlgesetz vom 7. Mai 1956, BGBl I, S. 383
BWV	Bundeswehrverwaltung (Jahr/Seite)
BWVBl	Baden-Württembergisches Verwaltungsblatt (Jahr/Seite)
DAR	Deutsches Autorecht (Jahr/Seite)
DB	Der Betrieb (Jahr/Seite)
DÖV	Die öffentliche Verwaltung (Jahr/Seite)
(Bay)DolmetscherG	Gesetz über die öffentliche Bestellung und allgemeine Beeidigung von Dolmetschern und Übersetzern vom 21. Oktober 1953, GVBl, S. 179
DV	Deutsche Verwaltung (Jahr/Seite)
DVBl	Deutsches Verwaltungsblatt (Jahr/Seite)
DVO	Durchführungsverordnung
1. DVO z. FischereischeinG	Erste Verordnung zur Durchführung und Ergänzung des Gesetzes über den Fischereischein vom 21. April 1939, RGBl I, S. 816
DVO z. SaarlFischereischeinG	Verordnung zur Durchführung und Ergänzung des Gesetzes vom 23. Juni 1948 über den saarländischen Fischereischein vom 23. Juni 1948, ABl, S. 799
1. DVO z. HebammenG	Erste Verordnung zur Durchführung des Hebammengesetzes vom 3. März 1939, RGBl I, S. 417
DVO z. NotaufnahmeG	Verordnung zur Durchführung des Gesetzes über die Notaufnahme von Deutschen in das Bundesgebiet vom 11. Juni 1951, BGBl I, S. 381
DVO z. StBerG	Verordnung zur Durchführung des Steuerberatungsgesetzes vom 1. August 1962, BGBl I, S. 537
EGBGB	Einführungsgesetz zum Bürgerlichen Gesetzbuch vom 18. August 1896, RGBl, S. 604
EheG	Ehegesetz vom 20. Februar 1946 (Kontrollratsgesetz Nr. 16), ABlKR S. 77

(Hess)Elternmitbestimmungs G	Gesetz über die Mitbestimmung der Erziehungsberechtigten und den Landesschulbeirat vom 13. November 1958, GVBl, S. 174
ErsatzdienstG	Gesetz über den zivilen Ersatzdienst i.d.F. vom 16. Juli 1965, BGBl I, S. 984
ESVGH	Entscheidungssammlung des Hessischen und des Württemberg-Badischen Verwaltungsgerichtshofs (Bd./Seite)
EVRO	Verwaltungsrechtsordnung für Württemberg. Entwurf eines Gesetzes mit Begründung, Stuttgart 1931 (zitiert: EVRO, HB = Hauptband); Ergänzungsband zur Verwaltungsrechtsordnung für Württemberg. Entwurf eines Gesetzes mit Begründung. Ergebnisse der Dritten Lesung der Kommission für die Landesordnung des Allgemeinen Öffentlichen Rechts, Stuttgart 1936 (zitiert: EVRO, EB = Ergänzungsband)
EVwVerfG63	Musterentwurf eines Verwaltungsverfahrensgesetzes, Köln und Berlin 1964 (zitiert: (Einzel) Begründung zum EVwVerfG 63)
FahrlehrerVO	Verordnung über Fahrlehrer im Kraftfahrzeugverkehr vom 23. Juli 1957, BGBl I, S. 769
FamRÄG	Gesetz zur Vereinheitlichung und Änderung familienrechtlicher Vorschriften (Familienrechtsänderungsgesetz) vom 11. August 1961, BGBl I, S. 1221
FamRZ	Zeitschrift für das gesamte Familienrecht. Ehe und Familie im privaten und öffentlichen Recht (Jahr/Seite)
FeuerbestG	Gesetz über die Feuerbestattung vom 15. Mai 1934, RGBl I, S. 380
FGG	Gesetz über die Angelegenheiten der freiwilligen Gerichtsbarkeit i.d.F. vom 20. Mai 1898, RGBl, S. 771
FGO	Finanzgerichtsordnung vom 6. Oktober 1965, BGBl I, S. 1477
(Hess)FischereiG	Fischereigesetz für das Land Hessen vom 11. November 1950, GVBl, S. 255
(Rh-Pf)FischereischeinG	Landesgesetz über den Fischereischein vom 6. Juli 1961, GVBl, S. 155
FischersZ	Fischers Zeitschrift für Praxis und Gesetzgebung, ab 56. Bd.: Fischers Zeitschrift für Verwaltungsrecht (Bd./Seite)
FreiheitsentziehungsG	Gesetz über das gerichtliche Verfahren bei Freiheitsentziehungen vom 29. Juni 1956, BGBl I, S. 599
FreizügigkeitsG	Gesetz über die Freizügigkeit vom 1. November 1867, BGBl des Norddeutschen Bundes, S. 55

FStrG	Bundesfernstraßengesetz (FStrG) i.d.F. vom 6. August 1961, BGBl I, S. 1741
GaststG	Gaststättengesetz vom 28. April 1930, RGBl I, S. 146
GBl	Gesetzblatt
(Hamb)GebG	Gebührengesetz vom 5. Juli 1954, GVBl, S. 51
GG	Grundgesetz für die Bundesrepublik Deutschland vom 23. Mai 1949, BGBl I, S. 1
(SchlH)GKWG	Wahlgesetz für die Gemeinde- und Kreisvertretungen in Schleswig-Holstein (Gemeinde- und Kreiswahlgesetz — GKWG —) i.d.F. vom 5. Dezember 1961, GVBl (GVOBl SchlH), S. 183
GemTag	Der Gemeindetag (Jahr/Seite)
GS	Gesetzessammlung
GüKG	Güterkraftverkehrsgesetz (GüKG) vom 17. Oktober 1952, BGBl I, S. 697
GVBl	Gesetz- und Verordnungsblatt
GewO	Gewerbeordnung für das Deutsche Reich i.d.F. vom 26. Juli 1900, RGBl I, S. 871
Hamb	Hamburg, hamburgisch
HBG	Hessisches Beamtengesetz (HBG) vom 21. März 1962, GVBl, S. 173, i.d.F. vom 10. Januar 1967, GVBl I, S. 10
HebammenG	Hebammengesetz vom 21. Dezember 1938, RGBl I, S. 1893
Hess	Hessen, hessisch
HmbPersVG	Hamburgisches Personalvertretungsgesetz (HmbPersVG) vom 18. Oktober 1957, GVBl, S. 437
HWO	Gesetz zur Ordnung des Handwerks (Handwerksordnung) a.F.: vom 7. September 1953, BGBl I, S. 1411 n.F.: i.d.F. vom 28. Dezember 1965, BGBl I, 1966, S. 1
i.d.F.	in der Fassung
IherJb	Iherings Jahrbücher der Dogmatik des bürgerlichen Rechts (Bd./Seite)
i.V.m.	in Verbindung mit
JGG	Jugendgerichtsgesetz vom 4. August 1953, BGBl I, S. 751
JR	Juristische Rundschau (Jahr/Seite)
JuS	Juristische Schulung (Jahr/Seite)
JW	Juristische Wochenschrift (Jahr/Seite)
JWG	Gesetz über die Jugendwohlfahrt vom 11. August 1961, BGBl I, S. 1206
JZ	Juristenzeitung (Jahr/Seite)
KfzVO	Verordnung über den Kraftfahrzeugverkehr (Kraftfahrzeugverordnung) vom 10. Mai 1932, RGBl I, S. 201
(Bay)KG	Kostengesetz vom 17. Dezember 1956, GVBl, S. 361

(Bay)LandfahrerO	Landfahrerordnung vom 22. Dezember 1953, GVBl, S. 197
LBG	Landesbeamtengesetz BW: vom 1. August 1962, GBl, S. 89 NW: vom 15. Juni 1954, GVBl (GV.NW), S. 225, i.d.F. vom 1. August 1966, GVBl (GV.NW), S. 427 Rh-Pf: vom 11. Juli 1962, GVBl, S. 73
(BW)LBO	Landesbauordnung für Baden-Württemberg — LBO — vom 6. April 1964, GBl, S. 151
(NW)LStrG	Straßengesetz des Landes Nordrhein-Westfalen (Landesstraßengesetz — LStrG) vom 28. November 1961, GVBl (GV.NW), S. 305
(SchlH)LVwG	Allgemeines Verwaltungsgesetz für das Land Schleswig-Holstein (Landesverwaltungsgesetz — LVwG) vom 18. April 1967, GVBl (GVOBl SchlH), S. 131
MDR	Monatsschrift für Deutsches Recht (Jahr/Seite)
(Hess)MeldeG	Hessisches Meldegesetz vom 22. September 1960, GVBl, S. 201
(BW)MinisterG	Gesetz über die Rechtsverhältnisse der Mitglieder der Regierung (Ministergesetz) vom 13. Dezember 1954, GBl, S. 163
MRK	Gesetz über die Konvention zum Schutze der Menschenrechte und Grundpflichten vom 7. August 1952, BGl II, S. 685
NamÄndG	Gesetz über die Änderung von Familiennamen und Vornamen vom 5. Januar 1938, RGBl I, S. 9
NBG	Niedersächsisches Beamtengesetz (NBG) i.d.F. vom 1. Juni 1967, (NdS) GVBl, S. 175
NdS	Niedersachsen, niedersächsisch
n.F.	neue Fassung
NF	Neue Folge
NJW	Neue Juristische Wochenschrift (Jahr/Seite)
NStrG	Niedersächsisches Straßengesetz (NStrG) vom 14. Dezember 1962, (NdS) GVBl, S. 251
NW	Nordrhein-Westfalen, nordrhein-westfälisch
o.J.	ohne Jahr
o.O.	ohne Ort
(Bad.)OrtskirchensteuerG	Ortskirchensteuergesetz vom 30. Juni 1922, GVBl, S. 501
OVGML	Entscheidungen der Oberverwaltungsgerichte für das Land Nordrhein-Westfalen in Münster sowie für die Länder Niedersachsen und Schleswig-Holstein in Lüneburg (Bd./Seite)
OWiG	Gesetz über Ordnungswidrigkeiten (OWiG) vom 24. Mai 1968, BGBl I, S. 481
PassG	Gesetz über das Paßwesen vom 4. März 1952, BGBl I, S. 290

PBefG	Personenbeförderungsgesetz (PBefG) vom 21. März 1961, BGBl I, S. 241
PersonalAusweisAusfG	Gesetz zur Ausführung des Bundesgesetzes über Personalausweise bzw. Ausführungsgesetz zum Bundesgesetz über Personalausweise Bay: vom 15. Januar 1951, BayBS I, S. 379 Brem: vom 22. Februar 1952, GBl, S. 9 Hess: vom 17. September 1952, GVBl, S. 147 NW: vom 18. Dezember 1951, GVBl (GV.NW) 1952, S. 1 SchlH: vom 17. Mai 1951, GVBl (GVOBl SchlH), S. 103
PersonalausweisG	Gesetz über Personalausweise bzw. Personalausweisgesetz BW: vom 14. November 1955, GBl, S. 243 Hamb: vom 23. Juli 1951, GVBl, S. 117 NdS: vom 20. April 1951, (NdS)GVBl, S. 120 Rh-Pf: vom 4. April 1951, GVBl, S. 95 Saarl: vom 20. Dezember 1956 (GesetzNr. 550), ABl, S. 1695
PersVG	Personalvertretungsgesetz vom 5. August 1955, BGBl I, S. 477
Polizei	Die Polizei (Jahr/Seite)
Pr	Preußen, preußisch
PreisstrafrechtsVO	Verordnung über Strafen und Strafverhandlungen bei Zuwiderhandlungen gegen Preisvorschriften (Preisstrafrechtsverordnung) i.d.F. vom 26. Oktober 1944, RGBl I, S. 264
PrOVG	Entscheidungen des Preußischen Oberverwaltungsgerichts (Bd./Seite)
(Pr)PVG	Polizeiverwaltungsgesetz vom 1. Juni 1931, GS, S. 77
RdA	Recht der Arbeit (Jahr/Seite)
Rd.Nr.	Randnummer(n)
Reger	Entscheidungen der Gerichte und Verwaltungsbehörden aus dem Gebiet des auf reichsgesetzlichen und gemeinrechtlichen Bestimmungen beruhenden Verwaltungs- und Polizeistrafrechts, ab 54. Bd.: ... aus dem Rechtsgebiete der inneren Verwaltung (Bd./Seite)
RelKEG	Gesetz über die religiöse Kindererziehung vom 15. Juli 1921, RGBl I, S. 939
RGBl (I)	Reichsgesetzblatt (Teil I)
RGZ	Entscheidungen des Reichsgerichts in Zivilsachen (Bd./Seite)
Rh-Pf	Rheinland-Pfalz, rheinland-pfälzisch
RiA	Das Recht im Amt (Jahr/Seite)
RstraßenVO	Reichs-Straßenverkehrs-Ordnung vom 28. Mai 1934, RGBl I, S. 457

RuStAG	Reichs- und Staatsangehörigkeitsgesetz vom 22. Juli 1913, RGBl, S. 583
RVerwBl	Reichsverwaltungsblatt (Bd./Seite)
RVO	Reichsversicherungsordnung vom 19. Juli 1911, RGBl, S. 509, i.d.F. vom 15. Dezember 1924, RGBl I, S. 779
Saarl	Saarland, saarländisch
SchlH	Schleswig-Holstein, schleswig-holsteinisch
SchlHAnz	Schleswig-Holsteinische Anzeigen (Jahr/Seite)
(Hess)SchulpflG	Hessisches Schulpflichtgesetz i.d.F. vom 30. Mai 1969, GVBl, S. 104
SeelotG	Gesetz über das Seelotswesen vom 13. Oktober 1954, BGBl II, S. 1035
SelbstverwaltungsG	Gesetz über die Selbstverwaltung und über Änderungen von Vorschriften auf dem Gebiete der Sozialversicherung (Selbstverwaltungsgesetz) i.d.F. vom 13. August 1952, BGBl I, S. 427, geändert durch das 7. Änderungsgesetz vom 3. August 1967, BGBl I, S. 845
SGG	Sozialgerichtsgesetz i.d.F. vom 23. August 1958, BGBl I, S. 613
SoldG	Gesetz über die Rechtsstellung der Soldaten (Soldatengesetz) vom 19. März 1956, BGBl I, S. 114
Sp.	Spalte(n)
(NW)SprErlVO	Verordnung über die Sprengstofferlaubnisscheine und Sprengstoffregister (Sprengstofferlaubnisscheinverordnung — SprErlVO — vom 21. Juni 1961, GVBl (GV.NW), S. 243
1. StAngRegG (von 1955)	Gesetz zur Regelung von Fragen der Staatsangehörigkeit vom 22. Februar 1955, BGBl I, S. 65
2. StAngRegG (von 1956)	Zweites Gesetz zur Regelung von Fragen der Staatsangehörigkeit vom 17. Mai 1956, BGBl I, S. 431
3. StAngRegG (von 1957)	Drittes Gesetz zur Regelung von Fragen der Staatsangehörigkeit vom 19. August 1957, BGBl I, S. 1251
StBerG	Gesetz über die Rechtsverhältnisse der Steuerberater und Steuerbevollmächtigten (Steuerberatungsgesetz) vom 16. August 1961, BGBl I, S. 1301
StGB	Strafgesetzbuch i.d.F. vom 25. August 1953, BGBl I, S. 1083
(Bad.)StiftungsG	Stiftungsgesetz vom 19. Juli 1918, GVBl, S. 254
StrG	Straßengesetz Berl: i.d.F. vom 9. Juni 1964, GVBl, S. 693 BW: vom 20. März 1964, GBl, S. 127 Hess: vom 9. Oktober 1962, GVBl I, S. 437

(SchlH)StrWG	Straßen- und Wegegesetz des Landes Schleswig-Holstein vom 22. Juni 1962, GVBl (GVOBl SchlH), S. 237
StuW	Steuer und Wirtschaft (Jahr/Seite)
StVG	Straßenverkehrsgesetz vom 19. Dezember 1952, BGBl I, S. 837
StVZO	Straßenverkehrs-Zulassungs-Ordnung (StVZO) a.F.: i.d.F. vom 29. März 1956, BGBl I, S. 271 n.F.: i.d.F. vom 6. Dezember 1960, BGBl I, S. 897
Tz	Textziffer
(Saarl)UniversitätsG	Gesetz Nr. 573 „Universitätsgesetz“ vom 26. 3. 1957, ABl, S. 291
USG	Gesetz über die Sicherung des Unterhalts der zum Wehrdienst einberufenen Wehrpflichtigen und ihrer Angehörigen (Unterhaltssicherungsgesetz — USG) i.d.F. vom 31. Mai 1961, BGBl I, S. 661
VA	Verwaltungsarchiv (Bd./Seite)
(Bay)Verf	Die Verfassung des Freistaats Bayern vom 2. Dezember 1946, GVBl, S. 333
(Rh-Pf)Verf	Verfassung für Rheinland-Pfalz vom 18. Mai 1947, VOBl, S. 209
VerhDJT	Verhandlungen des Deutschen Juristentags (Bd./Teil/Abteilung/Seite)
VfGKOV	Gesetz über das Verwaltungsverfahren der Kriegsopferversorgung vom 2. Mai 1955, BGBl I, S. 202
VO	Verordnung
VOBl	Verordnungsblatt
(Hess)VolksabstimmungsG	Gesetz über die Volksabstimmung vom 16. Mai 1950, GVBl, S. 71
VO zu § 410 AO	Verordnung über die Unterwerfung im Strafverfahren gemäß § 410 AO vom 1. November 1921, RGBl I, S. 1328 (außer Kraft getreten durch § 8 Nr. 2 AOStrafÄndG)
VRspr	Verwaltungsrechtsprechung in Deutschland. Sammlung oberstrichterlicher Entscheidungen aus dem Verfassungs- und Verwaltungsrecht (Bd./Seite)
VVDStRL	Veröffentlichungen der Vereinigung der Deutschen Staatsrechtslehrer (Bd./Seite)
VwGO	Verwaltungsgerichtsordnung vom 21. Januar 1960, BGBl I, S. 17
VwZG	Verwaltungszustellungsgesetz vom 3. Juli 1952, BGBl I, S. 379
WaffenG	Waffengesetz vom 18. März 1938, RGBl I, S. 265
WahlO z. PersVG	Wahlordnung zum Personalvertretungsgesetz vom 4. November 1955, BGBl I, S. 709

WarnRspr	Warneyer Rechtsprechung. Rechtsprechung des Reichsgerichts, soweit sie nicht in der amtlichen Sammlung der Entscheidungen des Reichsgerichts abgedruckt ist (Jahr/Seite)
WBO	Wehrbeschwerdeordnung (WBO) vom 23. Dezember 1956, BGBl I, S. 1066
WDO	Wehrdisziplinarordnung i.d.F. vom 9. Juni 1961, BGBl I, S. 697
(Hamb)WegeG	Hamburgisches Wegegesetz vom 4. April 1961, GVBl, S. 117
(Pr)WegereinigungsG	Gesetz über die Reinigung Öffentlicher Wege vom 1. Juli 1912, GS, S. 187
WehrbeauftragtenG	Gesetz über den Wehrbeauftragten des Bundestages vom 26. Juni 1957, BGBl I, S. 652
WehrpflG	Wehrpflichtgesetz i.d.F. vom 14. Mai 1965, BGBl I, S. 391
WiGBl	Gesetzblatt der Verwaltung des Vereinigten Wirtschaftsgebietes
WiPO	Gesetz über die Berufsordnung der Wirtschaftsprüfer (Wirtschaftsprüferordnung) vom 24. Juli 1961, BGBl I, S. 1049
WüVR	Württembergische Zeitschrift für Verwaltung und Verwaltungsrechtspflege (Jahr/Seite)
z.	zu, zum
ZBlJugR	Zentralblatt für Jugendrecht und Jugendwohlfahrt (Jahr/Seite)
ZBR	Zeitschrift für Beamtenrecht (Jahr/Seite)
ZfRV	Zeitschrift für Rechtsvergleichung (Jahr/Seite)
ZfS	Zentralblatt für Sozialversicherung und Versorgung (Jahr/Seite)
ZGB	Schweizerisches Zivilgesetzbuch vom 10. Dezember 1907
ZHKG	Gesetz über die Ausübung der Zahnheilkunde vom 31. März 1952, BGBl I, S. 221
ZPO	Zivilprozeßordnung vom 30. Januar 1877, RGBl, S. 83

Einleitung

Die folgende Arbeit beschäftigt sich mit den Willenserklärungen Privater im öffentlichen Recht, für die eine annähernde gleiche Klärung, wie sie für Verwaltungsakte vorhanden ist, fehlt[1]. Sie kann nicht alles zur rechtlichen Behandlung derartiger Willensäußerungen bringen; vielmehr ist beabsichtigt, die wichtigsten und immer wieder praktisch werdenden Rechtsregeln für diese Willenserklärungen zu entwickeln. Es werden Wirksamwerden, Widerruflichkeit und Anfechtbarkeit der öffentlich-rechtlichen Willenskundgebungen sowie die Geschäftsfähigkeit ihres Autors behandelt.

Da der Allgemeine Teil des Verwaltungsrechts nicht kodifiziert ist, sind die zu untersuchenden Rechtsregeln zumeist nicht normiert, so daß sich die Frage aufdrängt, inwieweit nämlich das voll ausgebildete Bürgerliche Recht Modell oder Vorbild für die verwaltungs-rechtlichen Behandlungsgrundsätze sein kann. Es ist also zu prüfen, ob die zivilrechtlichen Vorschriften über Willenserklärungen die rechtliche Problematik der öffentlich-rechtlichen Willensäußerungen Privater decken und daher auf sie zurückgegriffen werden kann oder eigenständige Regeln aufzustellen sind. Damit ist zugleich das Verhältnis des öffentlichen zum privaten Recht angesprochen.

---

[1] Vgl. *Küchenhoff*, in: BayVBl. 1958/325 (I).

Erstes Kapitel

Der Begriff der öffentlich-rechtlichen Willenserklärungen von Privatpersonen und Beispiele

A. Begriffsbildung

Die zu den Rechtshandlungen[1] gehörende Willenserklärung wird beschrieben als die auf eine Rechtsfolge gerichtete Willensäußerung, deren Wirkung durch die Rechtsordnung entsprechend dem kundgegebenen Willen bestimmt wird[2]. Eine theoretische Erörterung der objektiven und subjektiven Willenserklärungselemente muß im Rahmen dieser Arbeit unterbleiben[3].

Der in dieser Weise umschriebene Begriff der Willenserklärung ist auch den Willenserklärungen Privater im öffentlichen Recht zugrundezulegen, ohne daß diese Gleichheit der Begriffsbildung eine gleiche rechtliche Beurteilung der Willensäußerung in beiden Rechtsgebieten bedingt[4]. Dabei handelt es sich nämlich wie auch beim Vertragsbegriff[5] um einen Grundbegriff der allgemeinen Rechtslehre[6].

Die Existenz öffentlich-rechtlicher Willenserklärungen Privater ist heute anerkannt, während früher manche Autoren diese Willensäußerungen ablehnten[7]. Der Ansicht widerstreitet eine Anzahl von Vorschriften wie etwa §§ 121—129 SchlH LVwG, welche die Existenz öffentlich-rechtlicher Willenserklärungen von Zivilpersonen voraussetzen. Damit wird grundsätzlich die Möglichkeit anerkannt, daß ein Privater durch die Abgabe von Willensäußerungen seine Rechtsbeziehungen im

---

[1] Vgl. das Schema bei *Wolff*, VR I, S. 221 (II b, 2).

[2] s. *Erman-Westermann*, Einl. zu §§ 104 ff. Bem. 1; *Küchenhoff*, in: Festschrift für Laforet, S. 317, 319 (III) und S. 321 (3).

[3] Dazu vgl. *Larenz*, AT, S. 336—340; *Bartholomeyczik*, in: Festschrift für Ficker, S. 51 ff.

[4] Vgl. auch *Burckhardt*, Vertrag, S. 19.

[5] Vgl. *Beinhardt*, Vertrag, S. 63; *Oeschger*, S. 4 u. S. 83 (I).

[6] Vgl. *Simons*, S. 105.

[7] So *Backeberg*, S. 38 f. u. S. 62; wohl auch *Manigk*, Anwendungsgebiet, S. 19.

öffentlichen Recht (mit-)gestalten kann[8]. Da die Regelungsbefugnis dem Zivil- und dem Verwaltungsrecht gemeinsam ist, wird eine Abgrenzung der Willenserklärungen in beiden Rechtsmaterien notwendig.

Um sie zu erleichtern, ist zunächst die Terminologie zu klären. Als Begriffsbenennungen kommen in Betracht öffentlich-rechtliche Willenserklärungen von Privatpersonen oder Privater bzw. Willenserklärungen Privater im öffentlichen Recht. Ebenso ist die Bezeichnung „Willenserklärungen von Zivilpersonen" oder „nichtamtliche publizistische Willenserklärungen" verwendbar. Dagegen ist der Begriff der privaten Willenserklärung[9] irreführend, da er nicht nur den Urheber der Willenserklärung, sondern auch den Gegenstand der Willensäußerung bezeichnen kann[10].

B. Abgrenzung zu den bürgerlich-rechtlichen Willenserklärungen

Die öffentlich-rechtlichen Willenserklärungen Privater lassen sich von solchen auf dem Gebiet des bürgerlichen Rechts, insbesondere den sog. amtsempfangsbedürftigen Willensäußerungen, nur durch den Rechtserfolg unterscheiden. Dieser muß objektiv[11] auf öffentlich-rechtlichem Gebiet liegen[12]. Wie beim öffentlich-rechtlichen Vertrag ist daher entscheidend, ob der Regelungsgegenstand dem öffentlichen Recht angehört[13]. Die dabei auftauchende Frage — was kennzeichnet das öffentliche und was das private Recht — ist zu beantworten nach den dazu entwickelten Kriterien von Rechtsprechung und Lehre[14].

I. Subjektions- oder Mehrwerttheorie

Nach dieser Lehre[15] ist für die Abgrenzung entscheidend die Stellung der Rechtsträger zueinander. Ein öffentlich-rechtliches Verhältnis liegt demzufolge vor, wenn ein Beteiligter dem anderen mit hoheit-

---

[8] Vgl. auch *Simons*, S. 113.

[9] s. aber *Jellinek*, VR, S. 250 f. und in: Festgabe für das prOVG, S. 84, 107; *Giese*, Gutachten, S. 172 f.; *Fliegauf*, in: DVBl. 1961/270, 273 (1 b).

[10] Ebenso: *Siebecke*, S. 27.

[11] s. *Küchenhoff*, in: Festschrift für Laforet, S. 317, 319 f.

[12] Ebenso: von *Turegg-Kraus*, S. 104 (2 b); *Landmann-Giers-Proksch*, S. 144; *Gitzinger*, S. 44, 45; *Schiedermair*, Verwaltungsakt auf Unterwerfung, S. 19, Fußn. 3; *Küchenhoff*, a. z. a. O., S. 319 (III) und in: BayVBl. 1958/325 (III).

[13] Vgl. *Kormann*, in: AnnDR 1911/904, 910 (II 2).

[14] Allgemein vgl. *Molitor*, S. 30—35; *Siebecke*, S. 17—25; *Bengel*, S. 61 bis 70; *Oeschger*, S. 5—26; *Wolf*, in Festschrift für Molitor, S. 1 ff.; *Soergel-Schmidt*, Einleitung zum Allgemeinen Teil, Rd. Nr. 87—90.

[15] Ihr folgen: BGHZ 14/222, 226 f.; 35/175, 177; *Forsthoff*, S. 107 f.; *Hatscheck*, S. 15.

licher Gewalt gegenüber tritt, d. h. ein Subordinationsverhältnis besteht.

Diese Theorie muß sich entgegenhalten lassen, daß sie der heute vielfältig auftretenden Verwaltung, insbesondere in der Form der Daseinsvorsorge, nicht gerecht werden kann[16]. Zudem ist sie ungeeignet für eine Lösung des hier anstehenden Abgrenzungsproblemes. Das die Willenserklärung als eine öffentlich-rechtliche charakterisierende Auftreten der hoheitlichen Gewalt könnte nur in der Empfangszuständigkeit des Hoheitsträgers erblickt werden. Diese folgt aber aus der mit der Willenskundgebung beabsichtigten Rechtswirkung und bestimmt nicht umgekehrt die Zuordnung der Rechtsfolge zum öffentlichen Recht.

II. Rechtsformentheorie[17]

Nach ihr ist für die Unterscheidung des öffentlichen vom privaten Recht entscheidend die Verschiedenheit der für jedes Rechtsgebiet typischen Rechtsformen. Diese seien im Verwaltungsrecht der Befehl, im Privatrecht dagegen der Vertrag.

Gegen die Lehre spricht, daß es unzulässig ist, von dem Rechtscharakter des Gestaltungsaktes auf den des dadurch geschaffenen Rechtsverhältnisses selbst zu schließen[18]. Denn auch Hoheitsakte wie etwa privatrechtsgestaltende Verwaltungsakte können zivil-rechtliche Verhältnisse hervorbringen; ebenso können öffentlich-rechtliche Rechtsbeziehungen entstehen infolge eines nach dieser Theorie typischen privat-rechtlichen Gestaltungsmittels, wie das Beispiel des öffentlich-rechtlichen Vertrages zeigt. Auf die Unterscheidung öffentlich-rechtlicher Willenserklärungen Privater von solchen im Bereiche des Privatrechts angewendet, müßte diese Ansicht zum Ergebnis kommen, daß es solche Willenserklärungen im öffentlichen Recht nicht geben kann.

III. Sonderrechts- oder Rechtssatztheorie[19]

Nach *Wolff*[20] soll der Unterschied zwischen privatem und öffentlichem Recht in der Verschiedenheit des betroffenen Subjekts liegen,

---

[16] Vgl. *Siebert*, in: Festschrift für Niedermeyer, S. 215, 221 f.; zur Daseinsvorsorge Beispiele bei *Sailer*, in: BayVBl. 1966/293.

[17] Sie wird vertreten z. B. *Huber*, Wirtschaftsverwaltungsrecht, Bd. I, S. 57 (d).

[18] Vgl. auch *Bengel*, S. 67.

[19] Auch als Zuordnungstheorie oder erneuerte Subjektstheorie bezeichnet.

[20] In VR I, S. 93 f. (c) und, in: AöR 76/205 ff., insbesondere 208, 210, 216; ihm folgen: BGHZ 41/264, 266 f.; OLG Köln NJW 1967/735, 736; *Simons*, S. 29—38; *Siebecke*, S. 23—25; *Stern*, in: AöR 84/273, 313—319; vgl. auch *Bengel*, S. 68 bis 70; ablehnend: *Zuleeg*, Bürgerliche Schuldverhältnisse, S. 44—46 und, Subventionen, S. 31—34, 38.

dem das Recht zugeordnet ist. Das öffentliche Recht als ein Sonderrecht (Amtsrecht) rechnet *nur* Trägern der öffentlichen Gewalt oder deren Organen Tatbestände zu bzw. berechtigt oder verpflichtet *nur* sie. Verwirklicht der öffentliche Gewaltträger dagegen Tatbestände, die jede Rechtsperson erfüllen kann und handelt er nach Rechtssätzen, auf die sich jedermann berufen darf, so bewegt sich seine Tätigkeit im Bereich des bürgerlichen Rechts.

Diese auf das Handeln von Organen der öffentlichen Gewalt abstellenden Formulierungen ergänzt *Wolff*[21] im Hinblick auf die Willenserklärung Privater dahin, daß derartige Willensäußerungen dann öffentlich-rechtliche seien, wenn sie ihrem Autor aufgrund eines öffentlich-rechtlichen Rechtssatzes zugerechnet werden und öffentlich-rechtliche Folgen haben. Im einzelnen ist dabei mit *Siebecke*[22] zu unterscheiden, ob der Rechtssatz dem Erklärenden die Äußerung gegenüber allen Rechtspersonen gestattet, oder nur gegenüber einem dafür zuständigen Träger der öffentlichen Gewalt. Danach ist die Willenserklärung eines Privaten dann eine öffentlich-rechtliche, wenn wegen der zusetzenden Rechtsfolgen der rechtsgeschäftliche Wille gegenüber einem Organ der öffentlichen Gewalt zu erklären ist.

Auf den Theorienstreit braucht dann nicht eingegangen zu werden, wenn der Regelungsgegenstand der Willensäußerung eindeutig dem öffentlichen Recht angehört. In diesem Falle stimmen alle Aufassungen in der Annahme einer nichtamtlichen publizistischen Willenserklärung überein. An einigen Beispielen soll das aufgezeigt werden.

C. Beispiele für Willenserklärungen Privater im öffentlichen Recht

Zu dem Kreis publizistischer Willenserklärungen von Privatpersonen gehören etwa auf öffentlich-rechtliche Verpflichtungen abzielende Erklärungen, z. B. die Erklärung gem. § 6 pr. WegereinigungsG, Verzichte auf subjektive öffentliche Rechte oder Rechtsstellungen, Aufrechnungen mit öffentlich-rechtlichen Forderungen, die Staatsangehörigkeit betreffende Erklärung wie gem. §§ 1 Abs. 1, 5 Abs. 2, 18 Abs. 1, 23 des ersten, 3 Abs. 1, 9 des zweiten StAngRegG, Abschluß-, Abänderungs- und Aufhebungserklärungen bei öffentlich-rechtlichen Verträgen, Stimmabgabeerklärungen[23]. Weiterhin zählen dazu die auf öffentlich-rechtliche Willenserklärungen bezogenen Willensäußerungen wie bei-

---

[21] In VR I, S. 222 (e 2).

[22] a.a.O., S. 24 f.

[23] Vgl. zum Vorstehenden *Jellinek*, VR, S. 166 (c) und S. 240 f.; *Wolff*, VR I, S. 221 (II b 2), (βα) und S. 384 (III a); *Fülster*, S. 193 (3aα I).

spielsweise Widerruf und Anfechtung öffentlich-rechtlicher Willenserklärungen sowie die Vollmachtserteilung für die Abgabe oder die Entgegennahme publizistischer Willenskundgebungen[24].

Bei einigen der in Betracht kommenden Rechtshandlungen ist bestritten, ob es sich um Willenserklärungen handelt. Manchmal bereitet die Zuordnung zum öffentlichen Recht Schwierigkeiten.

I. Insbesondere die Steuererklärung

Bei der Steuererklärung wird von einigen Autoren[25] angenommen, es handle sich um eine Willenserklärung, der ein rechtsgeschäftsähnlicher Charakter zukomme; demgegenüber betont ein Teil des steuerrechtlichen Schrifttums[26], daß die Steuererklärungen zumeist über die bloße Angabe von Tatsachen hinausgehen, da häufig der Äußernde auch rechtliche Schlußfolgerungen zu ziehen habe. Somit läge oft eine Willenserklärung vor. Im Ergebnis werden sich die Ansichten nicht unterscheiden, da rechtsgeschäftsähnliche und rechtsgeschäftliche Willenserklärungen zumeist den gleichen Behandlungsgrundsätzen unterliegen[27]. § 102 AO bestätigt dies.

II. Insbesondere die Mitwirkungshandlungen (Anträge)

Einer besonderen Untersuchung bedürfen die sog. Anträge. Darunter sollen hier nicht die formellen, sondern nur die materiellen Anträge verstanden werden, also nur die allerdings zumeist in dem Anstoß zur Verfahrenseinleitung liegende Einwilligung in Inhalt und Umfang des — mitwirkungsbedürftigen — Verwaltungsaktes[28]. Damit erübrigt sich zugleich ein Eingehen auf den Rechtscharakter des formell-rechtlichen Antrages[29]; denn wenn formeller und materieller Antrag zusammenfallen, wie es bei den sog. mitwirkungsbedürftigen Verwaltungsakten meistens der Fall ist[30], bilden sie eine Einheit, so daß nur die Rechtsnatur des materiellen Antrags entscheidend ist[31]. Die Einwilligungsbedürftigkeit, die bei belastenden Verwaltungsakten aus Art. 20 Abs. 3 GG, bei begünstigenden aus dem Art. 2 Abs. 1 GG zu

---

[24] So auch EVRO, HB, S. 133.

[25] Etwa von *Wolff*, VR I, S. 221 (II b 2).

[26] Vgl. *Tipke-Kruse*, § 166 AO Anm. 1; *Spitaler/Paulick*, in: Hübschmann-Hepp-Spitaler, § 102 AO Anm. 2; vgl. auch *Moser*, S. 9 f., 14 f.

[27] Vgl. *Palandt-Danckelmann*, Überblick 1 d vor § 104 BGB.

[28] Vgl. BVerwGE 9/219, 220; *Siebecke*, S. 9 (b); *Badura*, in: JuS 1964/103, 105 (c).

[29] Vgl. dazu etwa *Siebecke*, S. 27—30, 33 f.

[30] S. von *Turegg-Kraus*, S. 137.

[31] Ebenso *Siebecke*, S. 37 f. und S. 39.

entnehmenden Grundsatz des selbstverantwortlichen Erwerbes folgt[32], ergibt sich häufig implizite; so ist z. B. bei der Beamtenernennung § 8 BBG — ... „Bewerber ...“ — nur ein Anhaltspunkt für das Zustimmungserfordernis[33].

1. *Die Anträge als Willenserklärungen*

Die Zuordnung der Anträge zu den Willenserklärungen bereitet deshalb Schwierigkeiten, weil der Antrag für sich allein nicht die beabsichtigte Rechtsänderung herbeizuführen geeignet ist. Er stellt zwar eine Voraussetzung für den Erlaß des Verwaltungsaktes dar, doch erst durch diesen werden die Rechtsbeziehungen geregelt. Deswegen begründen einige Schriftsteller[34] den Willenserklärungscharakter mit der aus der Antragstellung folgenden formalen Erledigungspflicht der Behörde, die als rechtlicher Erfolg von der Privatperson gewollt sei.

Demgegenüber soll im folgenden nachgewiesen werden, daß der vom Antragsteller mit seiner Willensäußerung beabsichtigte Rechtserfolg in der durch den Verwaltungsakt herbeigeführten Rechtsänderung zu sehen ist. Dazu ist es erforderlich, bei den mitwirkungsbedürftigen Verwaltungsakten eine Differenzierung vorzunehmen. Entsprechend der Einteilung von *Wolff*[35] gibt es zustimmungsbedürftige Verwaltungsakte und Verwaltungsakte auf Unterwerfung, so daß die Willensäußerung des Privaten in der Erklärung seiner Zustimmung bzw. seiner Unterwerfung bestehen kann.

Bei der Zustimmung handelt es sich um eine öffentlich-rechtliche Willenserklärung[36], und zwar um eine rechtsgeschäftliche; dagegen soll die Zustimmung nach *Siebecke*[37] zu den sog. schlichten Willenserklärungen gehören, da sie nur eine von mehreren Bedingungen für die Wirksamkeit des Verwaltungsaktes und damit für die Rechts- und Pflichtenänderung sei. Daß die Zustimmungen rechtsgeschäftliche Willenserklärungen sind, ergibt eine Parallele zu den sog. ergänzenden Willenserklärungen des bürgerlichen Rechts. Darunter wird etwa die Zustimmung gem. §§ 182 ff. BGB und die Vollmachterteilung nach § 167 BGB verstanden[38]. Diese ergänzenden Willensäußerungen sind nicht Teil des Gesamtgeschäftes, sondern stellen nur eine gesetzliche Be-

---

[32] Vgl. *Siebecke*, S. 15; *Gitzinger*, S. 31 f.; *Forsthoff*, S. 206.

[33] s. *Siebecke*, S. 5, Fußn. 1.

[34] So *Kormann*, in: AnnDR 1912/114 (§ 25, 2); vgl. auch EVRO, HB, S. 133 bis 135, 141, 173 (1).
135, 141, 173 (1).

[35] In VR I, S. 319—324 (§ 48), auch zu den abweichenden Unterteilungen; BVerwG NJW 1969/809.

[36] So *Wolff*, VR I, S. 320 (2); *Apelt*, S. 70 f.; *Weiss*, S. 102.

[37] a.a.O., S. 37; ebenso *Wolff*, VR I[6], S. 197 (II b) (anders in der 7. Aufl., s. S. 221 (II b) i. V. m. S. 320 (2)).

[38] Vgl. z. B. *Eltzbacher*, S. 172—174.

dingung für die Wirksamkeit des vorgenommenen Rechtsgeschäftes dar[39]. Sie sind selbständige rechtsgeschäftliche Willenserklärungen[40]. Daher handelt es sich bei den öffentlich-rechtlichen Zustimmungserklärungen ebenfalls um rechtsgeschäftliche Willenserklärungen.

Das gleiche muß für die Unterwerfungserklärungen gelten[41]. Durch seine Erklärung schafft der Betroffene die Grundlage für die Rechtmäßigkeit des Verwaltungsaktes und unterwirft sich der durch den behördlichen Akt erfolgenden Regelung der rechtlichen Beziehungen zwischen ihm und dem öffentlichen Gewaltträger. Damit nimmt der sich Unterwerfende aber zugleich diesen Rechtserfolg in seinen Willen auf und verzichtet auf seine dieser Regelung des Rechts- und Pflichtenverhältnisses entgegenstehenden Rechte, so etwa mit der Widmungszustimmungserklärung auf die aus seinem Eigentum fließenden Herrschaftsrechte[42]. Mithin liegt auch hier der Tatbestand einer rechtsgeschäftlichen Willenserklärung vor.

An zwei Beispielen soll nun der öffentlich-rechtliche Rechtscharakter der Anträge aufgezeigt werden.

2. *Die Anträge als öffentlich-rechtliche Willenserklärungen*

Zunächst wird die Zustimmung zur Ernennung[43] und zur Entlassung eines Beamten behandelt[44].

a) Einstellungs- und Entlassungsantrag

Während die überwiegende Ansicht[45] in Ernennungs- und Entlassungsantrag des Beamten eine öffentlich-rechtliche Willenserklärung sieht, steht *Weimar*[46] auf dem Standpunkt, daß es sich um privat-recht-

---

39 Vgl. *Enneccerus-Nipperdey*, S. 152 (I 2).

40 Ebenso: *Lehmann-Hübner*, S. 328 (§ 37 I 1); *Flume*, S. 860 u. 890; *Oertmann*, S. 31—33.

41 Ebenso *Wolff*, VR I, S. 324 (b); anderer Meinung wohl *Apelt*, S. 72.

42 Vgl. *Siebecke*, S. 38 f.; auch *Lassar*, Grundbegriffe, S. 106.

43 Als Begründung des Beamtenverhältnisses im Sinne der Einstellung gem. § 3 BLV; vgl. *Wolff* VR II, S. 411 (IV a).

44 Dabei handelt es sich um mitwirkungsbedürftige Verwaltungsakte, s. *Scheerbarth*, Beamtenrecht, S. 122 (2 a); *Bochalli*, BBG, § 10 Anm. 1 (S. 107 f.), und zwar um zustimmungsbedürftige Verwaltungsakte, s. *Wolff* VR II, S. 414 (5.) — zur heute überwundenen Vertragstheorie vgl. RGZ 63/430, 432; 126/243, 245; *Bullinger*, Vertrag und Verwaltungsakt, S. 179—198; *Gitzinger*, S. 96 ff., insbesondere 101 u. 104; *Thieme*, in: Festschrift für Schack, S. 157, 161.

45 So: BVerwGE 20/35 f.; *Bernard-Hoffmann*, § 37 BWLBG Erl. 2; *Sachse-Topka*, §38 NBG, Erl. 1; *Grabendorff-Arendt*, § 40 Rh-PfLBG Erl. 2.

46 In: RiA 1964/121, 122, 123.

liche Willenserklärungen handelt. Zur Begründung seiner Meinung führt er an, daß beide Anträge von dem Bewerber bzw. Beamten gestellt werden.

Dieser Ansicht kann nicht gefolgt werden. Wie schon dargelegt wurde, ist für die Zuordnung einer Willenserklärung zum öffentlichen Recht entscheidend, ob sie sich auf einen Gegenstand des öffentlichen Rechts bezieht, also in diesem Rechtsgebiet rechtliche Folgen hat. Das aber ist bei Ernennungs- und Entlassungsantrag der Fall, weil sich beide auf ein öffentlich-rechtliches Dienst- und Gewaltverhältnis beziehen. Nicht dagegen ist ausschlaggebend, daß der Beamte im Verhältnis zur Anstellungsbehörde bzw. zum Dienstvorgesetzten als Privatperson auftritt.

Im folgenden wird auf die Zustimmungserklärung des Eigentümers zur Widmung gem. §§ 2 Abs. 2 FStrG, 5 Abs. 1 BWStrG, 6 Abs. 3 BayStrWG, 3 Abs. 1 BerlStrG, 6 Abs 1 HambWegeG, 4 Abs. 2 HessStrG, 6 Abs. 2 NStrG, 6 Abs. 2 NWLStrG, 6 Abs. 3 SchlHStrWG eingegangen. Es braucht nicht näher behandelt zu werden, ob die Widmung einen — mitwirkungsbedürftigen — Verwaltungsakt[47], eine Rechtsnorm[48] oder eine Handlung mit örtlichem Bezug[49] und damit ein aliud zu den erstgenannten Möglichkeiten darstellt[50]. Denn die begriffliche Einordnung kann nicht dafür bestimmend sein, welcher Rechtscharakter der Widmungszustimmungserklärung zuzuerkennen ist und welche Rechtsregeln auf sie im Falle ihrer Qualifizierung als öffentlich-rechtliche Willenserklärung anzuwenden sind. Deshalb ist es unschädlich, wenn hier mit der hergebrachten Meinung ein Verwaltungsakt angenommen wird.

b) Widmungszustimmungserklärung

Es herrscht Streit darüber, ob sie dem privaten oder dem öffentlichen Recht zuzurechnen ist[51]. Die überwiegende Meinung[52] nimmt eine

---

[47] So: *Lüthke*, S. 5; *Lassar*, Grundbegriffe, S. 74, 76 f., 81; *Kwiatkowski*, S. 9 bis 12; *Maunz*, Hauptprobleme, S. 231—233; *Marschall*, § 2 FStrG, Rd. Nr. 1 (S. 47 bis 49); *Stich*, in: JuS 1964/381, 383 (e); *Fritsch-Golz-Wicher*, § 6 NWLStr Erl. 1; vgl. auch BGH NJW 1969/791, 792; des näheren wird von einem intransitiven, sachenrechtlichen oder dinglichen, gestaltenden Verwaltungsakt gesprochen: BGHZ 48/239, 241 (3.); *Schallenberg*, S. 68 f., 71, 76; *Niehues*, Dinglichkeit, S. 87 f.; *Wolff*, VR I, S. 308 (VIII.), 382 (2.).

[48] So *Obermayer*, Grundzüge, S. 66; *Martens*, in: DVBl. 1968/322, 329; vgl. auch *Böhm*, in: DAR 1966/169, 170 f.

[49] So *Thieme*, in: Festschrift für Schack, S. 157, 161 (IV); ähnlich wohl *Fuss*, in Aussprache der VVDStRL 21/236 f.

[50] Als Frage des terminologischen Geschmacks bezeichnet von *Zippelius*, in: DÖV 1958/838, 842 f. u. *Sieder*, in: Staatsbürger und Staatsgewalt, Bd. II, S. 91, 94 f.

[51] Vgl. BGHZ 48/239, 241 f.

[52] So: *Lassar*, Grundbegrffe, S. 77, 78; *Schallenberg*, S. 70; *Zimniok*, Art. 6 BayStrWG Erl. 13 b; *Ramforth*, § 6 NWLStrG Anm. 8; *Gerhardt*, § 5 BWStrG,

öffentlich-rechtliche Willenserklärung an, da der Erklärungsgegenstand, nämlich die Entstehung der öffentlichen Sache, öffentlich-rechtlicher Natur sei. Demgegenüber handelt es sich nach *Zippelius*[53] um eine privat-rechtliche Willenserklärung. Die Widmungszustimmungserklärung des Eigentümers habe im Grunde das gleiche Ziel wie die Bestellung einer Dienstbarkeit, da sie dem Träger der Straßenbaulast die privat-rechtliche Verfügungsmacht einräume. Daß dieser dann auch mehr könne — eben widmen —, sei nicht entscheidend. Schließlich werde der Kauf einer Schreibmaschine nicht dadurch zu einem öffentlich-rechtlichen Rechtsgeschäft, daß nach Einverleibung in das Verwaltungsvermögen auf dieser Maschine Bescheide geschrieben werden könnten.

Der Ansicht von *Zippelius* kann nicht zugestimmt werden. Zwar kann der Eigentümer gem. dem Inhalt seiner Zustimmungserklärung nur die ihm zustehende privat-rechtliche Verfügungsbefugnis übertragen[54], aber die Möglichkeit des Empfängers zu widmen beruht nicht auf einem Zufall; vielmehr ist sie beabsichtigt. Die zivil-rechtliche Verfügungsmacht wird daher nicht zweckfrei gewährt, sondern gerade in der Absicht, dem Träger der Straßenbaulast bzw. der Straßenbaubehörde die Widmung zu ermöglichen, durch welche die öffentliche Sache zur Entstehung gelangt[55]. Damit umfaßt aber der rechtsgeschäftliche Wille des Eigentümers nicht nur die Übertragung seiner Verfügungsbefugnis, sondern zugleich die öffentlich-rechtliche Zweckbindung der Sache infolge der durch seine Zustimmungserklärung möglich gewordenen Widmung. Die Widmungszustimmungserklärung stellt mithin eine öffentlich-rechtliche Willenserklärung einer Privatperson dar.

III. Insbesondere die öffentlich-rechtlichen Verzichtserklärungen von Privatpersonen

Zweifelsohne handelt es sich bei der die Aufgabe einer dem Verwaltungrecht zugehörenden Rechtsstellung verfolgenden Willensäußerung um eine nichtamtliche publizistische Willenserklärung. Wenn die Verzichtserklärungen im folgenden näher behandelt werden, so soll damit das Ineinandergreifen von öffentlichen und Einzel-Interessen aufgezeigt werden. Anders als im Privatrecht ist nämlich das öffentliche Recht dadurch gekennzeichnet, daß es auch bei den rechtsgeschäftlichen

---

Rd. Nr. 3 b; *Landmann-Giers-Proksch*, S. 144; *Sieder*, in: Staatsbürger und Staatsgewalt, Bd. II, S. 91.

[53] In: DÖV 1958/838, 844 f.; im Ergebnis ebenso *Kormann*, System, S. 98.

[54] Vgl. *Maunz*, Hauptprobleme, S. 256; *Wolff*, VR I, S. 383 (IV a 1); *Forsthoff*, S. 356.

[55] Vgl. *Lüthke*, S. 6.

Kundgebungen Privater die Berücksichtigung der Gemeininteressen verlangt. Nicht erst die einzelnen Behandlungsgrundsätze, sondern schon der Regelungsgegenstand der Äußerung kann beeinflußt werden, indem öffentliche Belange Beachtung erheischen.

1. Begriffsbildung und Definition

Unter einem Verzicht ist die durch eine rechtsgeschäftliche Willenserklärung herbeigeführte Aufgabe eines subjektiven öffentlichen Rechts oder einer sonstigen Rechtsstellung mit Erlöschenswirkung zu verstehen[56, 57].

Zwar wird der Verzicht zumeist als einseitiges Rechtsgeschäft begriffen[58], aber es kann nicht gesagt werden, daß dies schon nach der Definition so sein müsse[59]. Vielmehr gibt es daneben ausweislich etwa des § 14 Abs. 1 Nr. 5 BRAO zweitseitige und zustimmungsbedürftige Verzichte[60]. Allerdings kommt der sog. einseitige Verzicht, also der Verzicht allein durch eine öffentlich-rechtliche Willenserklärung einer Privatperson, weitaus häufiger vor als die beiden anderen Arten. Bei ihnen erlangt die Behörde durch die Berührung öffentlicher Interessen Kontrollbefugnisse, die einer gesetzlichen Grundlage bedürfen[61]. Daher erscheint es gerechtfertigt, hier im allgemeinen nur den einseitigen Verzicht zu behandeln; dies muß umso mehr gelten, als nach überwiegender Ansicht[62] abweichend von § 397 BGB bei vermögens-rechtlichen Ansprüchen der einseitige Verzicht des Anspruchsstellers zulässig sein soll.

Die Verzichtserklärung ist empfangsbedürftig, da durch sie der Rechtskreis des Staates berührt wird. Denn diesen trifft hinsichtlich des nunmehr aufgegebenen Rechts eine Pflicht zur Anerkennung, die mit dem Verzicht erlischt. Ihretwegen ist es erforderlich, daß die zuständige Behörde von der Erklärung Kenntnis erlangt, damit sie für die zukünftigen anderweitigen Rechtsverleihungen disponieren kann und der bisherige Rechtsinhaber auch rein tatsächlich an der weiteren

---

56 s. *Brüggemann*, S. 4; *Hofmann*, Zurücknahme, S. 53 (III 1).

57 Die Freiwilligkeit ist entgegen *Schoenborn*, Verzicht, S. 27, 31 nicht Begriffsmerkmal, anderenfalls wäre § 23 Abs. 1 StAngRegG von 1955, der die Anfechtung wegen Drohung zuläßt, überflüssig.

58 So: VGH Baden-Württemberg BWVBl. 1963/41; *Leippert*, S. 74; *Forsthoff*, S. 274 (b), 275; *Wolff*, VR I, S. 273 (IV); *Hoffmann*, §3 ApothG, Rd. Nr. 5.

59 Ebenso *Walsmann*, S. 201; *Wilde*, S. 19 f.

60 s. *Wilde*, S. 26, 62—64; *Landmann-Giers-Proksch*, S. 119 (b), 116 (2); *Jellinek*, VR, S. 214 (7.).

61 s. *Wilde*, S. 24 (3).

62 So RG JW 1923/988 Nr. 9; *Fischer*, S. 49 f. i. V. m. 39 f., 52, 60, 68—72; *Elleser*, in: DB 1965/461, 462 (4.); *Knobloch*, in: DVBl. 1959/91 f.

Ausübung gehindert wird[63]. Die Empfangszuständigkeit liegt bei derjenigen Behörde, die im Hinblick auf das verzichtete Recht Pflichten treffen oder über dessen Bestand zu entscheiden hat[64]. Die Erklärung ist daher an die Erteilungs- bzw. Entziehungsbehörde oder — bei Forderungen — an den Anspruchsgegner zu richten[65].

2. *Die Zulässigkeit des Verzichts*

Während eine ältere Ansicht[66] von der grundsätzlichen Unzulässigkeit des Verzichts auf subjektive öffentliche Rechte ausging, da diese zugleich im Gemeininteresse gewährt werden, wird heute der Verzicht auch ohne besondere gesetzliche Anordnung für zulässig erachtet, es sei denn, das Interesse der Allgemeinheit an der Geltendmachung und dem Bestand der Rechtsstellung ist unvereinbar mit der Verzichtbarkeit, insbesondere also bei Bestehen einer Ausübungs- oder Anerkennungspflicht[67]. Im einzelnen werden für verzichtbar gehalten alle übertragbaren subjektiven öffentlichen Rechte, insbesondere vermögensrechtliche Ansprüche, die durch Nichtausübung erlöschenden Rechte und persönliche Ehrungen wie etwa der Verzicht auf die Honorarprofessur nach § 27 Abs. 3 Saarl. UniversitätsG[68]. Zu den unverzichtbaren Rechten werden insbesondere die Mitwirkungsrechte — beispielsweise das Wahlrecht — gerechnet, da sie nur einen Pflichtenreflex darstellten[69]. Kraft des Gesetzes sind unverzichtbar persönliche Ansprüche mit Alimentationscharakter wie die laufenden Dienstbezüge des Beamten (§ 83 Abs. 2 BBG), seine Versorgungsbezüge (§ 155 Abs. 4 Satz 2 BBG) und die Aufwandsentschädigungen der Parlamentsabgeordneten (§§ 7 AbgEG, 9 Abs. 2 SchlH AufwandsentschädigungsG)[70]. Gesetzlich zugelassen ist dagegen der Verzicht auf Mandate der Abgeordneten (§§ 46 Abs. 1 Nr. 5, 4 Abs. 2 BWahlG, 11 Abs. 1 Nr. 1 HambBürgerschaftswahlG) sowie die Listenanwartschaft (§ 81 Abs. 3 BWahlO), auf die Versorgungsbezüge eines Ministers (§ 24 BW MinisterG), auf Erlaubnisse, Bestallungen bzw. Approbationen (§§ 3 Nr. 2 ApothG, 7 Abs. 1 lit. a Bay ApothG, 3 Nr. 3 ApothG i. V. m. 10 BapothO, 10 BTÄO, 9 BÄO), Anerkennungen (§§ 4 Abs. 2, Satz 2 1. DVO z. HebammenG, 20 Abs. 1 Nr. 2 StBerG, 33

[63] s. *Wilde*, S. 65 f.; *Brüggemann*, S. 15 f.; *Schoenborn*, Verzicht, S. 32—34; G. *Jellinek*, System, S. 122.

[64] Ebenso *Brüggemann*, .S 16.

[65] Vgl. *Wilde*, S. 66; *Apelt*, S. 71; *Fuhr*, § 49 GewO Anm. 7 a.

[66] s. z. B. *Fleiner*, Institutionen, S. 179; *Herrnritt*, S. 131; *G. Jellinek*, System, S. 340; aber auch *Krüger*, Staatslehre, S. 786—789, insbesondere Fußn. 118.

[67] s. etwa *Wolff*, VR I, .S 273 (IV); im einzelne vgl. *Wilde*, S. 26—62; *Brüggemann*, S. 17—31.

[68] Zum Vorstehenden vgl. von *Turegg-Kraus*, S. 174; *Fülster*, S. 199 (2); *Jellinek*, VR, S. 215 f.

[69] So *Forsthoff*, S. 275, Fußn. 2.

[70] Vgl. *Krüger*, Staatslehre, S. 789.

Abs. 1 Nr. 2 WiPO), Bestellungen (§§ 13 Nr. 2 StBerG i. V. m. 30 Abs. 1 DVO z. StBerG, 19 Abs. 1 Nr. 2 WiPO), den früheren Dienstgrad (§ 37 WehrpflG) und sonstige Rechte, nämlich Ausschlagsrechte (§ 5 Abs. 2 des 1. StAngRegG), Erklärungsrechte (§ 8 Abs. 2 des StAngRegG von 1956), die Rechte als Ruhestandsbeamter (§ 64 Abs. 1 Nr. 5 BDO), die Rechte aus der Zulassung zur Rechtsanwaltschaft (§ 14 Abs. 1 Nr. 5 BRAO) oder zu einem bestimmten Gericht (§§ 18 Abs. 3, 33 Abs. 1 BRAO) und schließlich aus der Bestallung zum Seelotsen (§ 23 SeelotG).

Zusammenfassend setzt also die Verzichtbarkeit voraus ein Recht oder eine Rechtsstellung, welche ihren Inhaber begünstigt und die auch mit Pflichten oder Lasten verbunden sein kann, nicht aber einen bloßen Pflichtenreflex darstellen darf[71]. Hinzu kommen muß die Verfügbarkeit des Inhabers über dieses subjektive öffentliche Recht oder die sonstige Rechtsstellung[72]; sie kann aus Gründen des öffentlichen Interesses wie beispielsweise bei alimentären Ansprüchen ausgeschlossen sein und sie fehlt insbesondere, wenn der Begünstigte durch das Gesetz zur Geltendmachung des betreffenden Rechts nicht nur berechtigt, sondern zur Ausübung auch verpflichtet ist, etwa gem. § 21 Abs. 2 PBefG.

3. Der Verzicht auf durch mitwirkungsbedürftigen Verwaltungsakt gewährte subjektive öffentliche Rechte

Nach *Forsthoff*[73] kann zwar auf die infolge eines Antrages erteilten Genehmigungen verzichtet werden, aber anders als bei den übrigen Verzichten kann eine Erlöschenswirkung nicht eintreten; denn mit der hoheitlichen Natur der Konzession sei es unvereinbar, sie ihrem Inhaber zu dessen eigener Verfügungsmacht zuzuordnen. Die Verzichtserklärung stelle sich daher nur als Antrag dar, die Genehmigung durch behördlichen Widerruf zu beseitigen. Folgt man der Ansicht von *Forsthoff*, so bedeutet ein solcher „Verzicht" nur ein Antrag auf Erlaß eines rechtsaufhebenden Verwaltungsaktes und ist also nur mittels eines mitwirkungsbedürftigen Verwaltungsaktes zu konstruieren. Demgegenüber kann nach der vorherrschenden Meinung[74] der Inhaber, der nach seinem

[71] Vgl. *Landmann-Giers-Proksch*, S. 120.

[72] Vgl. Bay VGHENF 2/1, 5; *Hundertmark*, in: MDR 1964/5 61 f.

[73] In VR, S. 275, 276; ihm folgt *Greif*, § 3 PBefG, Rd. Nr. 2.

[74] Sie wird vertreten von: *Wolff*, VR I, S. 372 (c 2), 273 (IV); für Genehmigungen nach dem Gewerberecht Bay VGH Reger 1/234, 235; *Jellinek*, VR, S. 497; *Fuhr*, Vorbem. II 2 d vor § 16 GewO und § 49 GewO, Anm. 7 a; *Landmann-Rohmer-Eyerman-Fröhler*, § 49 GewO, Rd. Nr. 39; *Boldt-Steffens*, § 49 GewO, Anm. 7 a;nach dem Gaststättenrecht: pr. OVG Reger 13/226, 227; Hess. VGH Reger 33/402; *Scheer*, § 4 GaststG Erläuterung C V; nach dem Güterkraftverkehrsrecht: *Hofmann*, Zurücknahme, S. 53 f.; nach dem Baurecht: *Schlez*, BW LBO, § 95, Rd. Nr. 153 und § 98, Rd. Nr. 24; nach dem Straßenverkehrsrecht: *Hundertmark*, in: MDR 1964/561, Fußn. 5 und 562.

freien Willen das Recht erwarb, nicht gegen seinen Willen dazu gezwungen werden, dieses Recht weiter zu behalten und auszuüben. Er könne daher seine Mitwirkung bei dem auf Verwaltungsakt beruhenden Rechtserwerb durch Verzicht beseitigen. Allerdings dürfe ein öffentliches Interesse der Verzichtmöglichkeit nicht entgegenstehen; insbesondere müsse der einseitige Verzicht ausscheiden, wenn der behördliche Akt nicht nur Rechte verleiht, sondern daneben Pflichten auferlegt. So sei der Verzicht auf die Rechtsstellung eines Beamten nur als Entlassungsantrag gem § 30 BBG aufrechtzuerhalten[75].

Der zweitgenannten Ansicht ist zu folgen. Zum einen enthält die Erklärung der Privatperson keinen Verzicht auf den Verwaltungsakt selbst. Vielmehr wird auf das aus der Konzession fließende Recht verzichtet mit der Folge, daß der behördliche Akt erlischt, da er nunmehr seiner Rechtswirkung entkleidet ist. Zum anderen ist in einer Vielzahl von öffentlich-rechtlichen Gesetzesbestimmungen ein derartiger Verzicht vorgesehen und zumeist das Erlöschen der Erlaubnis bzw. Genehmigung ausdrücklich angeordnet[76]. Dabei muß angenommen werden, daß die angezogenen Normen des öffentlichen Rechts diese Möglichkeit nicht erst eröffnen, sondern nur allgemeine Grundsätze des Verwaltungsrechts wiedergeben[77]. Diese Annahme ist nämlich berechtigt, weil das Gesetz die Konstruktion von *Forsthoff* nur in Ausnahmefällen benutzt, in denen das öffentliche Interesse einem einseitigen Verzicht widerstreben würde. In § 14 Abs. 1 Nr. 5 BRAO ist die Zulassung zur Rechtsanwaltschaft zurückzunehmen, wenn der Rechtsanwalt auf die Rechte aus der Zulassung verzichtet hat. Diese Vorschrift berücksichtigt zwar die Willensentscheidung des betreffenden Rechtsanwalts, gestaltet aber den Verzicht zu einem zustimmungsbedürftigen, so daß die Zulassung erst mit der Zurücknahme als einem mitwirkungsbedürftigen Verwaltungsakt erlischt[78]. § 14 Abs. 1 Nr. 5 BRAO ist damit eine Ausnahme von dem Grundsatz, daß auch bei aus insbesondere mitwirkungsbedürftigen Verwaltungsakten folgenden subjektiven öffentlichen Rechten schon der einseitige Verzicht das Erlöschen bewirkt[79].

---

[75] s. von *Turegg-Kraus*, S. 111 f. — andererseits schließt der Entlassungsantrag den Verzicht auf die Beamtenstellung ein, vgl. *Distel-Selge, § 30 BBG*, Anm. 2 (S. 189).

[76] Vgl. §§ 3 Nr. 2 ApothG, 3 Nr. 3 ApothG i. V. m. 10 BapothO, 7 Abs. 1 lit. a BayApothG, 4 Abs. 2 Satz 2 1. DVO z. HebammenG, 13 Nr. 2, 20 Abs. 1 Nr. 2 StBerG, 19 Abs. 1 Nr. 2 und 33 Abs. 1 Nr. 2 WiPO.

[77] Ebenso: *Hoffmann*, § 3 ApothG, Rd. Nr. 5; *Schiedermair*, Gesetzeskunde, S. 33 (III 2); *Daniels-Bulling*, § 9 BÄO Rd. Nr. 1, 5, 6, 11; *Etmer-Bolck*, § 9 BÄO Erläuterung 1 und § 10 BTÄO Erläuterung 2 (Anhang A 4, S.156).

[78] Vgl. *Bülow*, § 14 BRAO, Anm. 6.

[79] s. *Brüggemann*, S. 6.

4. Die Gestaltungsmöglichkeiten des Verzichtenden unter dem Einfluß des öffentlichen Interesses

Die vorstehenden Ausführungen haben ergeben, daß die Regelungsbefugnis des Rechtsinhabers bei dem Verzicht durch öffentlich-rechtliche Willenserklärung infolge zu beachtender öffentlicher Belange eingeengt werden kann. Eine Einbruchsstelle für das öffentliche Interesse ist schon vorhanden bei der grundsätzlichen Frage, ob die Rechtsaufgabe einseitig, zweiseitig oder zustimmungsbedürftig auszugestalten ist, ob also der betreffenden Behörde eine Mitentscheidung über den weiteren Bestand des verliehenen Rechts zukommen soll. Weiterhin läßt sich die Empfangsbedürftigkeit des Verzichts — denkbar wäre ja auch eine streng einseitige Verzichtserklärung — nur damit erklären, daß der Staat als Gegenstück zu der mit der Rechtsgewährung verbundenen Anerkennungspflicht ein Interesse an der Kenntnis von dem Rechtsuntergang hat. Ferner kann das subjektive öffentliche Recht so beschaffen sein, daß seine Aufgabe mit den seinen Bestand fordernden Gemeininteressen schlechthin unvereinbar ist, wie bei dem Wahlrecht, den alimentären Ansprüchen und sonstigen Rechten mit Ausübungspflichten; auch kann die mit dem Recht zusammenhängende Pflichtenstellung eine Mitwirkung des Staates notwendig machen, so in § 30 BBG und § 14 Abs. 1 Nr. 5 BRAO. Diese in der Beachtlichkeit des Allgemeininteresses wurzelnden Tendenzen, welche die Regelungsbefugnis des Berechtigten einschränken, haben Modifizierungen an dem Verzichtstatbestand zur Folge bzw. führen — von der grundsätzlichen Zulässigkeit des einseitigen Verzichts im Verwaltungsrecht her gesehen — zu Veränderungen der Verzichtswirkung. Ebenfalls wird die Verzichtsfolge berührt, wenn der Zeitpunkt ihres Eintritts wie in § 23 Abs. 2 Satz 2 SeelotG hinausgeschoben wird bzw. — so in § 30 Abs. 2 BBG — werden kann.

An diese Darstellung ist die Feststellung zu knüpfen, daß sich die Willenserklärung der Privatperson zwar auch im öffentlichen Recht als eine von der Rechtsordnung ermöglichte „Kommunikation von Willenskundgebungen über Rechtswirkungen" darstellt[80], aber aus der Empfangszuständigkeit der Behörde und der Zuordnung des geregelten Gegenstandes zum Verwaltungsrecht durch das zu berücksichtigende öffentliche Interesse motivierte Einschränkungen für die Gestaltungsbefugnis des privaten Autors der Willensäußerungen folgen können. Es wird zu untersuchen sein, ob mittels aus dem Privatrecht entlehnter, dem Verzicht ähnlicher Gestaltungsmittel die gesetzlichen Einschränkungen umgangen werden können.

---

[80] So: *Küchenhoff*, in: Festschrift für Laforet, S. 317, 321 (3).

Nachdem der Begriff der öffentlich-rechtlichen Willenserklärungen Privater geklärt und anhand einiger Beispiele verdeutlicht worden ist, sollen nun Rechtsregeln für ihre Behandlung entwickelt werden. Dabei ist insbesondere an ihre Widerruflichkeit, Anfechtbarkeit und an die Geschäftsfähigkeit ihres Urhebers zu denken, sind dies doch die wichtigsten Rechtssätze auch für publizistische Willenserklärungen von Privatpersonen.

Zweites Kapitel

Bestehende öffentlich-rechtliche Rechtsregeln für publizistische Willenserklärungen Privater und die Methodik ihrer Ergänzung durch den Rückgriff auf das bürgerliche Recht

Wenn Behandlungsgrundsätze für die nichtamtlichen publizistischen Willenserklärungen aufgestellt werden sollen, so ist zunächst eine Darstellung der etwa gegebenen positiven öffentlich-rechtlichen Vorschriften erforderlich. Nach dieser Übersicht können dann die gesetzlich nicht geregelten Fälle untersucht werden. Dabei taucht die Frage auf, ob für diese öffentlich-rechtlichen Willenserklärungen Privater die Regelungen des bürgerlichen Rechts herangezogen werden können. Das setzt nicht nur die Zulässigkeit des Rückgriffs auf das Privatrecht voraus, sondern auch die Vereinbarkeit der in diesen Bestimmungen zum Ausdruck kommenden Grundsätze mit den sich aus den vorhandenen öffentlich-rechtlichen Normen ergebenden Prinzipien.

1. *Abschnitt*

Darstellung der gesetzlichen Regelungen im öffentlichen Recht

A. Wirksamwerden und Widerruf

Zu diesem Problemkreis gibt es nur vereinzelt öffentlich-rechtliche Gesetzesbestimmungen, die sich zudem entweder auf Anträge bei mitwirkungsbedürftigen Verwaltungsakten oder aber auf Verzichtserklärungen beziehen. So bestimmt § 30 Abs. 1 Satz 3 BBG — § 46 Abs. 3 SoldG entsprechend für Soldaten —, daß der Beamte seinen Entlassungsantrag bis zum Zugang der gem. § 175 BBG erfolgenden Entlassungsverfügung zurücknehmen kann; dazu bedarf er nach Ablauf einer Frist von 2 Wochen, die mit dem Zugang des Entlassungsgesuches beim Dienstvorgesetzten beginnt, der Zustimmung der Entlassungsbehörde. § 9 Abs. 3 Satz 2 VfG KOV erwähnt die Zurücknahme des Antrages auf Leistungen aus der Kriegsopferversorgung nur im Zusammenhang mit einer Geschäftsfähigkeitsregelung.

Nach einigen Vorschriften sind öffentlich-rechtliche Verzichte nicht widerruflich. Dabei handelt es sich um Verzichte auf Abgeordnetenmandate, Abgeordnetensitze, Listenanwartschaften (§§ 46 Abs. 1 Nr. 5 Satz 2 BWahlG, 11 Hamb.BürgerschaftswahlG, 81 Abs. 3 BWahlO) und um den Verzicht auf einen früheren militärischen Dienstgrad (§ 37 WehrpflG). Demgegenüber ordnet § 12 Abs. 2 ZHKG an, daß der Verzicht auf die Bestallung als Zahnarzt widerrufen werden kann, allerdings nur mit Genehmigung der zuständigen Behörde.

Diese Übersicht macht deutlich, daß öffentlich-rechtliche Normen zum Wirksamwerden der publizistischen Willenserklärungen Privater überhaupt fehlen, während die Widerruflichkeit dieser Willenserklärungen nur im Hinblick auf bestimmte Willensäußerungen geregelt ist; dabei ist zu beachten, und dies wird auch später aufgezeigt werden, daß für die Rücknehmbarkeit von Anträgen und öffentlich-rechtlicher Verzichtserklärungen Besonderheiten gelten, welche für die sonstigen Willenserklärungen Privater im öffentlichen Recht keine Gültigkeit beanspruchen können.

Somit kann festgestellt werden, daß eine allgemeinverbindliche öffentlich-rechtliche Regelung des Wirksamwerdens und des Widerrufs, wie sie § 130 BGB für Willenserklärungen auf dem Gebiete des Privatrechts enthält, nicht vorhanden ist. Es wird daher noch zu untersuchen sein, ob diese zivil-rechtliche Norm in das öffentliche Recht übernommen werden kann.

B. Anfechtbarkeit

Über die Anfechtbarkeit von öffentlich-rechtlichen Willenserklärungen von Privatpersonen enthalten soweit ersichtlich nur die §§ 23 Abs. 1 des 1. und 9 Abs. 1 des 2. StAngRegG Bestimmungen. Nach § 23 Abs. 1 des StAngRegG von 1955 können die Erklärung, durch welche gem. § 1 die deutsche Staatsangehörigkeit ausgeschlagen wird, und der Verzicht auf das Ausschlagungsrecht nach § 5 Abs. 2 wegen Inhaltsirrtums sowie wegen Zwanges oder Drohung angefochten werden. Diese Anfechtungsmöglichkeit erstreckt § 9 Abs. 1 des StAngRegG von 1956 auf weitere Erklärungen.

Im übrigen fehlen öffentlich-rechtliche Anfechtungsbestimmungen für nichtamtliche publizistische Willensäußerungen. Eine den §§ 119 ff. BGB entsprechende allgemeine Regelung ist im öffentlichen Recht nicht kodifiziert. Auch hier drängt sich die später zu beantwortende Frage auf, welche Rechtsregeln für die Anfechtbarkeit im übrigen gelten sollen.

C. Geschäftsfähigkeit

I. Bedeutung und Begriff der Geschäftsfähigkeit

Unter der Geschäftsfähigkeit ist die Fähigkeit zu verstehen, Rechtsgeschäfte selbständig vornehmen zu können[1]. Entgegen *Coing*[2] ist die Geschäftsfähigkeit also nicht Bestandteil der Personenlehre, sondern Wirksamkeitsvoraussetzung der Rechtsgeschäfte; denn wenn diese durch das Selbstbestimmungsrecht gekennzeichnet sind, so muß die rechtswirksame Ausübung der Privatautonomie von der Fähigkeit zur Selbstbestimmung abhängen[3].

Die Geschäftsfähigkeit läßt sich aus dem Oberbegriff der Handlungsfähigkeit[4] ableiten[5]. Wird die Handlung als bewußtes oder gewolltes

---

[1] Vgl. *Larenz*, AT, S. 139 (I); *Landmann-Giers-Proksch*, S. 87 (2).

[2] a.a.O., S. 58.

[3] s. *Flume*, S. 182 (§ 13, 1); *Manigk*, Privatautonomie, S. 55; *Schwimann*, S. 126 f.

[4] *Wolff*, VR I, S. 186 (b) nennt sie Wirkungsfähigkeit.

[5] Dazu vgl. *Grüter*, Soldat, S. 5/7; *Larenz*, AT, S. 129 f.

menschliches Verhalten definiert, das mithin die Fähigkeit zur Bewußtseins- oder Willensbildung voraussetzt, so ist die Handlungsfähigkeit als Fähigkeit zu rechtlich wirksamem Handeln zu begreifen. Entsprechend der Unterteilung der juristischen Handlungen sind Geschäftsfähigkeit, Verfügungsfähigkeit, Deliktsfähigkeit usw. zu unterscheiden.

Gleichfalls bedeutsam muß die Geschäftsfähigkeit sein, wenn durch eine öffentlich-rechtliche Willenserklärung der private Autor auf ein Verwaltungsrechtsverhältnis Einfluß nimmt[6]. Es handelt sich daher um einen allgemeinen, auch für das Verwaltungsrecht geltenden juristischen Begriff und die Geschäftsfähigkeit im öffentlichen Recht ist umschrieben, wenn das Rechtsgeschäft dem öffentlichen Recht zuzuordnen ist[7]. Die einheitliche Verwendung desselben Begriffs ist daher angezeigt[8]. Demgegenüber gibt es nach *Gerber*[9] eine doppelte Art von öffentlich-rechtlicher Geschäftsfähigkeit, nämlich eine Geschäftsfähigkeit als Obrigkeitsperson und eine solche als Untertanperson. Den Grund für diese Aufspaltung sieht Gerber darin, daß anders als im bürgerlichen Recht im öffentlichen Recht keine Gleichwertigkeit der Personen gegeben sei, was an der Über- bzw. Unterordnung kenntlich werde. Danach ist als Organperson, durch die der Staat eine öffentliche Aufgabe erfüllt, nur geschäftsfähig, wem ausdrücklich eine öffentliche Aufgabe zugewiesen ist, wer also etwa die Voraussetzungen für das Richteramt erfüllt. Demgegenüber ist als Untertanperson jede volljährige Person geschäftsfähig vorbehaltlich besonderer Vorschriften.

Diesem Begriffsystem von Gerber ist nicht zuzustimmen, da sich die Begriffe jedenfalls teilweise decken, wenn auch an die „Geschäftsfähigkeit" der Organperson zusätzliche Anforderungen zu stellen sind. Hierbei handelt es sich aber in Wirklichkeit nicht um einen Ausschnitt aus der Geschäftsfähigkeit, sondern um weitere Voraussetzungen für die Wirksamkeit von Handlungen einer Organperson. Diese Erfordernisse wurzeln in Zuständigkeitsfragen, so daß der Begriff „Geschäftsfähigkeit" auch in dieser Hinsicht nicht zutreffend ist.

Im folgenden sollen Beispiele für öffentlich-rechtliche Geschäftsregelungen gegeben werden. An eine Übersicht über Rechtsprechung und Lehre schließt sich die eigene Untersuchung der öffentlich-rechtlichen Bestimmungen an. Vorauszuschicken ist die Feststellung, daß es öffentliche rechtliche Vorschriften über die Geschäftsfähigkeit gibt und geben kann[10]. Das ist den Vorschriften der §§ 62 Abs. 1 Nr. 2 VwGO, 58 Abs. 1 Nr. 2 FGO und 77 Nr. 2 SchlH LVwG zu entnehmen. In diesen Normen

---

[6] s. *Bönninger*, S. 21; *Forsthoff*, S. 174.
[7] Vgl. *Kormann*, System, S. 285 (§ 31, 4, 1); *Schoenborn*, in: AöR, 24/126, 134.
[8] s. *Grüter*, Soldat, S. 6.
[9] In: VA 36/1, 35 und, Gutachten, S. 16 ff., insbesondere 21 f.; ihm folgen von *Turegg-Kraus*, S. 80 (1 a).
[10] Vgl. auch *Imboden*, Der nichtige Staatsakt, S. 132 (c).

wird der nach bürgerlichen Recht beschränkt Geschäftsfähige für prozeßfähig erklärt, soweit er für den Gegenstand des Verfahrens durch Vorschriften des öffentlichen Rechts als geschäftsfähig bzw. handlungsfähig anerkannt ist.

II. Fälle öffentlich-rechtlicher Regelungen der Geschäftsfähigkeit nach Lehre und Rechtsprechung

In Theorie[11] und Praxis[12] werden folgende Normen als öffentlich-rechtliche Geschäftsfähigkeitsbestimmungen ausgegeben:

§§ 5 FeuerbestG, 5 Satz 1 RelKEG, 2 Abs. 1 NamÄndG, 6 Abs. 3 i. V. m. 2, 8 Abs. 1 Nr. 1 i. v. m. 7 Abs. 2, 19 Abs. 1, 25 Abs. 1 RuStAG, 14, 15 Abs. 1 StAngRegG von 1955, 9 StAngRegG von 1956, 16 Abs. 1 Nr. 2 BWahlG i. V. m. Art. 38 Abs. 2 GG, 12 BWahlG i. V. m. Art. 38 Abs. 2 GG, 9 Abs. 1, 23 Abs. 2 PersVG, 2 Abs. 2 Hess-ElternmitbestimmungsG, 3 Nr. 2 HessVolksabstimmungsG und andere Wahlgesetze, 102 AO, 19 Abs. 5 WehrpflG, 7 Abs. 2 FreiheitsentziehungsG[13], 7 Abs. 2 lit. b PassG, 52 ZPO, 59 FGG, 65 Abs. 4 JWG, 2 Abs. 1 FreizügigkeitsG, 1546 Abs. 1 Satz 3 RVO, 9 VfG KOV, 8 Abs. 2, Abs. 3 DVO z. NotaufnahmeG, 21 Abs. 2, 26 Satz 1 HWO[14], 7 Abs. 1 VwZG, 65 Abs. 3 Satz 2 JWG, 44 Abs. 1 WehrpflichtG, 28 Abs. 3 VfG KOV, 41 Abs. 1 Satz 1, Abs. 2 BBG, 7 Abs. 1 Nr. 3, 10 Abs. 1 Nr. 1 HBG, 2 HessSchulpflichtG, 3 Hess-MeldeG, 1 HessPersonalausweisAusfG, Art. 137, Abs. 1 BayVerf, Art. 35 Abs. 1 Rh-PfVerf, 4 Abs. 2, Abs. 3 Bay, NW, 5 Abs. 3, Abs. 4 HessPersonalausweisAusfG, 3 Abs. 2, Abs. 3 Rh-PfPersonalausweisG

Schon an dieser Stelle sind einige der in Literatur und Rechtsprechung angezogenen Vorschriften von der weiteren Untersuchung auszuschließen, da sie entweder dem Prozeßrecht zugehören oder den

---

[11] s. *Jellinek*, VR, S. 166 (c); von *Turegg-Kraus*, S. 81; *Schroeder-Printzen*, S. 92 (C I b 1) und S. 19 (A I b); *Wittern*, S. 46 (2); von *Rosen-von Hoewel*, S. 67 (2 a); *Landmann-Giers-Proksch*, S. 89; *Forsthoff*, S. 173 (2); *Kormann*, System, S. 285 (I 1), 286, 294 und, in: AnnDR 1911/910 (II 2); *Schoenborn*, in: AöR 24/126, 137; *Meier-Branecke*, in: AöR NF 11/230, 268; *Jentsch*, S. 91 f.; *Kuhn*, S. 27 f.; *Grüter*, Soldat, S. 8—16; *Schwarz*, in: GemTag 1963/145, Fußn. 8; *Redeker-von Oertzen*, § 62 VwGO, Anm. 4 (I 2 b); *Ule*, Verwaltunsprozeßrecht, S. 70; *Schunck-De Clerck*, § 62 VwGO Anm. 2 b; *Eyermann-Fröhler*, § 62 VwGO Rd. Nr. 4; Begründung zu § 11 EVwVerfG 63, S. 102; von der *Groeben-Knack*, § 77 SchlH LVwG Rd. Nr. 2.2; *Foerster*, § 77 SchlH LVwG, Erl. 2; *Hahnenfeld*, § 32 WehrpflG, Note 10 und 19 Note 3.

[12] s. BayVGH VRspr 9/385; BVerwG MDR 1966/442 zu § 7 StVZO; BVerwGE 7/66, 67; 18/160 f. zu § 19 Abs. 5 WehrpflG.

[13] Abs. 3 des § 7 FreiheitsentziehungsG wurde aufgehoben durch Art. 9 Nr. 20 des FamRÄG von 1961.

[14] Jetzt §§ 25, Abs. 2, 30 Satz 1 HWO n. F.

Empfang behördlicher Willensäußerungen betreffen oder sich nicht auf öffentlich-rechtliche Willenserklärungen beziehen.

Mit der Prozeßfähigkeit bzw. mit der Fähigkeit zur Vornahme von Verfahrenshandlungen beschäftigen sich die §§ 52 ZPO, 62 VwGO, 58 FGO, 71 Abs. 2, Satz 1 SGG und 77 SchlHLVwG[15], mit der (strafrechtlichen) Verantwortlichkeit die §§ 1, Abs. 1, Abs. 3, 3, 105 JGG, 7 Abs. 1 OWiG. Selbständige Beschwerderechte gegen behördliche Entscheidungen gewähren Minderjährigen die Vorschriften der §§ 7, Abs. 2 FreiheitsentziehungsG, 59 FGG, 65 Abs. 4 JWG[16]. §§ 7 Abs. 1 VwZG, 65 Abs. 3 Satz 2 JWG, 44 Abs. 1 Satz 4 WehrpflG, 28 Abs. 3 VfG KOV enthalten Bestimmungen über die Zustellung einiger behördlicher Willensäußerungen. Da diese Arbeit sich mit den öffentlich-rechtlichen Willenserklärungen Privater beschäftigt, wird nur die Frage der Geschäftsfähigkeit bei der Abgabe, nicht aber bei der Empfangsnahme einer Willenserklärung behandelt. Schließlich ist auch § 2 Abs. 1 FreizügigkeitsG auszuklammern, da diese Norm sich auf den Nachweis der Staatsangehörigkeit und der Genehmigung des gesetzlichen Vertreters bezieht, also nicht eine Regelung der Geschäftsfähigkeit für eine öffentlich-rechtliche *Willens*erklärung enthält. Die Vorschriften der §§ 25 Abs. 2, 30 Satz 1 HWO, welche den Lehrvertrag sowie die Erklärung gegenüber dem Lehrherrn, das Gewerbe bzw. den Beruf wechseln zu wollen, behandeln, haben *öffentlich-rechtliche* Willenserklärungen nicht zum Inhalt. Diese Normen beziehen sich nicht auf einen öffentlich-rechtlichen Gegenstand, wenn auch das Handwerksrecht im allgemeinen dem öffentlichen Recht zuzuordnen ist.

Die verbleibenden Vorschriften sind nun im Hinblick darauf zu untersuchen, ob sie öffentlich-rechtliche Regelungen der Geschäftsfähigkeit einer Privatperson bei Abgabe einer publizistischen Willenserklärung enthalten.

III. Eigene Untersuchung der öffentlich-rechtlichen Vorschriften im Hinblick auf eine Geschäftsfähigkeitsregelung

1. Altersgrenzen als Voraussetzung für den Erlaß eines Verwaltungsaktes, insbesondere einer behördlichen Erlaubnis

In einer Vielzahl von Gesetzesbestimmungen darf die Behörde nur handeln, wenn die Privatperson ein bestimmtes Mindest- oder Höchstalter erreicht hat. Häufig ist das geregelt als Voraussetzung für die Einstellung und Beförderung des Beamten sowie für die Beendigung

[15] I. V. m. § 129 SchlHLVwG gewinnt § 77 allerdings Bedeutung auch für die Geschäftsfähigkeit bei der Abgabe einer Vertragserklärung.

[16] Vgl. etwa *Reichard,* § 7 FreiheitentziehungsG Erläuterung 2.

des Dienstverhältnisses, so beispielsweise in §§ 9 Abs. 1 Nr. 2 BBG, 7 Abs. 1 Nr. 3, 10 Abs. 1 Nr. 1 HBG, 41 Abs. 1 Satz 1, Abs. 2, 42 Abs. 3 BBG. Wie eingehend anhand der Vorschriften über Altersgrenzen als Voraussetzung für die Erteilung einer behördlichen Erlaubnis gezeigt werden soll, geht es in diesen Normen nicht um Erklärungen der Privatperson, vielmehr werden Voraussetzungen für die Handlungen der Verwaltung aufgestellt. Es handelt sich daher nicht um öffentlich-rechtliche Geschäftsfähigkeitsregelungen[17].

Bei der Erlaubniserteilung[18] ist das erreichte Alter entweder eine Erteilungsvoraussetzung (§§ 16 Abs. 1 i. V. m. 17 Abs. 2 Nr. 1 BjagdG, 2 Abs. 1 lit. b AmateurfunkG i. V. m. § 1 Nr. 1 VO vom 12. 5. 1950, 3 Abs. 1 Nr. 1 FahrlehrerVO[19], 2 Abs. 1 lit. a NW SprErlVO[20], Art. 3 Abs. 1 lit. b BayDolmetscherG) oder das nichterreichte Alter ist als Versagungsgrund aufgeführt (zwingend: §§ 3 Nr. 1 der 1. DVO z. FischereischeinG, 45 Nr. 1 HessFischereiG, 3 DVO z. SaarlFischereischeinG, 5 Nr. 1 Rh-PfFischereischeinG[21], 17 Abs. 1 Nr. 1 BjagdG, 7 Abs. 1 StVZO, 15 Abs. 2 Nr. 1 WaffenG von 1938[22]; fakultativ: §§ 4 Nr. 1 der 1. DVO z. FischereischeinG, 46 Nr. 1 HessFischereiG, 4 DVO z. SaarlFischereischeinG, 6 Abs. 1 Nr. 1 Rh-PfFischereischeinG[21], Art. II lit. a BayLandfahrerO). In einigen Vorschriften ist die Minderjährigkeit der Privatperson Voraussetzung für die Erteilung der behördlichen Erlaubnis, so fakultativ in § 46, Abs. 3 GewO und zwingend in § 6 Abs. 3 Nr. 2 GaststG[23].

Es ist in Rechtsprechung und Lehre sehr umstritten, ob in diesen Vorschriften die öffentlich-rechtliche Geschäftsfähigkeit im Hinblick auf den jeweiligen Antrag geregelt ist[24]. Grundlegend mit dieser Pro-

---

17 Ebenso *Jellinek*, VR, S. 166 (c); *Grüter*, S. 9 f.; vgl. auch *Schoenborn*, in: AöR 24/126, 142, Fußn. 37 und 145 (4); anderer Meinung: *von Rosen-von Hoewel*, S. 67 (2 a); *Schwarz*, in: GemTag 1963/145, Fußn. 8.

18 Zu den nachstehenden Vorschriften vgl. insbesondere *Grüter*, Soldat, S. 10; *Fuhr*, § 1 GewO, Anm. 3.

19 Da eine eindeutige gesetzliche Grundlage für die Erlaubnispflicht von Fahrschulen fehlt, ist § 5 Abs. 1 Nr. 1 FahrlehrerVO hinsichtlich der Mindestaltersgrenze ohne Bedeutung, vgl. BVerwG DVBl. 1965/838 ff. und *Fuhr*, a.z.a.O.

20 Entsprechende Vorschriften gelten in den meisten anderen Ländern, vgl. dazu *Denker-Täglich-Wiesner*, S. 28, Fußn. 2.

21 Zum geltenden Recht in den anderen Ländern s. *Lorz*, S. 431—447.

22 Dieses Gesetz ist teilweise aufgehoben durch das BWaffenG, das mangels Bundeskompetenz eine dem § 15 WaffenG entsprechende Bestimmung über die Ausstellung von Waffenerwerbs- und Waffenscheinen nicht enthält, s. im einzelnen Protrykus, in: NJW 1968/2219, insbesondere 2220 und 2222 (X).

23 Vgl. auch § 4 Abs. 2 HWO a. F.; jetzt anders geregelt in: § 4 Abs. 1 Satz 1 HWO n. F.

24 Bejahend, insbesondere für § 7 Abs. 1 StVZO: BVerwG MDR 1966/442; BayVGH VRspr 9/385; *Fuhr*, § 1 GewO, Anm. 4 (vgl. aber auch § 46 Anm. 3); *Wolff*, VR I, S. 187; *Floegel-Hartung*, § 7 StVZO Rd. Nr. 4 (2 c); *Ule*, Verwaltungsprozeß, S. 70; *Schunck-De Clerck*, § 62 VwGO, Anm. 2 b; *Eyermann-*

blematik hat sich der *Bayerische Verwaltungsgerichtshof*[25] befaßt. In dieser Entscheidung wurde § 7 StVZO aF[26] als eine öffentlich-rechtliche Geschäftsfähigkeitsbestimmung angesehen, so daß die minderjährige Privatperson zur Stellung des Antrages auf Erteilung einer Fahrerlaubnis befugt und für die Erhebung der Anfechtungsklage gegen den ablehnenden Bescheid prozeßfähig war. Zu diesem Ergebnis kommt der VGH aufgrund folgender Überlegungen. Im öffentlichen Recht gebe es eine Vielzahl von Normen, welche die Ausübung einer Tätigkeit oder die Erteilung einer behördlichen Erlaubnis von einem bestimmten Alter abhängig machen. Liege diese Altersgrenze unter 21 Jahren, so kämen immer zwei mögliche Regelungsarten in Betracht.

Entweder wolle das Gesetz damit lediglich zum Ausdruck bringen, daß bei Erreichen der Altersgrenze die fehlende volle Geschäftsfähigkeit nach dem Zivilrecht der Ausübung der Tätigkeit bzw. der Erteilung der Erlaubnis nicht entgegenstehen solle. Oder es entspreche den Intentionen des Gesetzes, den Minderjährigen für befugt zu erklären, das ihm nach der betreffenden Vorschrift materiell zustehende Recht zur Ausübung der Tätigkeit bzw. auf Erteilung der Erlaubnis gegenüber den Verwaltungsbehörden und vor den Gerichten selbständig zu verfolgen.

Für den Fall des § 7 StVZO sprächen nach Ansicht des Bayerischen Verwaltungsgerichtshofes mehrere Gründe für die Annahme, daß es sich bei dieser Vorschrift um eine Geschäftsfähigkeitsregelung und damit um eine Norm im Sinne der zweitgenannten Art handelt. Zum einen sei die Zustimmung des gesetzlichen Vertreters nur für die von der Verwaltungsbehörde zugelassenen Ausnahmen vorgesehen, während sie in der Grundsatzregelung fehlt[27]. Zum anderen gehöre das Straßenverkehrsrecht zur Materie des Polizeirechts. Da dieses eng mit dem Strafrecht zusammenhänge, sei die Auffassung gerechtfertigt, daß derjenige, der das 18. Lebensjahr vollendet hat und damit gem. § 1 Abs. 3 JGG strafmündig ist, auch in polizeilichen Angelegenheiten gegenüber der Verwaltung selbständig auftreten könne. Ursprünglich lag nach §§ 14 Abs. 2 KfzVO und 2 Abs. 3 i. V. m. 4 RstraßenVO die Altersgrenze für das Führen von Kraftfahrzeugen einheitlich bei 18 Jahren; daher könne angenommen werden, daß der Verordnungsgeber

---

Fröhler, § 62 VwGO, Rd. Nr. 4; Begründung zu EVwVerfG 63, S. 102; von der *Groeben-Knack*, § 77 SchlH LVwG, Rd. Nr. 222.; *Foerster*, § 77 SchlH LVwG, Erl. 2.

Verneinend: *Jellinek*, VR, S. 166 (c); *Kormann*, S. 294 f.; *Meier-Branecke*, in: AöR NF 11/230, 269, Fußn. 104 für § 57 a Nr. 1 GewO a. F.; *Grüter*, Soldat, S. 10; *Mitzschke-Schäfer*, § 16 BjagdG, Anm. 1.

[25] In VRspr 9/385, 387 f.

[26] i. d. F. vom 29. 3. 1956 (BGBl. I, S. 271); jetzt gilt die Fassung vom 8. 12. 1960 (BGBl. I, S. 898).

[27] Jetzt § 7 Abs. 2 StVZO n. F.

von der Ansicht ausging, bei Erreichen dieser Altersgrenze sei die Privatperson den Polizeibehörden gegenüber ohnehin nicht mehr beschränkt geschäftsfähig.

In Fortführung dieser Judikatur hat das *Bundesverwaltungsgericht*[28] angenommen, daß ein sechzehnjähriger, wegen Geistesschwäche Entmündigter den Führerschein der Klasse 5 selbständig beantragen und gegen die Ablehnung der Erteilung gerichtlich vorgehen könne. Das Ergebnis folge nicht schon aus § 114 BGB, da diese Vorschrift die Entmündigten den wegen Minderjährigkeit beschränkt Geschäftsfähigen nur allgemein gleichstellt. Ausweislich des die Testierunfähigkeit des Entmündigten anordnenden und damit von § 114 abweichenden § 2229 Abs. 3 BGB sei für diesen Personenkreis die Geschäftsfähigkeit bezüglich jedes Rechtsgebietes zu prüfen. Dem § 7 Abs. 1 Satz 1 Nr. 4 StVZO liege die Erwägung zugrunde, daß vom Zeitpunkt der Vollendung des 16. Lebensjahres an das technische Verständnis und die Beherrschung der Verkehrsregeln gegeben seien. Von dieser Annahme könne aber auch bei der wegen Geistesschwäche entmündigten Person ausgegangen werden, so daß sie für die Antragstellung geschäftsfähig und im verwaltungsgerichtlichen Verfahren prozeßfähig sei.

Demgegenüber sieht die Gegenmeinung in den oben aufgeführten Gesetzesvorschriften keine Regelung der öffentlich-rechtlichen Geschäftsfähigkeit, da es in den Bestimmungen nicht um die Wirksamkeit, sondern um die Erlaubtheit der Handlung gehe[29]; das Erreichen der Altersgrenze sei nur eine Frage der Begründetheit des mit der Antragstellung verfolgten materiellen Rechts[30].

Bei Beantwortung der gestellten Frage ist zunächst zwischen der *rechtlichen* Handlung — nämlich dem Antrag — und der *natürlichen* Handlung, etwa dem Autofahren, zu unterscheiden. Normieren die angezogenen Bestimmungen nur eine Regelung der Voraussetzungen für die Vornahme einer natürlichen Handlung, so kann es sich nicht um Vorschriften über die öffentlich-rechtliche Geschäftsfähigkeit von Privatpersonen handeln.

Gegenüber der natürlichen ist für die rechtliche Handlung kennzeichnend, daß bei ihr die Rechtsordnung dem natürlichen Geschehen eine zusätzliche, nämlich rechtliche Wirkung beilegt. Je nach Art dieser Wirkung ist die Handlung als Rechtsgeschäft, geschäftsähnliche Handlung oder Realakt zu klassifizieren[31]. Diese Unterscheidung führt zum Begriffspaar der rechtlichen und natürlichen Handlungsfähigkeit[32]. Da-

---

[28] In MDR 1966/442 = FamRZ 1966/133 = VRspr 18/199 f.
[29] Vgl. z. B. *Grüter*, Soldat, S. 10.
[30] So *Kormann*, System, S. 394 f.
[31] Vgl. *Kuhn*, S. 25.
[32] Dazu und zum folgenden, *Kuhn* S. 25—27.

nach bedingt der unterschiedliche Charakter der Handlungen verschiedene Möglichkeiten der Rechtsordnung, Voraussetzungen für die Fähigkeit zur Vornahme derartiger Handlungen aufzustellen. Die Rechtswirkung einer Handlung eines Minderjährigen kann die Rechtsordnung vorenthalten, modifizieren oder durch den gesetzlichen Vertreter herbeiführen lassen. Demgegenüber vermag sie auf die jedem Menschen — sofern er im natürlichen Sinne zu handeln imstande ist — zukommende natürliche Handlungsfähigkeit nur durch Gebote und Verbote einzuwirken, deren Befolgung sie durch präventive, repressive oder restitutive Maßnahmen zu sichern bestrebt ist. Die natürliche Handlung selbst kann die Rechtsordnung aber nicht ungeschehen machen oder durch einen Vertreter vornehmen lassen. Vielmehr ist sie in bezug auf die natürlichen Handlungen Minderjähriger und Volljähriger auf die Aufstellung unterschiedlicher Gebote und Verbote beschränkt.

Mißt man an diesen Grundsätzen die oben aufgeführten Vorschriften, so wird deutlich, daß ihr Regelungsgegenstand die natürliche und nicht die rechtliche Handlung bzw. Handlungsfähigkeit ist. In diesen Bestimmungen wird vor Erreichen einer bestimmten Altersstufe die in der Norm beschriebene natürliche Handlung verboten[33].

Würde dagegen der entgegengesetzte Standpunkt zu vertreten und eine öffentlich-rechtliche Geschäftsfähigkeitsregelung anzunehmen sein, so würde die Erreichung der Altersgrenze den Wechsel von der Geschäftsunfähigkeit zu vollen Geschäftsfähigkeit markieren. Für die Geschäftsunfähigen müßte daher der gesetzliche Vertreter handeln. Sein Antrag wäre aber als unbegründet abzulehnen, da der beispielsweise noch nicht sechzehnjährigen Privatperson das Gesetz das Führen eines Kraftfahrzeuges der Klasse 5 nicht gestattet (§ 7 Abs. 1 Nr. 4 StVZO). Im allgemeinen ist dagegen die Geschäftsunfähigkeit dadurch gekennzeichnet, daß die Rechtsordnung die Herbeiführung der mit der Willenserklärung beabsichtigten Rechtsfolge durch den gesetzlichen Vertreter zuläßt.

Die hier vertretene Meinung kann auch nicht dadurch erschüttert werden, daß der Einwand erhoben wird, es sei nicht einzusehen, warum der Staat die Handlung zwar erlaube, der Minderjährige aber nicht ihre Voraussetzungen in Form der Antragstellung schaffen könne. Dadurch würde auch nicht das Elternrecht völlig beiseite geschoben, da dieses wirksam werden würde für die Frage, ob der Minderjährige tatsächlich von der ihm gewährten Erlaubnis Gebrauch macht oder nicht. Eine derartige Argumentation zielt auf einen Zusammenhang zwischen rechtlicher und natürlicher Handlungsfähigkeit und bezieht die zunächst nur im Hinblick auf die natürliche Handlung normierte

[33] Vgl. *Kuhn*, S. 25 (1 a) und S. 26, Fußn. 8.

Altersgrenze auch auf die rechtliche Handlung, so daß eine Regelung der öffentlich-rechtlichen Geschäftsfähigkeit anzunehmen wäre. Ein solcher Zusammenhang ließe sich nur konstruieren, wenn die Kriterien für die Zumessung der natürlichen und der rechtlichen Handlungsfähigkeit im allgemeinen gleich wären. Das ist aber nicht der Fall, weil der Sinn eines Verbotes natürlicher Handlungen darin zu erblicken ist, andere vor den Handlungen des Minderjährigen deswegen zu schützen, da dieser die Tragweite seines Tuns nicht zu übersehen und nach dieser Einsicht nicht zu handeln vermag[34], weil ihm z. B. das technische Verständnis fehlt und er die Verkehrsregeln nicht beherrscht[35]. Im Bereich der rechtlichen Handlungen ist für das Maß der Geschätfsfähigkeit des Minderjährigen in erster Linie der Schutz seiner selbst vor den Folgen seiner rechtsgeschäftlichen Erklärungen ausschlaggebend[36]. In Ausnahmefällen können allerdings die Zumessungsfaktoren für die natürliche und die rechtliche Handlungsfähigkeit die gleichen sein. Nach § 7 Abs. 1 lit. b PassG ist der Paß zwar zu versagen, wenn der unverheiratete Minderjährige nicht die Zustimmung seines gesetzlichen Vertreters beibringt. Da aber die Zustimmungsbedürftigkeit hauptsächlich zum Schutze des Minderjährigen statuiert ist, kann zugleich eine die beschränkte Geschäftsfähigkeit gewährende Regelung angenommen werden[37].

Die Gegenansicht geht im übrigen ebenfalls nicht von der Gleichheit der Kriterien aus. Der BayVGH[38] beschränkt seine Untersuchung ausdrücklich auf Vorschriften, deren Altersgrenze unter 21 Jahren liegt. Bei den auf das vollendete 25. bzw. 23. Lebensiahr abhebenden Bestimmungen des § 57 a Abs. 1 Nr. 3 GewO und des § 3 Abs. 1 Nr. 1 FahrlehrerVO will das Gericht keine Geschäftsfähigkeitsregelung annehmen, sondern in Übereinstimmung mit dem bürgerlichen Recht die volle Geschäftsfähigkeit mit der Vollendung des 21. Lebensjahres auch im öffentlichen Recht beginnen lassen. In diesen Fällen läßt also die hier abgelehnte Meinung die natürliche und rechtliche Handlungsfähigkeit auseinanderfallen, allerdings ohne dies als Ausnahme von ihrem grundsätzlichen Standpunkt begründen zu können.

Das behandelte Problem tritt ebenfalls auf bei den Vorschriften des bürgerlichen Rechts, die Altersgrenzen als Voraussetzung für den Abschluß von Rechtsgeschäften enthalten. So bestimmt § 1744 BGB, daß der Annehmende bei einer Adoption das 35. Lebensjahr vollendet haben muß. Darin kann eine Geschäftsfähigkeitsregelung nicht gesehen

---

[34] s. *Kuhn*, S. 26; vgl. auch *Hoche*, § 15 WaffenG, Anm. 4 a.
[35] Vgl. auch OLG Stuttgart NJW 1969/612 (1 a).
[36] s. *Kuhn*, S. 27, 29.
[37] Im Ergebnis ebenso BayVGH VRspr 9/385, 387; s. auch *Grüter*, Soldat, S. 1; *Kuhn*, S. 27, Fußn. 15.
[38] In VRspr 9/385, 387 (b).

werden, weil das Gesetz nicht von der Annahme ausging, vor Erreichen dieser Altersgrenze sei die geistige Reife für die Adoption nicht vorhanden, so daß der Annehmende vor übereilten Entschlüssen zu schützen sei; vielmehr handelt es sich bei dieser Bestimmung um einen zum Schutze des Angenommenen erlassenen Rechtssatz[39].

Es kann mithin festgestellt werden, daß die hier untersuchten Gesetzesvorschriften keine Bestimmung der öffentlich-rechtlichen Geschäftsfähigkeit enthalten. Dieser Grundsatz erleidet eine nur scheinbare Ausnahme, wenn bei Normierung der natürlichen Handlungsfähigkeit berücksichtigt wird, daß die Vornahme natürlicher Handlungen Rechtshandlungen notwendig macht. So ist nach § 2 Abs. 1 Nr. 2 ApothG die Erteilung der behördlichen Erlaubnis von der unbeschränkten Geschäftsfähigkeit des Antragstellers abhängig, weil der gem. § 7 ApothG in eigener Person zu führende Betrieb einer Apotheke ständig die Vornahme von privatrechtlichen Rechtsgeschäften erfordert[40]. In diesen Fällen geht es nicht um die öffentlich-rechtliche Geschäftsfähigkeit für den Antrag, sondern um die, die Zumessung der natürlichen Handlungsfähigkeit mitbestimmende privatrechtliche Geschäftsfähigkeit bezüglich derjenigen Rechtshandlungen, die im Zusammenhang mit der natürlichen Tätigkeit stehen.

2. Mindestalter für die Ausübung des aktiven und des passiven Wahlrechts

In einer Reihe von Normen ist ein bestimmtes Alter für die Ausübung des aktiven — z. B. in §§ 12 Abs. 1 BWahlG i. V. m. Art. 38 Abs. 2 GG, 9 Abs. 1, 23 Abs. 2 PersVG, 9 Abs. 1, 23 Abs. 2 HmbgPersVG, 2 Abs. 2 HessElternmitbestimmungsG, 3 Nr. 2 HessVolksabstimmungsG, 9 Abs. 1 Nr. 2 SelbstverwaltungsG, in den KommunalwahlG wie etwa § 3 Abs. 1 SchlO GKWG — und des passiven Wahlrechts — beispielsweise in §§ 16 Abs. 1 Nr. 2 BWahlG i. V. m. Art. 38 Abs. 2 GG, Art. 54 Abs. 1 Satz 2 GG, 23 Abs. 2 Satz 3 PersVG, 3 Abs. 1 BVerfGG, 2 Abs. 2 HessElternmitbestimmungsG, 7 Abs. 1 lit. b SchlH GKWG — vorausgesetzt.

Darin ist für die Wahlberechtigung eine Regelung für die Geschäftsfähigkeit zu sehen, da es um die Wirksamkeit der Stimmenabgabe geht und diese eine rechtsgeschäftliche Willensäußerung darstellt[41].

Bei den Bestimmungen über die Wählbarkeit ist es bestritten, ob in ihnen die öffentlich-rechtliche Geschäftsfähigkeit statuiert ist[42] oder es

---

39 Vgl. auch *Schwimann*, S. 53 f. (2); *Dölle*, S. 575.
40 s. *Hoffmann*, § 2 ApothG, Rd. Nr. 16.
41 Ebenso *Forsthoff*, S. 173 (2); *Grüter*, Soldat, S. 13.
42 So *von Turegg-Kraus*, S. 81.

sich um bloße Ordnungsvorschriften handelt, die das Alterserfordernis nicht im Hinblick auf die Erklärung der Wahlannahme aufstellen[43].

Der zweitgenannten Ansicht ist beizupflichten, weil die Gesetzesvorschriften zum passiven Wahlrecht mit der Altersgrenze eine Gewähr dafür bieten wollen, daß der betreffende Kandidat den nötigen Sachverstand und die erforderliche Reife für die in Betracht kommende Funktion aufbringt. Dagegen wollen sich die aufgeführten Normen nicht auf die Annahmeerklärung der Gewählten beziehen.

Daher beinhalten allein die Vorschriften über die Wahlberechtigung mit der Voraussetzung eines Mindestalters eine Bestimmung der öffentlich-rechtlichen Geschäftsfähigkeit Privater.

3. Altersangaben im Hinblick auf öffentlich-rechtliche Handlungen von Privatpersonen

Befassen sich verwaltungs-rechtliche Gesetzesvorschriften mit rechtlichen Handlungen Privater, so ist die Annahme einer Geschäftsfähigkeitsregelung naheliegend; diese wird zu Gewißheit, wenn die normierte Altersgrenze sich auf eine publizistische Willenserklärung eines Privaten *bezieht*. In manchen Fällen bedarf es jedoch einer näheren Untersuchung, ob die Beziehung „Mindest-/Höchstalter — Willenserklärung" überhaupt besteht.

Von *Schwarz*[44] wird die Meinung vertreten, daß §§ 2 HessSchulpflichtG, 3 HessMeldeG, 1 HessPersonalausweisAusfG zu den öffentlich-rechtlichen Geschäftsfähigkeitsregelungen zu zählen sind. Demgegenüber ist festzustellen, daß in allen diesen Vorschriften nur der Beginn einer öffentlich-rechtlichen Pflicht an ein bestimmtes Alter geknüpft ist, ohne daß dieses Erfordernis auch etwaige Willenserklärungen des Pflichtigen erfaßt. So normiert § 1 HessPersonalausweisAusfG nur die Ausweispflicht, ohne die Wirksamkeit von Willensäußerungen des Betroffenen ebenfalls von der Vollendung des 16. Lebensjahres abhängig zu machen. Vielmehr wird der Antrag auf Stellung des Personalausweises in § 5 Abs. 3 gesondert behandelt. Es ist eine andere, später zu beantwortende Frage, ob das Zusammenfallen von Pflichtbeginn und Gewährung der Geschäftsfähigkeit auf einem verallgemeinerungsfähigen Prinzip beruht, das ggf. die allein die Pflichtigkeit regelnden Normen ergänzen kann.

Dagegen ist die Altersangabe mit der Wirksamkeit der nichtamtlichen publizistischen Willenserklärung verbunden, wenn die Antragstellung von einem bestimmten Alter abhängig gemacht wird oder die

---

[43] So *Grüter*, Soldat, S. 12 f.

[44] In: GemTag 1963/145, Fußn. 8; weitere Beispiele bei *Grüter*, Soldat, S. 13.

Abgabe sonstiger Willenserklärungen ein bestimmtes Alter voraussetzt[45]. Ob dabei die öffentlich-rechtlichen Normen von dem System des bürgerlichen Rechts abweichende Regelungen treffen oder dieses auf öffentlich-rechtliche Willenserklärungen von Privaten erstrecken, ist für die Annahme einer verwaltungs-rechtlichen Geschäftsfähigkeitsbestimmung einerlei. Daher enthält auch § 102 Abs. 1 AO, nach dem für die Geschäftsfähigkeit von Privatpersonen in Steuersachen die Vorschriften des bürgerlichen Rechts gelten, eine Geschäftsfähigkeitsregelung des öffentlichen Rechts.

Im einzelnen sind folgende Regelungen hinsichtlich der Antragstellung zu nennen: Der Antrag auf Gewährung von Versorgungsleistungen und seine Zurücknahme (§ 9 Abs. 3 Satz 1 und 2 VfG KOV), der Antrag auf Leistungen aus der Unfallversicherung (§ 1546 Abs. 1 Satz 3 RVO), der Antrag auf Änderung des Familiennamens (§ 2 Abs. 1 NamÄndG), der Antrag auf Erteilung einer Aufenthaltserlaubnis (§ 8 Abs. 2, 3 DVO z. NotaufnahmeG), der Antrag auf Ausstellung eines Passes (§ 7 Abs. 2 lit. b PassG), der Antrag auf Ausstellung eines Personalausweises (§§ 4 Abs. 2, Abs. 3 BW, Bay, Brem, Nds, NW, SchlH, 3 Abs. 2, Abs. 3 Rh-Pf, Saarl, 5 Abs. 3, Abs. 4 HessPersonalausweis (Ausf)G[46], der Einbürgerungsantrag eines Ausländers (§§ 8 Abs. 1 Nr. 1, 7 Abs. 2 RuStAG), der Einbürgerungsantrag einer minderjährigen Ehefrau eines Deutschen (§ 6 Abs. 1 i. V. m. Abs. 3 RuStAG), der Antrag auf Entlassung aus der deutschen Staatsangehörigkeit (§ 19 Abs. 1 RuStAG), der Antrag auf Erwerb einer ausländischen Staatsangehörigkeit (§ 25 Abs. 1 i. V. m. 19 Abs. 1 RuStAG).

Ebenso kann die Vorschrift des § 19 Abs. 5 WehrpflG, welche die Anträge in Wehrpflichtangelegenheiten — etwa in den Fällen der §§ 11 Abs. 2, 12 Abs. 2, 12 Abs. 4, 25 Satz 2, 26 Abs. 1, WehrpflG — behandelt, genannt werden[47]. Indem sie außer dem Wehrpflichtigen auch dessen gesetzlichen Vertreter das Recht einräumt, selbständig Anträge zu stellen und Rechtsmittel einzulegen, wird die Mündigkeit des gem. Art. 73 Nr. 1 GG, § 1 Abs. 1 WehrpflG mindestens 18jährigen Wehrpflichtigen normiert. Ergänzt wird diese Bestimmung durch das dem Wehrpflichtigen in § 8 Abs. 2 Nr. 2 USG eingeräumte Recht, den Antrag auf Unterhaltssicherung zu stellen[48] und durch dem Wehrpflichtigen Beschwerderechte gewährenden und die Zustellung der Beschwerde an die minderjährigen Wehrpflichtigen anordnenden Vor-

---

[45] Vgl. auch *Grüter*, Soldat, S. 14.

[46] Im Hamb. PersonalausweisG fehlt eine entsprechende Vorschrift.

[47] Ebenso z. B. BVerwG E 7/66, 67; 18/160 f.; *Wittern*, S. 46 (2); *Hahnenfeld*, § 19 WehrpflichtG, Note 3 und § 32 WehrpflG, Note 10; *Schunck-De Clerck*, § 62 VwGO, Anm. 2 b; *Eyermann-Fröhler*, § 42 VwGO, Rd. Nr. 4; *Foerster*, § 77 SchlH LVwG, Erläuterung 2.

[48] Vgl. *Bettinger*, § 8 USG, Erläuterung A.

schriften der §§ 1 WBO, 30 WDO, 7 WehrbeauftragtenG, 44 Abs. 1 Satz 4 WehrpflG[49].

Innerhalb seines Regelungsbereiches ist § 19 Abs. 5 WehrpflG eine Geschäftsfähigkeitsbestimmung. Ob mit *Grüter*[50] anzunehmen ist, daß dieser Rechtssatz für eine allgemeine Wehrpflichtmündigkeit des minderjährigen Wehrpflichtigen nur einen Beleg darstellt und daher die dieser Vorschrift zugrunde liegenden Gedanken heranzuziehen sind, kann hier offenbleiben.

In bezug auf die Abgabe sonstiger publizistischer Willenserklärungen von Privatpersonen können als öffentlich-rechtliche Geschäftsfähigkeitsregelungen aufgezählt werden: Willensäußerungen im Zusammenhang mit Steuersachen (§ 102 Abs. 1 AO), die Entscheidung über das religiöse Bekenntnis (§ 5 Satz 1, 2 RelKEG)[51, 52], die Bestimmung über die Teilnahme am Religionsunterricht sowie an kirchlichen Handlungen und Feierlichkeiten (Art. 137 Abs. 1 BayVerf, Art. 35 Abs. 1 Rh-PfVerf)[53], die Bestimmung der Bestattungsart (§ 5 FeuerbestG), die Ausübung des Ausschlagungsrechtes, die Abgabe der Verzichtserklärung und die Geltendmachung des Einbürgerungsanspruches (§§ 14, 15 Abs. 1 StAngRegG von 1955)[54], die Erklärung einer minderjährigen ausländischen Ehefrau zu Protokoll des Standesbeamten, sie wolle deutsche Staatsangehörige werden (§ 6 Abs. 2 i. V. m. Abs. 3 RuStAG)[55].

IV. Zusammenfassung der öffentlich-rechtlichen Geschäftsfähigkeitsbestimmungen

Nach den Ausführungen sub III stellen sich folgende Vorschriften als Regelungen der öffentlich-rechtlichen Geschäftsfähigkeit dar:

§§ 12 Abs. 1 BWahlG i. V. m. Art. 38 Abs. 2 GG, 9 Abs. 1, 23 Abs. 2 PersVG und die Länderpersonalvertretungsgesetze, 9 Abs. 1 Nr. 2 SelbstverwaltungsG, Kommunalwahlgesetze wie beispielsweise 3, Abs. 1 SchlHGKWG, 2 Abs. 2 HessElternmitbestimmungsG, 3 Nr. 2 HessVolksabstimmungsG *als Normen über die Wahlberechtigung*

§§ 9 Abs. 3 VfGKOV, 1546 Abs. 1 Satz 3 RVO, 2 Abs. 1 NamÄndG, § 8 Abs. 2, Abs. 3 DVO z. NotaufnahmeG, 7 Abs. 2 lit. b PassG, 4 Abs.

---

[49] Vgl. *Kuhn*, S. 86 f., Fußn. 106 — für Ersatzdienstpflichtige besteht eine dem § 19 Abs. 5 WehrpflG entsprechende Regelung: §§ 41 Abs. 1 Satz 1 i. V. m. 10 Abs. 2, 11 Abs. 2, 11 Abs. 4 und §§ 65, 71 Abs. 3 Satz 1 ErsatzdienstG.

[50] a.a.O., S. 4, 43 und, in: NJW 1967/716 (1) und 1339 (Anm. zu VG Kassel NJW 1967/1339 f.).

[51] Vgl. *Achilles-Greiff*, § 5 RelKEG, Anm. 2, 3, 5 (nach § 1631 BGB, S. 843).

[52] Hier wird in § 5 RelKEG eine öffentlich-rechtliche Vorschrift gesehen, zum Streitstand vgl. *Grüter*, Soldat, S. 15, Fußn. 1.

[53] Vgl. *Süsterhenn-Schäfer*, Art. 35 Rh-PfVerf., Anm. 2.

[54] Vgl. *Makarov*, § 14 StAngRegG von 1955, Anm. II.

[55] Vgl. *Makarov*, § 6 RuStAG, Anm. II 6.

2, Abs. 3 bzw. 3 Abs. 2, Abs. 3 bzw. 5 Abs. 3, Abs. 4 der Länderpersonalausweis(Ausf)G, 8 Abs. 1 Nr. 1 i. V. m. 7 Abs. 2 Satz 2, 6 Abs. 1 i. V. m. Abs. 3, 19, 25 Abs. 1 i. V. m. 19 RuStAG, 19 Abs. 5 WehrpflG *als Vorschriften über die Stellung von Anträgen*

§§ 102 Abs. 1 AO, 5 Satz 1, Satz 2 RelKEG, Art. 137 Abs. 1 BayVerf, Art. 35 Abs. 1 Rh-PfVerf, 5 FeuerbestG, 14, 15 Abs. 1 des 1. StAngRegG, 9 Abs. 1 des 2. StAngRegG, 6 Abs. 2 i. V. m. Abs. 3 RuStAG *als Bestimmungen im Hinblick auf sonstige öffentlich-rechtliche Willenserklärungen von Privatpersonen.*

Diese Übersicht macht deutlich, daß nicht nur eine allgemeine Regelung fehlt, sondern auch nicht für alle in Betracht kommenden publizistischen Willenskundgebungen Privater besondere öffentlich-rechtliche Vorschriften über die Geschäftsfähigkeit vorhanden sind[56]. Welches Recht in diesen gesetzlich nicht geregelten Fällen anzuwenden ist, wird später behandelt werden. In die dabei auftauchende Frage der Zulässigkeit des Rückgriffs auf das bürgerliche Recht wird die Untersuchung über die Prinzipien und Leitgedanken der öffentlich-rechtlichen Geschäftsfähigkeitsbestimmungen eingebettet. Diese Analyse ist wichtig in zweierlei Hinsicht, zum einen im Hinblick auf die Frage, ob in den Fällen gesetzlich nicht geregelter öffentlich-rechtlicher Willenserklärungen von Privatpersonen bestehende öffentlich-rechtliche Normen herangezogen werden können; zum anderen kann erst ein Vergleich der den öffentlich-rechtlichen Rechtssätzen zugrunde liegenden Gedanken mit denen, welche in die Vorschriften des Privatrechts eingegangen sind, die Zulässigkeit bzw. Unzulässigkeit der Anwendung des bürgerlichen Rechts ergeben.

Die Darstellung der bestehenden öffentlich-rechtlichen Bestimmungen über das Wirksamwerden, die Widerruflichkeit und Anfechtbarkeit öffentlich-rechtlicher Willensäußerungen Privater und die Geschäftsfähigkeit ihres Urhebers schloß jeweils mit dem Hinweis auf das Fehlen einer alle nichtamtlichen publizistischen Willenserklärungen umfassenden Regelung. Die Ursache liegt darin beschlossen, daß der Allgemeine Teil des Verwaltungsrechts, zu dem die in Betracht kommenden Rechtsregeln gehören[57], bis heute nicht kodifiziert worden ist, obwohl die Diskussion darüber seit langem im Gange ist[58]. Eine auf einzelne Sachgebiete beschränkte Kodifikation ist vorhanden in Gestalt des Allgemeinen Verwaltungsgesetzes für das Land Schleswig-Holstein[59], das auf

---

[56] s. *Holling,* A 4 c III (S. 6); *Bachof,* Rechtsprechungsberichte II, S. 291 f.

[57] s. *Rietdorf,* in: DÖV 1960/614, 616, rechte Spalte.

[58] Vgl. etwa *Werner,* in: Verh 43. DJT I 2 B, S. 24 ff.; *Baring,* in: Staatsbürger und Staatsgewalt, Bd. 2, S. 31 ff.; von der *Groeben,* in: DVBl. 1966/289 ff.

[59] Landesverwaltungsgesetz — LVwG — vom 18. April 1967, GVOBl. SchlH, S. 131.

den Musterentwurf eines Verwaltungsverfahrensgesetzes[60] zurückgeht. Darin enthalten die Vorschriften für den öffentlich-rechtlichen Vertrag und damit eben auch für öffentlich-rechtliche Willenserklärungen von Privatpersonen dem bürgerlichen Recht entsprechende Regelungen hinsichtlich ihres Wirksamwerdens, ihrer Widerruflichkeit und Anfechtbarkeit und — mangels besonderer öffentlich-rechtlicher Normen — der Geschäftsfähigkeit des Autors, indem entweder auf andere Bestimmungen des Gesetzes verwiesen wird[61] oder die Geltung der bürgerlichrechtlichen Vorschriften auf die öffentlich-rechtlichen Vertragserklärung erstreckt wird[62].

Eine Gesamtregelung für die Willenserklärungen Privater im öffentlichen Recht enthielt nur der Entwurf einer Verwaltungsrechtsordnung für Württemberg[63]. Er soll im folgenden dargestellt werden, weil er nicht ohne Einfluß auf Rechtsprechung und Lehre geblieben ist[64].

---

[60] EVwVerfG 1963, Köln und Berlin 1964; der nicht veröffentlichte EVwVerfG 1966 und der Referentenentwurf von 1967 unterscheiden sich vom 1. Entwurf in den hier interessierenden Fragen nicht, vgl. dazu *Ule/Sellmann*, in: DVBl. 1967/837 ff.

[61] § 129 SchlHLwG bzw. § 48 Satz 1 EVwVerfG 63 verweist wegen der Geschäftsfähigkeit auf den — § 62 VwGO nachgebildeten — § 77 SchlHLVwG bzw. § 11 EVwVerfG 63, ergänzend tritt § 126 Abs. 1 SchlHLVwG hinzu.

[62] So § 48 Satz 2 EVwVerfG 63, dazu Einzelbegründung, S. 205, 206; in § 129 SchlHLVwG fehlt eine entsprechende Bestimmung und § 126 Abs. 1 ordnet nur die entsprechende Anwendung der bürgerlich-rechtlichen Nichtigkeitsbestimmungen an; nach von der *Groeben-Knack*, § 127, Rd. Nr. 4 und § 129, Rd. Nr. 3 wirkt sich diese Abweichung vom EVwVerfG 63 entgegen *Foerster*, § 129 Erläuterung 2, 3 aber im Ergebnis nicht aus.

[63] Verwaltungsrechtsordnung für Württemberg, Entwurf eines Gesetzes mit Begründung, Stuttgart 1931, Ergänzungsband Stuttgart 1936.

[64] Vgl. *Dürig* in der Aussprache der VVDStRL 17/228; *Bachof* ebenda; Werner, in: Verh 43. DJT I 2 B, S. 8 f.; *Erichsen*, in: SchlHAnz 1966/197, 200, Fußn. 25; *Brintzinger*, in: DÖV 1968/16, 17.

2. Abschnitt

Der Entwurf einer Verwaltungsrechtsordnung für Württemberg

Es gediehnt bis zur 3. Lesung durch die Kommission für die Landesordnung des Allgemeinen öffentlichen Rechts, ohne jemals als Gesetz verabschiedet worden zu sein.

A. Überblick über die Regelung

Der dritte Abschnitt des EVRO[1] beschäftigt sich lt. Art. 20 mit den Willenserklärungen, die nicht in Ausübung der öffentlichen Gewalt abgegeben sind. Damit sind gemeint die rechtsgeschäftlichen Willenserklärungen von Privatpersonen, deren Rechtsfolge auf öffentlich-rechtlichem Gebiet liegt[2].

Art. 24, 25 des Entwurfes regeln das Wirksamwerden und die Widerruflichkeit dieser Willenserklärungen und folgen dabei der herrschenden Zivilrechtsdoktrin zu § 130 BGB, indem sie zwischen dem Zugang schriftlicher und mündlicher Willensäußerungen unterscheiden. Auf eine Einbeziehung nicht empfangsbedürftiger publizistischer Willenserklärungen von Privatpersonen wurde verzichtet, da diese dem öffentlichen Recht fremd seien; denn entgegen der Vorschrift des § 130 Abs. 3 BGB seien die Willenserklärungen gegenüber Behörden im öffentlichen Recht als empfangsbedürftige zu behandeln[3]. Die sich mit der Anfechtbarkeit der Willenserklärungen beschäftigenden Art. 36 bis 43 EVRO folgen im wesentlichen der Regelung in den §§ 119 ff. BGB. Ebenfalls enthalten die Art. 21 bis 23 i. V. m. 16 EVRO, welche die Geschäftsfähigkeit zum Inhalt haben, faßt ausschließlich die gleichen Bestimmungen wie die §§ 104 ff. BGB.

Dieser kurze Überblick über die Regelungen zeigt, daß der EVRO grundsätzlich die Vorschriften des Privatrechts übernimmt und —

---

[1] Im folgenden wird nach dem Hauptband — Art. 20 ff. — unter Berücksichtigung der Änderungen infolge der 3. Lesung zitiert.
[2] Vgl. EVRO, HB, S. 125 f., S. 129 f., 140.
[3] s. EVRO, HB, S. 147, 149 f., 160, 164.

später zu behandelnde — Abweichungen nur in den Art. 23 Abs. 2, 39 bis 41, 43, Abs. 3, 46 enthält.

B. Kritik am Entwurf

Allgemein kann dem Entwurf einer Verwaltungsrechtsordnung für Württemberg bescheinigt werden, daß darin zum ersten Male der Versuch unternommen wurde, für das in sich geschlossene und von dem Bereich der Verwaltungshandlungen abzuhebende Sachgebiet der öffentlich-rechtlichen Willenserklärungen von Privatpersonen Rechtsregeln zu finden[4]. Dabei hat die Kommission für die Landesordnung des Allgemeinen öffentlichen Rechts im wesentlichen das Bürgerliche Gesetzbuch kopiert, während es rechtstechnisch einfacher gewesen wäre, auf die der Kommission als übernahmefähig erscheinenden bürgerlich-rechtlichen Rechtssätze zu verweisen[5]. Das Bestreben des Entwurfes, zu einer selbständigen Begriffsbildung zu kommen und die gefundenen Rechtssätze zum Bestandteil des öffentlichen Rechts zu machen[6], hat nicht die sachliche Entsprechung zum Privatrecht verhindern können[7]. Weite Teile der Vorschriften sowie der Begründung zum Entwurf lesen sich dann auch wie ein Lehrbuch zum bürgerlichen Recht[8].

Ohne die Ausgestaltung der einzelnen Bestimmungen schon an dieser Stelle kritisieren zu können, muß gegenüber dem Entwurf vorgebracht werden, daß in ihm die Geltung des bürgerlichen Rechts auch für Willenserklärungen Privater im öffentlichen Recht zum Grundsatz erhoben wird, dessen Gültigkeit ohne nähere Begründung angenommen wird. Zwar können nach Meinung der Kommission besondere Verhältnisse des öffentlichen Rechts Ausnahmeregelungen bedingen; dagegen wird nicht belegt, daß die „allgemeinen Verhältnisse" die Anwendung des bürgerlichen Rechts verlangen[9]. Durch dieses Vorgehen versperren sich die Schöpfer des Entwurfes die Möglichkeit für richtige Begründungen, die nämlich einen Vergleich der jeweiligen Interessenlage im öffentlichen und im privaten Recht voraussetzen, um diesen sonst bloß postulierten Grundsatz rechtfertigen zu können. Dieser entscheidende Mangel des Entwurfes und seiner Begründung

---

[4] Vgl. *Hartz*, in: Staatsbürger und Staatsgewalt, Bd. 1, S. 239, 246; *Spanner*, in: Verh43. DJT I 2 A, S. 19; kritisch *Hofacker*, Besprechung des EVRO, S. 22 (V).

[5] Ebenso *Jellinek*, in: AöR NF 21/1, 12; *Schmid*, in: WüVR 1931/132, 133, rechte Spalte, 135, rechte Spalte.

[6] Vgl. von *Köhler*, S. 23.

[7] Vgl. *Bullinger*, Öffentliches Recht und Privatrecht, S. 65 i. V. m. Fußn. 252.

[8] Vgl. *von der Groeben*, in: Verh43. DJT II D 2, D 7.

[9] Vgl. EVRO, HB, S. 136.

wird zu einem guten Teil durch das Fehlen einer richtigen Methodik der Rechtsanwendungs- und der Rechtsquellenlehre verursacht. Wenn überhaupt, so enthält die Begründung nur Widersprüchliches zum methodischen Verfahren[10]. Wäre dagegen methodisch vorgegangen worden, so hätte auf die Vergleichbarkeit der Interessenlage abgestellt werden müssen.

Im folgenden soll daher nach einem allgemeinen Meinungsüberblick zur Anwendbarkeit von privat-rechtlichen Willenserklärungs- und Rechtsgeschäftsregeln auf öffentlich-rechtliche Willenserklärungen von Privatpersonen das Problem des Rückgriffs auf das bürgerliche Recht untersucht werden. Diese Frage stellt sich nämlich für die gesetzlich nicht geregelten Fälle der publizistischen Willensäußerungen Privater, da für sie infolge des Fehlens eines kodifizierten Allgemeinen Verwaltungsrechts eine sog. Gebietslücke[11] in der gesetzlichen Regelung besteht. Ihre Beantwortung setzt eine Unterscheidung zwischen der Zulässigkeit und den Formen der Heranziehung privat-rechtlicher Vorschriften voraus. Erst im Anschluß an diese Ausführungen kann dann für die einzelnen zu behandelnden Rechtsregeln untersucht werden, ob das bürgerliche Recht mittels der gewonnenen Anwendungskriterien im Einzelfall für die öffentlich-rechtlichen Willensäußerungen von Zivilpersonen nutzbar gemacht werden kann.

---

[10] Vgl. Art. 35 f. (entsprechend) und EVRO, HB, S. 158 (allgemeiner Rechtsgedanke).

[11] Diesen Begriff verwendet *Canaris*, S. 16 (§ 3).

3. Abschnitt

Die grundsätzliche Anwendbarkeit des bürgerlichen Rechts auf die ungeregelten öffentlich-rechtlichen Willenserklärungen Privater

A. Die Anwendung der privat-rechtlichen Vorschriften über Willenserklärungen und Rechtsgeschäfte in Rechtsprechung und Lehre

Die Frage, ob für die rechtliche Behandlung öffentlich-rechtlicher Willenskundgebungen von Privatpersonen allgemein die zivil-rechtlichen Bestimmungen über Willenserklärungen und Rechtsgeschäfte herangezogen werden können, wird verschieden beantwortet. Das Meinungsspektrum geht weit auseinander[1]. Während nach einigen diese bürgerlich-rechtlichen Normen im allgemeinen anzuwenden seien[2], sind nach anderen einschränkend nur die allgemeinen[3] bzw. einige Grundsätze[4] des Privatrechts heranzuziehen. ***Friedrichs***[5] bezeichnet den Rückgriff auf die zivil-rechtlichen Bestimmungen über Willenserklärungen und Rechtsgeschäfte als zweifelhaft und schwierig und meint, daß die aus dem Geist des öffentlichen Rechts und der gesamten Rechtsordnung sich ergebenden Grundsätze aufzufinden seien, wobei das Bürgerliche Gesetzbuch die Spitze bilde. Andere

---

[1] Bezüglich der öffentlich-rechtlichen Vertragserklärung greift die ganz herrschende Meinung auf die privat-rechtlichen Vorschriften zurück. s. *Kottke*, S. 56 ff., insbesondere 62 f., 65 (a), 73 (2), 94 (c), 112—123; *Apelt*, S. 215, 217, aber auch 18—20; *Imboden*, Vertrag, S. 94 f. (II A 92), 96 (B 94 a), 97 (b); *Beinhardt*, Vertrag, S. 62 f. und in: VA 55/210, 253 (b 2), 254 f.; *Forsthoff*, S. 269 f.; *Wolff*, VR I, S. 284 (III a) — gleiches gilt für den öffentlich-rechtlichen Vergleich, der nach herrschender Meinung einen öffentlich-rechtlichen Vertrag darstellt, vgl. z. B. *Löwer*, in: VA 56/142, 145 (II 1), 146—148, und 236, 266 (b); anderer Meinung *Ule*, Verwaltungsprozeßrecht, S. 167.

[2] So *Landmann-Giers-Proksch*, S. 94 (zu b); *Wolff*, VR I, S. 222 (c 2); *Herrnritt*, S. 125 f., 128, 129, Fußn. 19; *Krüger-Nieland* in RGRK zum BGB, Anm. 12 vor § 116; *Clasen*, in: DÖV 1959/281, 282 (II); *Wittmaak*, in: FischersZ 49/1, 20 (III).

[3] So BVerwGE 19/362, 363.

[4] So *Baumann*, Einführung, S. 372 und S. 46.

[5] a.a.O., Allgemeiner Teil des Rechts, S. 54 und, in: AnnDR 1917/385, 430 (3).

Autoren stehen der Verwendung der auf privat-rechtliche Willenserklärungen und Rechtsgeschäfte zugeschnittenen Vorschriften auch im öffentlichen Recht sehr kritisch gegenüber. So führt Walter *Jellinek*[6] aus, eine sinngemäße Anwendung sei nur gerechtfertigt, wenn die Ähnlichkeit mit den bürgerlich-rechtlichen Verhältnissen in die Augen springe und es sei in jedem Falle zu untersuchen, ob nicht ein anderer Weg zu finden sei, der dem öffentlichen Recht besser entspreche.

Schließlich wird der Rückgriff auf das bürgerliche Recht als letzte Hilfe bezeichnet und auf ganz allgemeine Regeln beschränkt[7] oder sogar die Anwendung der Bestimmungen über die privat-rechtlichen Willensäußerungen und Rechtsgeschäfte ausnahmslos verneint[8].

Ebensoweit gespannt ist der Bogen der Begründungen, die für die vertretenen Ansichten geliefert werden. Für die Geltung des bürgerlichen Rechts auch hinsichtlich publizistischer Willenskundgebungen Privater wird die Erkenntnis bemüht, Privatrecht und öffentliches Recht seien zwei zusammenhängende gleichwertige Hälften eines großen Ganzen[9]. *Kormann*[10] folgert die Anwendbarkeit aus dem Wesen der publizistischen Willenserklärung und für Georg *Jellinek*[11] liegt der Grund darin beschlossen, daß das Vermögensrecht ein privat-rechtliches oder ein öffentlich-rechtliches sein könne, für das unterschiedlos die bürgerlich-rechtlichen Vorschriften zu gelten hätten.

Dieser keinesfalls erschöpfende Überblick über den allgemeinen Streitstand macht deutlich, daß vor Beantwortung der Frage, ob die privat-rechtlichen Bestimmungen über Willenserklärungen und Rechtsgeschäfte auch im öffentlichen Recht brauchbar sind, die Zulässigkeit einer Heranziehung zivil-rechtlicher Normen geklärt werden muß.

B. Zulässigkeit des Rückgriffs auf das bürgerliche Recht

Auch wenn heute die Verwendung von privat-rechtlichen Vorschriften überwiegend für zulässig erachtet wird, bedarf es dennoch eines Eingehens auf die Äußerungen in Rechtsprechung und Lehre zu diesem Problem; denn die Auseinandersetzung mit den verschiedenen Ansichten wird die methodische Grundlage und die materiellen Kriterien für den Rückgriff auf privat-rechtliche Normen liefern.

---

[6] In VR, S. 241; ebenso *Bulling*, in: DÖV 1963/378, 379 (II 1); *Daniels-Bulling*, § 3 BÄO, Rd. Nr. 15; s. auch *Fülster*, S. 193 f.; *Giese*, Gutachten, S. 172; *Schwarz*, in: GemTag 1963/145.

[7] So *Holling*, A 4 m II (S. 27).

[8] So *Manigk*, Anwendungsgebiet, S. 19 (2).

[9] So *Herrnritt*, S. 125 f. i. V. m. S. 128, 129, Fußn. 19.

[10] In: AnnDR 1911/904, 910 (II 2) hinsichtlich der §§ 104 ff. BGB.

[11] In: System, S. 66 bezüglich der §§ 119 ff. BGB.

I. Untersuchung der den Rückgriff ablehnenden oder stark einschränkenden Meinungen

1. *Die Ansicht von Otto Mayer*

Ein scharfer Gegner der Verwendung zivil-rechtlicher Vorschriften im Rahmen des öffentlichen Rechts war Otto Mayer. Nach ihm[12] ist es „unzulässig, die Lehre von den öffentlich-rechtlichen Rechtsinstituten verbessern und ergänzen zu wollen durch Heranziehung zivil-rechtlicher Bestimmungen auf dem Wege der Analogie. Die Rechtsähnlichkeit wirkt ja im letzten Grunde nur durch Auslegung des anzuwendenden Gesetzeswillens; für den Willen eines Zivilrechtssatzes aber kann ein öffentlich-rechtliches Verhältnis nie etwas Rechtsähnliches sein". Ebenso ist *Fleiner*[13] zu verstehen, wenn er statt einer Analogie zum bürgerlichen Recht die Lückenausfüllung durch der Gedankenwelt des öffentlichen Rechts zu entnehmenden Normen empfiehlt.

Zwar wird in diesen Stellungnahmen expressis verbis nur die entsprechende Anwendung privat-rechtlicher Bestimmungen im öffentlichen Recht abgelehnt; da aber für die Autoren keine anderen Anwendungsmethoden in Betracht kamen, wurde damit zugleich allgemein die Zulässigkeit eines Rückgriffs auf das Zivilrecht verneint. Erst später wurde dieses Argumentation der Ausgangspunkt für die Ansicht, welche statt einer analogen die Anwendung bürgerlichrechtlicher Normen ihrem Rechtsgedanken nach befürwortete.

Der insbesondere von Mayer vertretene Standpunkt gründet sich auf eine angenommene Wesensverschiedenheit des öffentlichen vom privaten Recht[14]. Demgegenüber ist festzustellen, daß zum einen die Annahme eines Analogieverhältnisses eine Rechtsähnlichkeit nicht zwischen den Rechtssätzen, sondern zwischen den unter sie zu subsumierenden Sachverhalten voraussetzt[15], und daß es zum anderen diese Trennung in der von Mayer behaupteten Schärfe nie gegeben hat[16]. Gänzlich unvereinbar ist sie aber mit dem heutigen Bild einer Verwaltung, bei der sich das Hauptgewicht ihrer Aufgabe immer mehr zugunsten des Bereiches verlagert hat, in dem es um die Daseinsvorsorge für die Bürger geht[17]. Im Rahmen der Leistungsverwaltung kann aber von einem schroffen Gegensatz zwischen öffentlichem und privatem Recht nicht gesprochen werden, was schon durch die

[12] In VR, 1. Bd., S. 117; vgl. auch *Apelt*, S. 18—20, 200.
[13] In Institutionen, S. 56.
[14] Dazu vgl. etwa *Hartmann*, in: VA 25/389, 399.
[15] s. *Busch*, S. 10.
[16] Ebenso *Forsthoff*, S. 161 f.
[17] Vgl. auch *Simons*, S. 86.

in diesem Gebiet bestehenden Schwierigkeiten, die öffentlich-rechtliche von der privat-rechtlichen Betätigung der Verwaltung abzugrenzen, belegt wird[18]. Es braucht daher gar nicht die Einheitlichkeit der Rechtsordnung beschworen zu werden[19], um zu zeigen, daß das Verhältnis zwischen öffentlichem und privatem Recht nicht als innerer Gegensatz begriffen werden kann[20] folglich auch keine Theorie zum Wesen des öffentlichen Rechts schon grundsätzlich einer Anwendung des bürgerlichen Rechts entgegensteht[21]. Ist daher der Ansicht von Mayer nicht zu folgen[22], so kann denoch aus der Bestimmung ihres Standortes in dem Entwicklungsprozeß des öffentlichen Rechts bis in die heutige Zeit Aufschluß darüber gewonnen werden, wie in der Gegenwart das Verhältnis zwischen Verwaltungs- und Zivilrecht zu sehen und die Frage der Zulässigkeit von Anleihen aus dem anderen Rechtsgebiet zu beantworten ist.

Das durch die Annahme eines Wesensgegensatzes verursachte Streben nach einem umfassenden und eigenständigen Begriffssystem des öffentlichen Rechts führte zu einer Abkapselung des Verwaltungsrechts vom Privatrecht auch in sachlicher Hinsicht[23]. Dadurch wurde der Prozeß, privatrechtliche Institute in solche des öffentlichen Rechts umzubilden, vorangetrieben[24]. Diese Verschiebungen in dem Verhältnis zwischen öffentlichem Recht und Privatrecht wirkten sich in zweierlei Hinsicht aus. Zum einen führte der Verselbständigungsprozeß zu einer übertriebenen Begrifflichkeit und machte eine vollständige rechtliche Durchbildung der nunmehr öffentlich-rechtlichen Rechtsinstitute unmöglich, da die gerade gewonnene Selbständigkeit nicht durch sachliche Parallelen zum Privatrecht in Frage gestellt werden sollte[25]. Zum anderen wurde das betreffende Rechtsinstitut aus dem Geltungsbereich des Bürgerlichen Gesetzbuches entlassen. Denn solange sein privat-rechtlicher Rechtscharakter nicht angezweifelt worden war, verstand sich die Anwendung der privat-rechtlichen Bestimmungen von selbst, für die Zukunft aber sollte diese Möglichkeit abgeschnitten sein. Diese Folge des Umbildungsprozesses konnte und kann aber nur dann gerechtfertigt sein, wenn die vorherige Subsumtion unter zivil-rechtliche Tatbestände sachlich nicht angemessen war.

---

[18] Vgl. etwa *Schneider*, in: NJW 1962/705 f. (A).

[19] Wie es *Engisch*, Einheit der Rechtsordnung, S. 76 f. tut.

[20] Vgl. *Bullinger*, Öffentliches Recht und Privatrecht, S. 112—116.

[21] Vgl. dazu *Dohrn*, S. 18 f.

[22] Ebenso auch noch *Hantke*, S. 91; *Meier-Branecke*, in: AöR NF 11/230, 233; *Lassaly*, in: FischersZ 59/153, 154 f.; *Wenz*, in: Staats- und Verwaltungswissenschaftliche Beiträge, S. 299, 304.

[23] Vgl. im einzelnen *Bullinger*, a.z.a.O., S. 60—64.

[24] Dazu s. *Fleiner*, Umbildung und Institutionen, S. 48; *Herrnritt*, S. 67; *Nebinger*, S. 34 f.; *Giacometti*, Grenzziehung, S. 1 ff. i. V. m. S. 45 f.

[25] Vgl. auch *Imboden*, Vertrag, S. 94 (II A 92).

Traf sie dagegen zu, so konnte die Sachproblematik nicht allein durch die Umbildung eine andere geworden sein, so daß die gesetzlichen Regelungen des Privatrechts verwendbar geblieben sein mußten.

Gerade im Hinblick auf die für die öffentlichen-rechtlichen Willenserklärungen von Privatpersonen zu findenden Rechtsregeln wird sich zeigen, daß vielfach mit ihnen die gleiche Problematik verbunden ist wie mit denjenigen auf dem Gebiete des Privatrechts; daher geht es um in sachlicher Hinsicht allgemeine Fragen, deren Beantwortung weder von der Zuordnung zu einer der beiden Rechtsmaterien noch von einer Verschiebung des Verhältnisses zwischen öffentlichem und privatem Recht abhängig ist. Das Bürgerliche Gesetzbuch hat daher einen Teil der hier zu behandelnden Problematik mit gedeckt. Auch unter diesem Gesichtspunkt ist der Rückgriff auf diejenigen zivilrechtlichen Normen für zulässig zu erachten, welche allgemeine Interessenbewertungen enthalten, die ebenso in einem kodifizierten Verwaltungsrecht ihren Platz fänden und nur wegen der früheren Entwicklung des Zivilrechts dort niedergelegt sind[26]. Daher kann nicht die Annahme eines Wesensgegensatzes den Rückgriff auf das Privatrecht schlechthin ausschließen, vielmehr ist im konkreten Einzelfall zu untersuchen, ob die geregelten Sachprobleme des öffentlichen Recht eine Entsprechung im Zivilrecht haben und dort einer zutreffenden gesetzlichen Interessenbewertung unterworfen sind. Auf der gemeinsamen Sachproblematik beruht also die Möglichkeit, bürgerlichrechtliche Gesetzesbestimmungen heranzuziehen, um zu gleichen oder doch ähnlichen Lösungen zu kommen[27]. Von diesem Ausgangspunkt aus überrascht der von *Bullinger*[28] für den Bereich der Leistungsverwaltung gemachte Vorschlag nicht, die Zweiteilung des öffentlichen und privaten Rechts zugunsten einer auf bestimmte Funktionen wie Gesetzgebungskompetenz und Rechtsweg bezogenen Teilunterscheidung aufzugeben[29]. Zivilrecht und öffentliches Recht dürften in der Gegenwart nicht mehr voneinander isoliert betrachtet werden, vielmehr sei ihre Verpflochtenheit aufzuzeigen und ihre gemeinsame sachliche Problematik einheitlich zu betrachten und zu lösen[30]. Dadurch könnte die Neigung, privat-rechtliche Vorschriften nicht anzuwenden, obwohl das BGB teilweise Modelle für typisierte gesetzliche Werturteile infolge langer Rechtserfahrung bereithält, überwunden und der Weg

---

[26] Vgl. *Spanner*, in: Verh 43. DJT I 2 A, S. 23 f.

[27] Vgl. *Flume*, S. 39 f.; *Baur*, in: JZ 1963/41, 45 f.

[28] Öffentliches Recht und Privatrecht, 1968.

[29] s. *Bullinger*, a.a.O., insbesondere S. 8—10, 76 ff., 106 ff.

[30] Vgl. *Bullinger*, a.a.O., S. 76—82; vgl. auch *Soergel-Schmidt*, Einleitung zum Allgemeinen Teil, Rd. Nr. 93.

freigemacht werden für sachnähere Differenzierungen[31]. Mag auch der an den Schluß der Untersuchungen gestellte Entwurf eines Gemeinrechts[32] für die nächste Zukunft Utopie bleiben, so machen doch die Anregungen *Bullingers* klar, daß wenigstens die Zulässigkeit der Heranziehung von privat-rechtlichen Bestimmungen zur Lückenausfüllung im öffentlichen Recht sich nicht an einer vermeintlichen wesensmäßigen Gegensätzlichkeit dieser Rechtsgebiete orientieren kann. Vielmehr ist der Rückgriff immer dann berechtigt, wenn das Privatrecht eine Lösung enthält für einen Interessenwiderstreit, der in gleicher oder ähnlicher Weise auch im öffentlichen Recht auftritt.

2. *Die Ansicht von Hofacker*

Mit gleicher Schärfe wie Otto Mayer widersetzte sich Hofacker[33] einer Verwendung privat-rechtlicher Vorschriften im öffentlichen Recht. Der Ausgangspunkt für seine Ansicht gründet sich auf Art. 32, 55 EGBGB, nach denen die öffentlich-rechtlichenNormen der Reichs- und Landesgesetze außerhalb des Bürgerlichen Gesetzbuches ständen. Die angezogenen Vorschriften des Einführungsgesetzes ergäben, daß das BGB nur privat-rechtliche Verhältnisse regeln wolle. Daher seien zivil-rechtliche Gesetzesbestimmungen im Verwaltungsrecht weder unmittelbar noch entsprechend anzuwenden. Vielmehr sei ihre Heranziehung nur möglich aus einer Ableitung vom öffentlichen Recht her.

Richtig an der Meinung Hofackers ist, daß die Verwendung zivilrechtlicher Normen nicht auf einem mutmaßlichen Sinn des BGB beruht, vielmehr sich das Bedürfnis für ihre Heranziehung nur vom öffentlichen Recht her ergeben kann[34]. Damit wird zugleich dem aus Art. 32, 35 EGBGB zu entnehmenden argumentum e contrario der Boden entzogen[35]. Denn es kommt nicht darauf an, ob aus Sinn und Zweck der bürgerlich-rechtlichen Bestimmungen und aus einem Umkehrschluß aus Art. 32, 55 EGBGB zu folgern ist, daß das Privatrecht sich ohne ausdrückliche Ausnahmeregelung wie etwa in § 89 b BGB nicht auf öffentlich-rechtliche Rechtsbeziehungen erstrecken will. Bei der Zulässigkeit des Rückgriffs auf das Zivilrecht geht es nämlich entgegen *Collasius*[36] nicht um die Ausfüllung von Lücken im bürgerlichen Recht, sondern um die Rechtsergänzung des öffentlichen Rechts. Für dieses besteht eine Gebietslücke, weil es nicht kodifiziert ist und

---

[31] S. *Bullinger*, a.a.O., S. 66 f., 80 f.
[32] Vgl. *Bullinger*, a.a.O., S. 82 ff.
[33] In Staatsverwaltung und Strafrechtsreform, S. 88—94.
[34] Ebenso *Jellinek*, Gesetz, S. 95.
[35] Vgl. *Schoenborn*, in: AöR 24/126, 130 f.
[36] a.a.O., S. 48 f., 93 f. (f).

nur aus ihm kann das Bedürfnis für die rechtliche Regelung öffentlich-rechtlicher Sachverhalte entnommen werden. Allein für die Frage einer *unmittelbaren* Anwendung des bürgerlichen Rechts auf öffentlich-rechtliche Verhältnisse käme es auf die Intentionen des bürgerlichen Gesetzgebers und auf Sinn und Zweck der privat-rechtlichen Normen an. Bei den anderen Rechtsanwendungsmethoden, insbesondere der Analogie, ist dagegen auf die Rechtsmaterie abzustellen, aus der der ungeregelte Sachverhalt stammt. In den Fällen, in denen Rechtsfindungsmethoden innerhalb eines Rechtsgebietes angewandt werden, stellt sich diese Frage nicht. Sie wird erst wichtig, wenn die Lückenausfüllung zwischen zwei verschiedenen Rechtsgebieten, also etwa zwischen privatem und öffentlichem Recht, stattfindet.

Trotz seines richtigen Ausgangspunktes hat Hofacker die Verwendung privat-rechtlicher Vorschriften im öffentlichen Recht abgelehnt, da sich für ihn nie ihre Ableitung aus dem Verwaltungsrecht ergab[37]. Statt dessen hätte er die Übernahmefähigkeit durch einen Vergleich des ungeregelten öffentlich-rechtlichen Verhältnisses mit dem geregelten bürgerlich-rechtlichen prüfen müssen. Erst dann hätte er die Frage, ob die Interessenbewertung in der betreffenden bürgerlich-rechtlichen Vorschrift auch für das öffentliche Recht verwendbar ist, beantworten können. Darin sah sich aber Hofacker aufgrund seines Verständnisses vom öffentlichen und privaten Recht gehindert[38].

3. Die Ansicht von Giacometti, Flückinger und Tezner

Das von *Hofacker* aufgestellte Erfordernis, die Anwendung bürgerlich-rechtlicher Rechtssätze zur Lückenausfüllung im öffentlichen Recht müsse sich aus einer Ableitung aus dem Verwaltungsrecht ergeben, wird von Giacometti genauer umschrieben. Nach ihm[39] bilden Zivil- und öffentliches Recht zwar eine einheitliche, das menschliche Verhalten regelnde Rechtsordnung, jedoch ist der Rückgriff auf privatrechtliche Normen nur zulässig, wenn die Heranziehung ausdrücklich vom öffentlichen Recht gestattet ist. Diese Einschränkung folgere daraus, daß öffentliches und privates Recht wesentlich verschieden seien und nur diese Ansicht vermeide einen Verstoß gegen den Grundsatz der Gesetzmäßigkeit der Verwaltung, der eine öffentlich-rechtliche Rechtsgrundlage erfordere. Die gesetzliche Zulassung könne allein in der stillschweigenden oder ausdrücklichen Verwendung zivil-rechtlicher Begriffe erblickt werden, die das öffentliche Recht als Voraussetzung zugrunde legt und denen es öffentlich-rechtliche Wirkungen

---

[37] a.a.O., S. 95—102, insbesondere 95 f. (4 a), 96 f.
[38] a.a.O., S. 93.
[39] VR, S. 112, 118—121, 123 f., 125 f. (3).

beilegt. Für die Bedeutung derartiger Begriffe sei dann ausschließlich das Privatrecht maßgebend.

Auch nach Flückinger[40] ist die Verwendung privat-rechtlicher Vorschriften zur Rechtsergänzung im öffentlichen Recht nur bei ausdrücklicher Ermächtigung zulässig, so daß nach seiner Meinung das Privatrecht keine ergiebige Rechtsquelle für das Verwaltungsrecht darstellt. Ebenso wie Giacometti sieht Flückinger die erforderliche Ermächtigung in der unveränderten Übernahme privat-rechtlicher Begriffe, die auf diese Weise zu Bestandteilen des öffentlichen Rechts werden. Die Unzulässigkeit einer weitergehenden Heranziehung des Zivilrechts ergibt sich für ihn aus der Verschiedenheit der in beiden Rechtsgebieten verfolgten Zwecke, der Mittel zur Durchsetzung der Interessen — dem weiten Ermessensspielraum im Privatrecht steht das Willkürverbot im öffentlichen Recht gegenüber — und der Stellung der Beteiligten im Verhältnis zueinander, nämlich der Gleichordnung gegenüber der Unterordnung.

Einen ähnlichen Standpunkt wie Giacometti und Flückinger vertrat schon 1894 Tezner. Nach ihm kommt die (subsidiäre) Anwendung von zivil-rechtlichen Rechtsnormen nur in zwei Fällen in Betracht, wenn ein Eingriff in die Gesetzgebungskompetenz vermieden werden soll. Einmal handelt es sich um Rechtssätze, die sich mit logischer Konsequenz aus einem beiden Rechtsmaterien gemeinsamen Rechtsbegriff ergeben. Zum anderen sieht Tezner eine stillschweigende gesetzliche Ermächtigung zur Ausfüllung einer Lücke in öffentlich-rechtlichen Normen darin, daß diese einen zunächst auf dem bürgerlichen Rechtsgebiet entwickelten Begriff verwenden und dabei Fragen der rechtlichen Behandlung offenlassen, deren Beantwortung nicht allein aus dem Begriff erfolgen kann[41].

Zutreffend an diesen Ausführungen ist die zu erkennende Tendenz, den Rückgriff auf zivil-rechtliche Bestimmungen als ein Problem zu begreifen, bei dem es um die Ergänzung öffentlichen Rechts geht. Jedoch schränken die genannten Autoren die Fälle einer Heranziehung privat-rechtlicher Vorschriften zu sehr ein, weil ihr Verständnis von dem zwischen öffentlichem und privatem Recht bestehenden Verhältnis ihnen die Sicht auf die wirkliche Problematik verstellt.

Inwieweit bei weitergehenden Anleihen im Privatrecht gegen das Prinzip der Gesetzmäßigkeit der Verwaltung, das eine verwaltungsrechtliche Grundlage erfordert, verstoßen werden würde, ist nicht ersichtlich. Zwar mag für den Bereich der Eingriffsverwaltung die Ansicht vertretbar sein, nach der in Entsprechung zu dem strafrecht-

---

[40] In: Festgabe für den Schweizerischen Juristenverein, S. 137, insbesondere S. 143, 145—147.

[41] So *Tezner*, in: AöR 9/489, 563, 565.

lichen Analogieverbot gemäß Art. 103 Abs. 2 GG, 7 Abs. 1 Europäische MRK, § 2 Abs. 1 StGB ein solches hinsichtlich der Ermächtigungsgrundlage für hoheitliche Eingriffshandlungen aufzustellen ist[42]. Ein derartiges Verbot — es würde zudem nicht nur Anleihen im Privatrecht erfassen — würde aber nur einen Teil möglicher Verwaltungshandlungen betreffen. Schon im Bereich der Leistungsverwaltung wäre seine Richtigkeit zweifelhaft. Gänzlich fehl geht diese Überlegung jedoch im Hinblick auf privat-rechtliche Vorschriften, welche als rechtliche Behandlungsgrundsätze für publizistische Willensäußerungen von Privatpersonen herangezogen werden. Hier kann von einer Erweiterung der Eingriffsgrundlage für die Verwaltung nicht die Rede sein.

Den Ansichten von Giacometti, Flückinger und Tezner zur Rückgriffszulässigkeit ist daher nicht zu folgen. Bei der gesetzlichen Ermächtigung zur Lückenausfüllung in öffentlich-rechtlichen Gesetzen infolge Verwendung zivil-rechtlicher Begriffe handelt es sich um eine Verweisung auf privat-rechtliche Bestimmungen und daher um eine unter C II 2 darzustellende Form des Rückgriffs.

4. Die Ansicht von Peters und Ruck

Nicht ganz eindeutig ist der Standpunkt derjenigen Autoren auszumachen, die größte Zurückhaltung gegenüber dem Rückgriff auf privat-rechtliche Normen für angebracht halten bzw. von einer grundsätzlichen, aber keinesfalls ausnahmslosen Unanwendbarkeit bürgerlich-rechtlicher Rechtssätze ausgehen. So betonen Peters[43] und Ruck[44] zwar, daß eine Selbstergänzung des öffentlichen Rechts geboten ist und daher in erster Linie öffentlich-rechtliche Vorschriften heranzuziehen sind, doch kommen für sie eine ganze Reihe zivil-rechtlicher Normen für eine Übernahme in das öffentliche Recht in Betracht. Peters[45] hält die bürgerlich-rechtlichen Vorschriften für nicht analog anwendbar, will sie aber bei Verweisungen, als Ausdruck allgemeiner Rechtsgrundsätze und in manchen Fällen auch sinngemäß verwenden[46]. Hier macht sich bei der grundsätzlichen Stellungnahme zum Rückgriffsproblem noch die Ansicht von der Wesensverschiedenheit des öffentlichen und privaten Rechts bemerkbar, während sich dieser Standpunkt auf die praktischen Fälle einer Heranziehung privat-rechtlicher Vorschriften nicht auswirkt[47]. Diese Schriftsteller können daher

---

[42] Vgl. auch *Collasius*, .S 43, 45.
[43] a.a.O., S. 157 (e).
[44] a.a.O., S. 19 f.
[45] a.a.O., S. 156 (III 2) und S. 94 (3 a).
[46] a.a.O., S. 156 f. (a, b, c).
[47] Vgl. nur die bei *Peters*, S. 156 sub 2 b) aufgezählten Vorschriften.

nicht als grundsätzliche Gegner einer Verwendung bürgerlich-rechtlicher Normen zur Ausfüllung von Lücken im öffentlichen Recht angesehen werden.

Dem Hinweis von Peters und Ruck, die Lösung offener Rechtsfragen zunächst aus dem Gedankenkreis des öffentlichen Rechts zu versuchen, soll im folgenden nachgegangen werden.

II. Voraussetzungen für den Rückgriff auf das bürgerliche Recht

Wie die Auseinandersetzung mit den die Heranziehung privat-rechtlicher Gesetzesvorschriften zur Lückenausfüllung im öffentlichen Recht ablehnenden oder wenigstens stark einschränkenden Ansichten ergeben hat, ist der Rückgriff grundsätzlich als zulässig zu erachten. So lassen sich den beiden Rechtsmaterien gemeinsame Sachprobleme rechtlich gleich behandeln[48]; insbesondere kann dieses Vorgehen einer rechtlichen Durchbildung „öffentlich-rechtlichen Neulandes" zugute kommen[49].

Die Ausfüllung von Lücken im öffentlichen Recht setzt neben der Feststellung einer Lücke die Beantwortung der Frage voraus, welches Recht zur Ergänzung herangezogen werden kann. Schließlich ist auch auf die Methodik der Anwendung des ergänzenden Rechts einzugehen.

1. Vorliegen einer Lücke in der rechtlichen Regelung

Zumeist wird die Lücke als eine planwidrige Unvollständigkeit in den gesetzlichen Bestimmungen definiert[50]. Das Gesetz muß daher nach eigener Absicht und seiner immanenten Zwecksetzung unvollständig sein, ohne daß eine bewußte Beschränkung vorliegt[51]. Kriterium für die Feststellung einer Lücke ist mithin, daß das geltende Recht selbst die rechtliche Beurteilung eines ungeregelten Tatbestandes fordert[52]. Damit ist zugleich dargetan, daß die Lücke im rechtlichen Raum vorhanden sein muß und nicht im sogenannten rechtsfreien Raum, der etwa auf den Bereich gesellschaftlicher Verhaltensweisen beschränkt und ansonsten nicht anzuerkennen ist[53].

---

[48] Vgl. auch *Siebecke*, S. 40; *Blume*, S. 152.
[49] Vgl. *Burchardi*, S. 56.
[50] So *Elze*, S. 3 ff., 6; *Canaris*, S. 16 (§ 16).
[51] s. *Larenz*, Methodenlehre, S. 357 f.
[52] Vgl. *Bierling*, S. 383; *Zitelmann*, S. 32; *Klug*, in: Festschrift für Nipperdey, S. 71 (II); *Larenz*, in: NJW 1965/1, 2; *Obermayer*, in: NJW 1966/1885, 1889 (IV 1).
[53] Vgl. *Larenz*, Methodenlehre, S. 351; *Thieme*, in: Festschrift für Schack, S. 157, 163 (VII).

Gemessen an diesen Grundsätzen liegt für die hier zu untersuchenden Rechtsregeln hinsichtlich der Willenserklärungen Privater im öffentlichen Recht eine Lücke vor, da es zwar einzelne gesetzliche Bestimmungen gibt, eine allgemeine Regelung aber fehlt. Da der nicht kodifizierte Allgemeine Teil des Verwaltungsrechts eine *Gebietslücke* aufweist, kann sogar nicht einmal von einer planwidrigen Unvollständigkeit im Sinne des üblichen Lückenbegriffes gesprochen werden. Mit der Feststellung einer Lücke versteht sich jedoch die Anwendung bürgerlich-rechtlicher Normen nicht von selbst.

2. Nichtanwendbarkeit öffentlichen Rechts und Übereinstimmung mit öffentlich-rechtlichen Grundsätzen

Auf ein Institut des öffentlichen Rechts sind öffentlich-rechtliche Regeln anzuwenden[54]. Daraus ergibt sich, daß zunächst das Verwaltungsrecht daraufhin zu untersuchen ist, ob es rechtliche Behandlungsgrundsätze für die publizistischen Willenserklärungen Privater bereithält. Erst wenn das öffentliche Recht keine Lösung bietet, kann auf privat-rechtliche Gesetzesbestimmungen zurückgegriffen werden. Daher ist auch eine Analogie zu öffentlich-rechtlichen Vorschriften gegenüber der entsprechenden Anwendung zivil-rechtlicher Normen vorrangig[55]. Von einem gewohnheitsrechtlichen Grundsatz, daß bei der Ergänzung des öffentlichen Rechts das Privatrecht anzuwenden ist, kann also nicht die Rede sein[56]. Vielmehr ist immer eingehend zu prüfen, ob und inwieweit eine Heranziehung bürgerlich-rechtlicher Rechtssätze in Betracht kommt. Dabei ist im Auge zu behalten, daß die Verwendung von Vorschriften des Privatrechts weder gegen öffentlich-rechtliche Bestimmungen verstoßen noch überhaupt Grundsätzen des öffentlichen Rechts widerstreiten darf, anderenfalls eine Lückenausfüllung durch Anleihen beim Zivilrecht nicht zulässig ist[57]. Daher sind die vorhandenen verwaltungs-rechtlichen Gesetzesvorschriften über die rechtliche Beurteilung nichtamtlicher publizistischer Willenserklärungen auf in ihnen zum Ausdruck kommende Prinzipien zu untersuchen. Die so ermittelten Grundgedanken des öffentlichen Rechts können dann einen Anhalt geben für die juristische Behandlung der ungeregelten Tatbestände. Auch wenn aus ihnen keine allgemeine, also alle öffentliche-rechtliche Willenserklärungen Privater umfassende Regelung entnommen werden kann, so können sie doch Leitgedanken darstellen, die bei der Verwendung privat-rechtlicher

[54] So etwa auch *Forsthoff*, S. 269; *Koellreuter*, S. 41 (2); *Löwer*, in: VA 56/236, 263 (V 1).
[55] So auch *Löbbecke*, S. 18 (V); *Meier-Branecke*, in: AöR NF 11/230, 244.
[56] s. *Kniesch*, in: NJW 1960/1696, 1697, rechte Spalte; *Simons*, S. 94 f.
[57] Vgl. dazu auch *Hipp*, S. 28; *Fischbach*, DBG, § 1, Anm. III (S. 149 f.).

Normen zu beachten sind. Dies gilt um so mehr, als der Richter bei der Lückenausfüllung an die gegebenen gesetzlichen Wertungen gebunden ist[58].

Ein wichtiges Prinzip des Verwaltungsrechts verlangt die Beachtung öffentlicher Interessen. Es kann mithin eine Prüfung erforderlich sein, inwieweit dieser Grundsatz vereinbar ist mit der Tatsache, daß die bürgerlich-rechtlichen Vorschriften über Willenserklärungen und Rechtsgeschäfte von deren Inhalt abstrahieren, was schon im Privatrecht insbesondere im Hinblick auf die Anfechtungsregelung als korrekturbedürftig angesehen wird und daher für die öffentlich-rechtlichen Willensäußerungen von Privatpersonen eine besondere, von der bürgerlich-rechtlichen abweichende Regelung notwendig machen kann[59]. Verstärkt wird der Einfluß öffentlich-rechtlicher Grundsätze bei den Anträgen Privater, also Zustimmung bzw. Unterwerfung hinsichtlich mitwirkungsbedürftiger Verwaltungsakte. Hier ist bei der Anwendung bürgerlich-rechtlicher Rechtssätze immer zu beachten, daß das „Agens der Rechtsgestaltung" der behördliche Akt ist und deshalb die zivil-rechtlichen Rechtsgeschäfts- und Willenserklärungsregeln nur insoweit heranzuziehen sind, als dies die „Präponderanz des Verwaltungsaktes" zuläßt[60].

Die vorstehenden Ausführungen lassen deutlich werden, daß eine Anwendung privat-rechtlicher Normen zur Ergänzung des öffentlichen Rechts in Betracht kommt, wenn dem öffentlichen Recht selbst nicht die Beantwortung seiner offenen Rechtsfragen zu entnehmen ist. Daher ist ein Eingehen auf die Methodik der Anwendung bürgerlichen Rechts erforderlich.

3. Allgemeines zur Methodik der Anwendung bürgerlich-rechtlicher Normen

Da es sich um die Ergänzung des öffentlichen Rechts handelt, ist der Rückgriff auf privat-rechtliche Gesetzesbestimmungen eine Frage der Rechtsfindung im Verwaltungsrecht, die dort aber weitgehend nach den gleichen Methoden wie im Zivilrecht geschieht[61]. Es fällt jedoch auf, daß gewöhnlich die Anwendung allgemeiner Rechtsgedanken nicht als Mittel der Lückenausfüllung genannt wird[62]. Demgegenüber gehört nach der verwaltungsrechtlichen Theorie und Praxis die

---

[58] s. *Lehmann-Hübner*, S. 63 (2).
[59] Vgl. *Flume*, S. 40 (zum öffentlich-rechtlichen Vertrag).
[60] So *Flume*, S. 44 f. (7).
[61] Vgl. *Meier-Hayoz*, § 1 ZGB, Rd. Nr. 54.
[62] Vgl. etwa *Obermayer*, in: NJW 1966/1885, 1889 (2).

Rechtsgedankenlehre zu den Rechtsergänzungsmethoden[63]. Daher kann die Heranziehung bürgerlich-rechtlicher Normen zur Lückenausfüllung im Verwaltungsrecht erfolgen aufgrund gesetzlicher Anordnung, als allgemeine Rechtsgedanken sowie in entsprechender Anwendung[64]. Zum Teil wird auch die unmittelbare Anwendung des Privatrechts befürwortet.

Manche Autoren[65] meinen, bei der Methodenfrage gehe es um einen „akademischen Streit". Dagegen ist einzuwenden, daß bei einem Verzicht auf jegliche Rechtsanwendungsmethoden die Übernahme privatrechtlicher Normen außer mit praktischer Notwendigkeit nicht begründet werden kann. Außerdem kann nur nach einem Eingehen auf die verschiedenen Rückgriffsformen entschieden werden, ob sie sich bloß in der Begriffbenennung oder auch in ihren materiellen Kriterien unterscheiden.

C. Formen des Rückgriffs auf das bürgerliche Recht

I. Unmittelbare Anwendung

Zu den wenigen Schriftstellern, welche die unmittelbare Anwendung bürgerlich-rechtlicher Gesetzesbestimmungen auf nichtamtliche publizistische Willenserklärungen für möglich halten, gehört *Gitzinger*[66]. Demgegenüber steht die überwiegende Ansicht[67] auf dem Standpunkt, daß sich eine direkte Verwendung privat-rechtlicher Normen im Rahmen des öffentlichen Rechts verbiete. Anderenfalls würden nämlich die tatsächlich bestehenden Unterschiede zwischen öffentlichem und privatem Recht geleugnet werden[68].

Der erstgenannten Meinung könnte nur dann zugestimmt werden, wenn sich der Geltungsbereich des bürgerlichen Rechts nicht nur auf privat-rechtliche Verhältnisse beschränken, sondern sich auch auf solche des öffentlichen Rechts erstrecken würde. Das kann aber nicht

---

[63] Vgl. z. B. RGZ 95/144, 146; BGH DB 1966/701; *Fischbach*, DBG, § 1, Anm. III (S. 149 f.); *Collasius*, S. 11; *Herbsleb*, S. 3.

[64] s. dazu *Schroeder-Printzen*, S. 20 f.; *Landmann-Giers-Proksch*, S. 93 (3); *Kottke*, S. 57; *Blume*, S. 152 u. S. 155 f.; vgl. auch *Gygi*, S. 32; *Thordsen*, in: Polizei, 1967/108, 109 linke Spalte.

[65] Wie *Löwer*, in: VA 56/236, 263 f.; *Beinhardt*, Vertrag, S. 61 (b) und, in: VA 55/210, 252; anderer Meinung *Simons*, S. 87 f.

[66] a.a.O., S. 5 f., 48, 53, 175.

[67] So *Peters*, S. 157 (nach d); *Kottke*, S. 62 (b); *Simons*, S. 87 (§ 23); *Hantke*, S. 68; *Krüger-Nieland*, in RGRKz. BGB, Anm. 12 vor § 116.

[68] s. *Löbbecke*, S. 18; *Baumann*, Absolute Grenzen, S. 37; *Eckert*, in: DVBl. 1962/11, 14 (II linke Spalte).

angenommen werden, denn nach Sinn und Zweck des bürgerlichen Gesetzbuches will dieses Rechtsregeln nur für den bürgerlich-rechtlichen Rechtsverkehr bereithalten[69].

Ähnlich wie *Gitzinger* ist von *Köhler*[70] im Grunde dafür, wegen Übereinstimmung der verwaltungs-rechtlichen mit den zivil-rechtlichen Rechtsverhältnissen die bürgerlich-rechtlichen Vorschriften unmittelbar anzuwenden. Dieser Ansicht liegt die Erwägung zugrunde, daß von einer analogen Anwendung auf wesensgleiche Tatbestände nicht gesprochen werden könne[71]. Ihr kann nicht beigepflichtet werden, weil das argumentum per analogiam allein voraussetzt, daß der Gedanke einer Norm auch auf Sachverhalte zutrifft, die nicht unmittelbar unter die Vorschrift subsumiert werden können. Das ist bei öffentlich-rechtlichen Sachverhalten der Fall. Daher ist gerade im Hinblick auf eine möglicherweise anzuerkennende entsprechende Heranziehung bürgerlich-rechtlicher Gesetzesvorschriften auf Tatbestände des öffentlichen Rechts festzustellen, daß ihr nicht schon die Gleichheit des geregelten und des ungeregelten Sachverhalts entgegenstehen würde[72].

Andere Autoren kommen zu dem gleichen Ergebnis aufgrund einer Auslegung der betreffenden Vorschriften. So hält *Hamann*[73] eine Vielzahl allgemeiner Vorschriften des Zivilrechts für indifferent mit der Folge, daß sie auf öffentlich-rechtliche Tatbestände angewendet werden können. *Müller*[74] nimmt für so allgemeingehaltene Bestimmungen wie § 186 und § 126 Abs. 1 BGB an, daß sie wegen ihrer Fassung ohne weiteres für die gesamte Rechtsordnung Geltung beanspruchen können.

Während die bisher genannten Schriftsteller ihre Ansicht anhand ausgesuchter Rechtssätze darlegen, wird die gleiche Problematik durch die Lehre vom Allgemeinen Teil des Rechts aus einer anderen Sicht behandelt, nämlich von den gemeinsamen Grundlagen des öffentlichen und privaten Rechts her. Die ersten Untersuchungen auf diesem Gebiet stammen von *Friedrichs*[75]. Ausgangspunkt seiner Überlegungen ist die Annahme, daß Zivil- und Verwaltungsrecht durch gemeinsame Lehren und Begriffe verbunden seien[76]. Zu dem Allgemeinen Teil

---

[69] Ebenso *Collasius*, S. 47; s. auch oben S. 63.
[70] a.a.O., S. 212.
[71] so *Löbbecke*, S. 20.
[72] Ebenso *Engisch*, Einheit der Rechtsordnung, S. 77, Fußn. 7; wohl auch *Schack*, in: Festschrift für Laun, S. 275, 278.
[73] In: NJW 1955/481, 482 (linke Spalte).
[74] In: NJW 1964/1116, 1117 (rechte Spalte) und 1118, Fußn. 30; kritisch *Sendler*, in: NJW 1964/2137, 2138 (rechte Spalte), 2139 (rechte Spalte); vgl. auch BVerwG NJW 1968/1736 (a).
[75] Der Allgemeine Teil des Rechts, 1927 und in: AnnDR 1917/385 ff.
[76] So *Friedrichs*, Allgemeiner Teil des Rechts, S. 12.

des Rechts soll dem Inhalt nach etwa die Geschäftsfähigkeit gehören[77], während die Zugehörigkeit der bürgerlich-rechtlicnen Rechtsgeschäftsnormen von *Friedrichs*[78] bezweifelt wird. Den Ausführungen *Friedrichs* hat schon *Lassar*[79] Skepsis entgegengebracht, da ein Allgemeiner Teil des Rechts niemals alle in ihn aufzunehmende Rechtssätze umfassen könne, selbst wenn die bestehenden zwei Allgemeinen Teile beseitigt werden würden. Soweit geht aber nicht einmal der großangelegte Versuch von *Bullinger*[80], so daß das Unterfangen, *einen* Allgemeinen Teil des Rechts zu schaffen, utopisch[81] erscheinen muß. Andererseits kann nicht geleugnet werden, daß hinsichtlich mancher Rechtsinstitute die Herausarbeitung der dem öffentlichen und zivilen Recht gleichermaßen eigenen Sachproblematik nützlich ist und gleiche Rechtsregeln bedingen kann, zumal einige Rechtssätze auch hinsichtlich der Willenserklärungen Privater im öffentlichen Recht nur aus geschichtlicher Zufälligkeit heraus im bürgerlichen Gesetzbuch niedergelegt worden sind[82].

Der Allgemeine Teil des Rechts wird an dieser Stelle behandelt, weil im Schrifttum zum Teil die Ansicht vertreten wird, bei dieser Lehre gehe es um die unmittelbare Anwendung bürgerlich-rechtlicher Gesetzesbestimmungen auf öffentlich-rechtliche Sachverhalte[83]. In eine scheinbar ähnliche Richtung weisen die Ausführungen *Forsthoffs*[84], nach dem zivil-rechtliche Normen neben ihrer analogen Anwendung auch als Ausdruck eines allgemeinen, nicht auf das Privatrecht beschränkten und somit für das öffentliche Recht ebenfalls unmittelbar geltenden Rechtssatzes verwendet werden können. Auch wenn sich die Heranziehung dieser allgemeinen, in ihrer Zusammenfassung den Allgemeinen Teil des Rechts darstellenden Rechtsnormen als ihre direkte Anwendung erweise, so seien es dennoch wegen ihres allgemeinen Geltungsbereiches (auch) öffentlich-rechtliche Gesetzbestimmungen. Ebenso sind diejenigen Autoren zu verstehen, nach denen die Regeln, welche allgemeine Rechtsgedanken enthalten, den Allgemeinen Teil des Rechts bilden[85]. In Wirklichkeit handelt es sich damit

---

[77] So *Friedrichs*, in: AnnDR 1917/385, 430 (2); ebenso *Schultzenstein, in:* VA 22/196, 202.

[78] a.z.a.O., S. 430 (3) und, Allgemeiner Teil des Rechts, S. 21, 54.

[79] Erstattungsanspruch, S. 85.

[80] Öffentliches Recht und Privatrecht, insbesondere S. 82 und Fußn. 300.

[81] So *Sendler*, in: NJW 1964/2137, 2140 (rechte Spalte); vgl. auch *Moebis*, S. 27 (IV); *Simons*, S. 105 f., 109 f.

[82] s. *Spanner*,in: Verh43.DJT I 2 A, S. 5, 23 f. (für die Handlungsfähigkeit).

[83] Vgl. insbesondere *Skaupy*, S. 48; ebenso wohl auch *Simons*, S. 106, 109 f.

[84] VR, S. 162; vgl. auch *Giacometti*, VR, S. 122 f. (b).

[85] So die überwiegende Ansicht: *Herbsleb*, S. 3; *Brennhausen*, S. 20—25; *Löbbecke*, S. 20 (VI); *Eulitz*, S. 108; *Eckert*, in: DVBl. 1962/11, 14 (II linke Spalte).

nicht mehr um die (unmittelbare) Anwendung bürgerlichen Rechts, sondern um die Aufdeckung einer für privat-rechtliche und öffentlich-rechtliche Tatbestände gemeinsamen Rechtsquelle. Der so verstandene Allgemeine Teil des Rechts gehört daher in die Rechtsquellen- und nicht in die Methodenlehre[86]. Ob einzelne Vorschriften in den Allgemeinen Teil des Rechts gehören, ist daher die später zu beantwortende Frage nach ihrer Anwendbarkeit als Ausdruck eines allgemeinen Rechtsgedankens.

Ergibt sich somit, daß zivil-rechtliche Vorschriften nicht unmittelbar herangezogen werden können zur Ergänzung des öffentlichen Rechts, so kann ihre direkte Verwendung aber aufgrund gesetzlicher Anordnung in Betracht kommen. Dabei handelt es sich nämlich um eine Verweisungsart.

II. Verweisungen

Bei ihnen kann man unterscheiden die Verweisung aufgrund gesetzlicher Anordnung, solche durch gleiche Begriffsverwendung und die sogenannten stillschweigenden Verweisungen.

1. Ausdrückliche gesetzliche Verweisung

Eine Vielzahl von öffentlich-rechtlichen Normen zieht zur Regelung publizistischer Sachverhalte Gesetzesbestimmungen des bürgerlichen Rechts heran. Dabei wird entweder der Geltungsbereich der betreffenden Vorschriften auf verwaltungs-rechtliche Tatbestände erstreckt — so bespielsweise in §§ 82, 102 AO, 87 Abs. 2 Satz 1 BBG, 24 Abs. 4 Satz 2 BBauG — oder es wird ihre entsprechende Anwendung angeordnet — wie z. B. in § 126 Abs. 1 SchlHLVwG, der dem § 45 Abs. 1 Nr. 5 EVwVerfG entspricht[87]. Für die erste Gruppe wird die Ansicht vertreten, daß die öffentlich-rechtlichen Gesetze die direkte Anwendung des bürgerlichen Rechts vorschreiben[88]. Dem kann deswegen nicht zugestimmt werden, weil in der Einbeziehung öffentlich-rechtlicher Sachverhalte eine Übertragung der im Privatrecht niedergelegten Rechtsregel liegt, durch welche die betreffende Norm einen öffentlich-rechtlichen Charakter erhält[89].

---

[86] Vgl. auch *Menger*, Verwaltungs-rechtlicher Rechtsschutz, S. 73 f. und, in: Festschrift für Bogs, S. 89, 101.

[87] s. weiterhin auch § 48 Satz 2 EVwVerfG 63.

[88] So für § 102 Absatz 1 AO etwa *Mattern-Mcssmer*, Tz 9 (Einleitung I, S. 19, Ca); *Wenz*, in: Staats- und Verwaltungswissenschaftliche Beiträge, S. 299, 309 (2 a).

[89] s. *Schwarz*, in: GemTag 1963/145; *Sendler*, in: NJW 1964/2137, 2140 (linke Spalte); *Meier-Branecke*, in: AöR NF 11/230, 237.

2. *Verweisung durch gleiche Begriffsverwendung*

Häufig werden in öffentlich-rechtlichen Rechtssätzen Begriffe verwandt, die ebenfalls dem Privatrecht geläufig sind und denen verwaltungs-rechtliche Wirkungen beigelegt werden. Die Beantwortung der damit zusammenhängenden Frage, ob diesem Begriff die ihm im Zivilrecht zukommende Bedeutung zugrunde zu legen ist, kann bedeutsam sein für die rechtliche Behandlung des von der öffentlich-rechtlichen Vorschrift erfaßten Sachverhaltes. Zum Beispiel könnte sich für die öffentlich-rechtliche Vertragserklärung die Nichtigkeit aus den im bürgerlichen Recht aufgezählten Gründen ergeben, andererseits könnte es aber für erforderlich gehalten werden, daß die Nichtigkeit, einem Prinzip des öffentlichen Rechts folgend, deren Offenkundigkeit voraussetzt[90].

Im Interesse einer einheitlichen Rechtsordnung wäre eine gleiche Begriffsdeutung wünschenswert[91]; sie wird daher von der überwiegenden Ansicht befürwortet[92]. Dennoch scheint bei dieser Annahme Vorsicht geboten zu sein, zumal *Giacometti*[93] auf dem Standpunkt steht, daß auch bei stillschweigender Verwendung eines zivil-rechtlichen Begriffes wie etwa der Geschäftsfähigkeit das Privatrecht für seine Bedeutung maßgebend sein soll. Damit wird die insbesondere von Walter *Jellinek* vertretene Meinung berührt, nach der das öffentliche Recht eine stillschweigende Verweisung auf bürgerlich-rechtliche Gesetzesvorschriften kennt.

3. *Stillschweigende Verweisung*

Besonders im Hinblick auf die Geschäftsfähigkeit des Autors einer nichtamtlichen publizistischen Willenserklärung steht Walter *Jellinek*[94] auf dem Standpunkt, daß das bürgerliche Recht die bedeutsamste Rechtsquelle für Vermögensrechte sei und deshalb immer dann auf die §§ 104 ff. BGB stillschweigend verwiesen werde, wenn die Privatperson öffentlich-rechtliche Rechtsgeschäfte tätigt, die Einfluß auf ihre Vermögensverhältnisse haben. Das gelte beispielsweise für die Erklärung, durch welche die Reinigungspflicht gem. § 6 prWegerei-

---

[90] Vgl. *Löwer*, in: VA 56/236, 265 (3 a), der den bürgerlich-rechtlichen Nichtigkeitsbegriff verwendet; weitere Beispiele bei *Peters*, S. 157; BVerwG NJW 1968/1645 (rechte Spalte) und 1689; BSG NJW 1968/1695.

[91] *Huber-Krebs*, in: StuW 1968/Sp. 97, 103 f.

[92] So *Flückinger*, in: Festgabe für den Schweizerischen Juristenverein, S. 137, 143; *Schwarz*, in: GemTag 1963/145; *Meier-Branecke*, in: AöR NF 11/230, 238; vgl. auch *Tezner*, in: AöR 9/489, 563.

[93] VR, S. 125 f. (3).

[94] VR, S. 166 (c) und, Gesetz, S. 95; ähnlich G. *Jellinek*, System, S. 66 für die bürgerlich-rechtliche Irrtumsregelung.

nigungsG übernommen werde, da sie der privat-rechtlichen Schuldübernahme entspreche. Gleiches könne aber ebenfalls bezüglich der beamtenrechtlichen Anträge auf Einstellung bzw. Entlassung wegen ihrer weitgehenden vermöglichens-rechtlichen Folgen für den Antragsteller angenommen werden. *Grüter*[95] stimmt den Ausführungen *Jellineks* zu, stellt aber zur Bedeutung der vorgetragenen Ansicht fest, daß einerseits die privat-rechtlichen Bestimmungen über die Geschäftsfähigkeit ohne diesen stillschweigenden Verweis nicht gelten und andererseits eine Vorschrift mit einem generellen konkludenten Hinweis auf diese Vorschriften fehlt.

Der Meinung von *Jellinek* kann nicht in vollem Umfange beigepflichtet werden. Zwar mag es bei vermögens-rechtlichen Verhältnissen naheliegend sein, die Normen des Zivilrechts, insbesondere §§ 104 ff. BGB heranzuziehen[96], dadurch ist aber noch nicht ihre Verwendung in allen verwaltungsrechtlichen Fällen mit vermögensrechtlichem Bezug gerechtfertigt. Denn die Annahme eines stillschweigenden Verweises setzt außer der Auslegung der entsprechenden öffentlich-rechtlichen Normen eine Analyse der privat-rechtlichen Gesetzesbestimmungen voraus. Erst wenn die Vergleichbarkeit der Interessenlage der bürgerlich-rechtlichen und öffentlich-rechtlichen Sachverhalte dargetan ist, können Rechtssätze aus dem Privatrecht auf die öffentlich-rechtlichen Willenserklärungen Privater angewendet werden. Wird eine Verweisung angenommen, so ist aber für eine derartige Prüfung kein Raum.

Im folgenden wird untersucht, ob die Methoden der analogen Anwendung und die Lehre von den allgemeinen Rechtsgedanken in der Lage sind, die materiellen Kriterien für die Bewertung von Interessenkonflikten zu liefern.

III. Analogie

Ob das bürgerliche Recht zur Ausfüllung von Lücken im Verwaltungsrecht sinngemäß angewendet werden kann, ist eine auch heute noch umstrittene Frage. Nach *Sturm*[97] und *Blume*[98] erachtet die herrschende Meinung den Analogieschluß für zulässig, während *Müller*[99] meint, die herrschende Meinung habe sich unter Verzicht auf das argumentum a simile für die Lehre von den allgemeinen Rechtsgedanken entschieden. Es ist daher streitig, ob die entsprechende und die Anwendung dem Rechtsgedanken nach oder nur eines von beiden

[95] Soldat, S. 36 f.
[96] Vgl. auch *Schoenborn*, in: AöR 24/126, 148.
[97] In: DÖV 1966/256, 259 (1).
[98] S. 152—154.
[99] Beseitigungs- und Unterlassungsansprüche, S. 14.

für verwendbar gehalten wird[100]. In der Judikatur wird zum Teil von entsprechender Anwendung gesprochen, während es sich in Wirklichkeit um die Heranziehung allgemeiner Rechtsgedanken handelt, wie Zusammenhang und Zitate ergeben[101]. Andererseits läßt es die Rechtsprechung bewußt offen, ob die gefundene Rechtsregel auf einer sinngemäßen Anwendung bürgerlich-rechtlicher Vorschriften beruht oder aus der Geltung eines allgemeinen Rechtsgrundsatzes folgt[102].

Auf den Streit braucht dann nicht eingegangen zu werden, wenn es sich um verschiedene Bezeichnungen für dasselbe Verfahren handelte. Zu diesem Ergebnis gelangt zwar *Collasius*[103], der aber andererseits zugibt, daß ein gradueller Unterschied besteht. Demgegenüber stellt die überwiegende Meinung weitergehende Abweichungen fest[104]. Welche der vertretenen Ansichten den Vorzug verdient, kann erst nach einem Vergleich der beiden Formen des Rückgriffs auf das bürgerliche Recht entschieden werden. Daher bedarf es zuvor einer Klärung, ob eine Analogie zwischen den Gebieten des privaten und des öffentlichen Rechts überhaupt zulässig ist.

1. Zulässigkeit der Analogie zwischen privatem und öffentlichem Recht

Insbesondere auf dem Gebiet des Beamtenrechts[105], aber auch allgemein für das gesamte öffentliche Recht steht eine weitverbreitete Ansicht auf dem Standpunkt, daß zur Ergänzung des Verwaltungsrechts privat-rechtliche Gesetzesbestimmungen nicht analog angewandt werden könnten, sondern vielmehr nur als Ausdruck eines allgemeinen Rechtsgedankens heranzuziehen seien[106]. Diesen Erwägungen liegt die auf die Meinung von Otto *Mayer* zurückgehende Annahme zugrunde, daß die für den Analogieschluß erforderliche Rechtsähnlichkeit wegen des zwischen öffentlichem und privatem Recht bestehenden Wesens-

---

[100] Einen Überblick über den Meinungsstand gibt *Collasius*, S. 49 f., 54 bis 60, 61—72, 77.

[101] Vgl. die Nachweise bei *Simons*, S. 92; vgl. auch *Bachof*, Rechtsprechungsberichte II, S. 492; Gegenbeispiele sind: BVerwG NJW 1968/1736 (a); BGH DÖV 1966/343, 346 (7); OVG Münster OVGML 7/21, 22 f.; LVG Hamburg MDR 1949/312, 313 (l. Sp.); AG Garmisch-Partenkirchen NJW 1969/666, 668 (III).

[102] s. z. B. OVG Koblenz DVBl. 1965/771, 775 f.

[103] S. 54 f., 57 f., 82, 110 f.; ebenso *Heller*, S. 125.

[104] Vgl. nur *Schack*, in: RVerwBl. 56/189, 191 (linke Spalte).

[105] Vgl. OVG Münster VRspr. 5/58, 60.

[106] So: prOVG RVerwBl. 57/340, 342; RGZ 95/144, 146; 104/58, 60; 107/189, 190; 110/293, 294; 124/192, 193 f.; 134/162, 167 (I); HessVGH VRspr 4/607, 610 = ESVGH 1/42 ff.; LVG Hannover DVBl. 1953/116 f. (3); *Schnapp*, S. 25 f.; *Fischbach*, DBG, § 1 Anm. III (S. 149); *Hildebrandt-Demmler-Bachmann*, § 2 NW LBG Anm. 3.3; vgl. auch BGH DB 1966/701; *Apelt*, S. 200 i. V. m. S. 18—20; *Gowa*, S. 17 f.; *Schwarz*, in: GemTag 1963/145 (rechte Spalte) und 148 (rechte Spalte); *Münzner*, in: VA 43/95, 104.

unterschiedes nicht gegeben sein könne[107]. Der Ausgangspunkt von Otto *Mayer* hat dabei in folgender Argumentationskette Eingang gefunden. Aus der Verschiedenheit beider Rechtsgebiete infolge der das öffentliche Recht kennzeichnenden Unterordnungsverhältnisse wird auf eine Verschiedenheit der Interessenslage geschlossen, so daß eine Rechtsähnlichkeit zwischen Tatbeständen des öffentlichen und des privaten Rechts nicht angenommen werden kann[108]. Dem kann nicht zugestimmt werden[109]. Schon bei der Auseinandersetzung mit den einen Rückgriff auf das bürgerliche Recht schlechthin ablehnenden Ansichten wurde ausgeführt, daß von einem Wesensunterschied zwischen Zivil- und Verwaltungsrecht nicht mehr gesprochen werden könne. Die das Über/Unterordnungskriterium benutzende Subjektionstheorie hat sich als unzulänglich erwiesen. Im übrigen befaßt sich die Mehrwerttheorie nur mit der Stellung der Rechtssubjekte zueinander, nicht aber mit den von ihnen verfolgten Interessen, so daß aus ihrer Anwendung nicht zwingend auf eine verschiedene Interessenlage geschlossen werden kann. Erst wenn die zwischen öffentlichem und privatem Recht bestehenden Unterschiede, insbesondere die Ausrichtung auf das Einzel- bzw. Gemeininteresse, in den konkreten Tatbestand Eingang gefunden haben, kann die Rechtsähnlichkeit für diesen Fall abgelehnt werden[110]. So mag sich eine analoge Anwendung des Grundsatzes von Treu und Glauben auf Steuerschuldverhältnisse deswegen verbieten, da § 242 BGB mit dem Hinweis auf die Verkehrssitte von gleichgestellten Vertragspartnern ausgeht, während die durch Verwaltungsakt begründeten steuerrechtlichen Verhältnisse auf einer Über- und Unterordnung beruhen[111]. Nicht jedoch kann die sinngemäße Anwendung privat-rechtlicher Vorschriften zur Lückenausfüllung im öffentlichen Recht schon mit dem Hinweis auf die Unterscheidung dieser beiden Rechtsmaterien *allgemein* für unzulässig erachtet werden[112]; denn die Frage nach der Vergleichbarkeit der konkreten Interessenlage ist eine andere als die nach den zwischen öffentlichem und zivilem Recht bestehenden Unterschieden.

Im übrigen hat insbesondere das *Reichsgericht* die Theorie der allgemeinen Rechtsgedanken nur praktiziert, um so die Bedenken

---

[107] So etwa *Liebisch*, S. 12, 13; *Brennhausen*, S. 15—17, 20—25; vgl. auch *Polland*, S. 136 f.

[108] Dazu vgl. *Schack*, in: ZBR 1964/161, 162 (2) und, in: Festschrift für Laun, S. 275, 280.

[109] Vgl. insbesondere — auch zum folgenden — *Collasius*, S. 84—88.

[110] *Baumann*, Absolute Grenzen, S. 36—38; *Collasius*, S. 92 f. (e).

[111] s. *Krämer*, S. 80.

[112] Ebenso noch *Menger*, Verwaltungsrechtlicher Rechtsschutz, S. 72 f.; *Giese*, Gutachten, S. 172.

gegen eine analoge Heranziehung des Privatrechts auszuräumen[113]. Dabei wäre es jedoch nur dann konsequent gewesen, wenn es zu anderen Ergebnissen als denen bei einer entsprechenden Anwendung gekommen wäre. Denn hätte das *Reichsgericht* den eine Analogie hindernden Wesensunterschied ernst genommen, so hätte sich das auf die Anwendung der betreffenden bürgerlich-rechtlichen Normen auswirken müssen. Wie sich aber zeigen wird, haben sich die unterschiedlichen Methoden nicht auf die rechtliche Beurteilung eines öffentlich-rechtlichen Sachverhaltes ausgewirkt. Der Grund liegt darin beschlossen, daß die materiellen Kriterien für beide Verfahrensarten weitgehend die gleichen sind.

Die eine Analogie ausnahmslos ablehnende Ansicht ist also der Begriffsjurisprudenz verhaftet, während sich heute die Interessenjurisprudenz durchgesetzt hat[114]. Als Form der teleologischen Jurisprudenz arbeitet sie mit den Begriffen der Interessenabwägung, der Interessenlage und des Interessengehaltes[115] und leistet Hilfe bei der Feststellung der Rechtsähnlichkeit, indem sie sich bemüht, die Vereinbarkeit bzw. Unvereinbarkeit der gesetzlichen Bewertung des Interessenkonflikts mit der dem ungeregelten Tatbestand innewohnenden Interessenlage nachzuweisen[116].

In der Entwicklungsgeschichte des Verwaltungsrechts erscheint der Analogieschluß vom privaten ins öffentliche Recht nach *Schüle*[117] als vergangenes Stadium im historischen Prozeß, der die Verselbständigung des öffentlichen Rechts beschreibt und als Phasen die Fiskustheorie, die Zeit der gemischt-rechtlichen Institute, die Analogie und die Lehre von den allgemeinen Rechtsgedanken umfaßt. Für die Gegenwart können noch die eigenständigen öffentlich-rechtlichen Institute hinzugefügt werden. An dieser Stelle soll nicht entschieden werden, ob es nicht besser sei, statt auf bürgerlich-rechtliche Gesetzesbestimmungen zurückzugreifen selbständige verwaltungs-rechtliche Institute herauszubilden und für sie eigene öffentlich-rechtliche Rechtsregeln in Entsprechung zum Zivilrecht zu entwickeln[118]. Denn für die Jetztzeit kommt es nicht so sehr auf eine begriffliche Abspaltung des öffentlichen vom privaten Recht an, sondern vielmehr auf das Aufzeigen einer häufig bestehenden gleichen Sachproblematik in den beiden Rechtsgebieten. Dann kann es aber nicht mehr derart wichtig

---

113 Vgl. *Busch*, S. 11; *Dohrn*, S. 31.
114 Vgl. *Lautmann*, S. 72.
115 Vgl. *Heck*, Rechtsgewinnung, S. 26 f.
116 s. auch *Collasius*, S. 15.
117 In: VA 38/399, 406 ff., insbesondere 409; vgl. auch *Dohrn*, S. 20 f.; *Haueisen*, in: NJW 1954/977.
118 So offenbar BGH NJW 1951/800.

sein, ob die sich entsprechenden Rechtsregeln auf ein argumentum per analogiam zu Normen des Privatrechts oder auf ungeschriebenes öffentliches Recht zurückzuführen sind[119].

Die von manchen Schriftstellern gemachte Einschränkung der sinngemäßen Anwendung zivil-rechtlicher Bestimmungen — die Ähnlichkeit mit den bürgerlich-rechtlichen Verhältnissen müsse ins Auge springen[120] — hat keinen eigenen methodischen Stellenwert. Als Hinweis darauf, daß für öffentlich-rechtliche Sachverhalte überhaupt und insbesondere hinsichtlich der nichtamtlichen publizistischen Willenserklärungen den verwaltungs-rechtlichen Belangen entsprechende Regeln über ihre rechtliche Beurteilung gefunden werden müssen und die betreffenden bürgerlich-rechtlichen Normen eben nicht unbesehen übernommen werden können, ist diesen Ausführungen jedoch zuzustimmen.

Nach allem begegnet daher die analoge Anwendung privatrechtlicher Rechtssätze zur Ergänzung des öffentlichen Rechts keinen grundsätzlichen Einwänden[121] und kommt deshalb auch für die öffentlich-rechtlichen Willenserklärungen in Betracht[122]. Zum Teil ist sie wie in § 126 Abs. 1 SchlHLVwG gesetzlich vorgesehen. Ihre Zulässigkeit spricht auch nicht gegen die Rechtssatztheorie von *Wolff*, welcher bei der Abgrenzung nichtamtlicher publizistischer Willensäußerungen von solchen auf dem Gebiet des Privatrechts gefolgt wurde[123]. *Zuleeg*[124] meint allerdings, daß bei der analogen Heranziehung privat-rechtlicher Vorschriften die Bestimmung der Norm als öffentlich-rechtlicher oder zivilrechtlicher Rechtssatz und damit ebenfalls die für die Zuordnungstheorie ausschlaggebende Qualifikation als Sonder- oder Jedermann-Recht Schwierigkeiten bereite. Der Ansicht von *Zuleeg* ist entgegenzuhalten, daß zum einen das noch näher zu beschreibende Analogieverfahren zu einer Umprägung der privatrechtlichen Vorschrift in eine öffentlich-rechtliche Bestimmung führt und zum anderen es sich um eine Ergänzung des öffentlichen (Sonder) Rechts handelt.

Bei jeder sinngemäßen Verwendung des bürgerlichen Rechts zum Zwecke der rechtlichen Beurteilung öffentlich-rechtlicher Tatbestände

---

[119] Vgl. auch *Eckert*, in: DVBl. 1962/11, 14 (II).
[120] s. oben, S. 58, Fußn. 6.
[121] Ebenso noch: *Engisch*, Einführung, S. 146 (1); *Siebecke*, S. 41 (b); *Imboden*, Vertrag, S. 94 (II A 92); *Herbsleb*, S. 6 f.; *Hipp*, S. 26; *Burchardi*, S. 56 u. S. 69 f. i. V. m. S. 58; *Lenz*, S. 17 f.; *Menger*, in: Festschrift für Bogs, S. 89, 101; von *Gehe*, in: FischersZ 34/134, 157 f.; vgl. auch *Eulitz*, S. 95, 96 (§ 35).
[122] s. *Giese*, Gutachten, S. 172; *Ule*, in: DV 1949/502, 503 (3) Anm.; *Rössler*, in: NJW 1969/494.
[123] Ebenso *Herbsleb*, S. 6 f.; *Simons*, S. 33.
[124] Subventionen, S. 33.

ist zu beachten, daß die besonderen verwaltungs-rechtlichen Verhältnisse zu berücksichtigen sind; insbesondere ist zu prüfen, ob ihr nicht die Verschiedenheit beider Rechtsmaterien entgegensteht[125]. Das Zivilrecht ist nämlich keinesfalls generell entsprechend anwendbar, sondern im Einzelfall ist anhand eines Vergleichs der Interessenlage zu ermitteln, ob ein Analogieverhältnis angenommen werden kann[126]. Zudem ist die sinngemäße Heranziehung der betreffenden zivil-rechtlichen Norm nur dann möglich, wenn ihre gesetzliche Ausprägung für den öffentlich-rechtlichen Sachverhalt paßt[127]. Das soll im folgenden dargelegt werden.

2. Voraussetzungen der Analogie und ihr Verfahren

Die als Rechtsergänzungsmethode anerkannte Analogie setzt außer der Feststellung einer Lücke die Ähnlichkeit des geregelten (privatrechtlichen) Sachverhalts mit dem ungeregelten (öffentlich-rechtlichen) Sachverhalt voraus. Es ist also eine Übereinstimmung in all den Faktoren erforderlich, welche für das gesetzliche Werturteil ursächlich sind[128]. Im einzelnen ist ein Vergleich der Tatbestände vorzunehmen und ein rechtliches Urteil, das die Rechtsähnlichkeit bejaht oder verneint, zu fällen. Während sich der Vergleich weitgehend mit den Interessenlagen beschäftigt[129], bilden die Grundlagen für das Werturteil Zweck, Rechts-, Leit- bzw. Grundgedanken der normativen Regelung[130]. Damit erweist sich die sinngemäße Anwendung als ein teleologisches Verfahren[131].

Verknüpft man diese beiden Vorgänge des Analogieverfahrens miteinander, so ergibt sich als Voraussetzung für die sinngemäße Anwendung die Feststellung, daß die gattungsmäßige Interessenlage des ungeregelten (öffentlich-rechtlichen) Sachverhaltes mit dem Tatbestand der (bürgerlich-rechtlichen) Rechtsregel die Teile gemeinsam haben muß, welche für die Anknüpfung der Rechtsfolgen wesentlich sind, während die bestehenden Unterschiede dafür nicht relevant werden[132].

---

[125] s. *Merk*, S. 353; *Soergel-Schmidt*, Einleitung zum Allgemeinen Teil, Rd. Nr. 95; *Simons*, S. 92 f.

[126] s. *Engisch*, Einheit der Rechtsordnung, S. 77; vgl. auch von der *Groeben-Knack*, § 129 SchlHLVwG, Rd. Nr. 3.

[127] So etwa *Schack*, in: Festschrift für Laun, S. 275, 284.

[128] Vgl. *Enneccerus-Nipperdey*, .S 339 (II 1); *Siebecke*, S. 41 (a); *Kriele*, S. 206 f.

[129] Vgl. *Heck*, Rechtsgewinnung, S. 31; *Cramer*, S. 140 f.; *Weigelin*, in: JherJb 88/1, 14; *Schack*, in: RVerwBl. 56/189, 191 (rechte Spalte).

[130] s. *Larenz*, Methodenlehre, S. 360· *Collasius*, S. 12—14.

[131] s. *Schack*, in: Festschrift für Laun, S. 275, 278 f., 283; *Soergel-Schmidt*, Einleitung zum Allgemeinen Teil Rd. Nr. 119.

[132] s. *Lehmann/Hübner*, S. 64; *Hantke*, S. 82.

Die Analogie ist daher als eine Erstreckung des gesetzlichen Grundgedankens auf ungeregelte Tatbestände zu bezeichnen und wie bei der Gesetzesauslegung[133] ist der Leitgedanke objektiv aufzufassen[134].

Es werden Gesetzes- und Rechtsanalogie bzw. Einzel- und Gesamtanalogie[135] unterschieden, wobei allerdings streitig ist, was darunter zu verstehen ist. Üblicherweise wird die Gesetzesanalogie als Anwendung einer einzelnen Norm oder einzelner Vorschriften auf einen ähnlichen Tatbestand aufgefaßt, während bei der Rechtsanalogie mehreren Gesetzesbestimmungen ein allgemeiner Rechtsgedanke bzw. ein allgemeines Prinzip entnommen wird, der bzw. das auf den rechtsähnlichen Sachverhalt angewandt wird[136]. Demgegenüber sieht eine andere Meinung[137] das Wesen der Gesetzesanalogie in der Auffindung eines Prinzips aus einer oder mehreren Normen, während sich die Lösung eines Lückenfalles mittels Rechtsanalogie aus der Gesamtregelung der Rechtsordnung ergebe. Da die erstgenannte Meinung die Rechtsanalogie im vorstehend verstandenen Sinne ohnehin als freie Rechtsfindung begreift, sich also im Ergebnis keine Unterschiede ergeben, ist es unschädlich, wenn hier der üblichen Einteilung gefolgt wird[138].

Um später eine Abgrenzung zur Lehre von den allgemeinen Rechtsgedanken vornehmen zu können, ist die Beantwortung der Frage erforderlich, was bzw. welches Recht bei der Analogie angewandt wird. Dies setzt zunächst ein Eingehen auf das Schlußverfahren voraus. Zumeist wird es für die entsprechende Anwendung als charakteristisch angesehen, daß sie zur selbstschöpferischen Bildung eines Obersatzes im Sinne eines gemeinsamen, den geregelten und den ungeregelten Sachverhalt umfassenden Rechtssatzes führe[139]. Dem kann nur eingeschränkt zugestimmt werden. Denn die Analogie ist

---

[133] s. BVerfG NJW 1967/291, 292 (rechte Spalte); BGH NJW 1967/343, 346 (II 1).

[134] s. insbesondere *Simons*, S. 89; vgl. auch *Schneider*, Logik, S. 17; *Engisch*, Einführung, S. 146 f. — damit verträgt sich nicht der — zur Abhebung von der Rechtsgedankenlehre gemachte — Hinweis auf die präsumtiven Intentionen des Gesetzgebers, so aber *Baumann*, Absolute Grenzen, S. 39; *Dohrn*, S. 33 (4); *Schüle*, in: VA 38/399, 407 f.

[135] So *Larenz*, Methodenlehre, S. 364; seiner Terminologie folgen: *Germann*, S. 153, Fußn. 82 und S. 181, Fußn. 74; *Hantke*, S. 82; *Soergel-Schmidt*, Einleitung zum Allgemeinen Teil Rd. Nr. 119.

[136] So etwa *Boehmer*, S. 168 (3); *Schneider*, Logik, S. 175 f.; *Larenz*, a. z. a. O., S. 365 f.; *Nawiaski*, S. 146 (9); *Burchardi*, S. 58; *Hipp*, S. 26 f.; *Soergel-Schmidt*, a. z. a. O.

[137] So etwa *Bartholomeyczik*, Gesetzesauslegung, S. 99 (e); *Denekke*, in: RGRK z. BGB, Einleitung zum Allgemeinen Teil, Anm. 19.

[138] Vgl. auch *Collasius*, S. 22 und S. 23 (2).

[139] *Bartholomeyczik*, Gesetzesauslegung, S. 83 f. (bb); *Blume*, S. 153; *Koch*, Verwahrung, S. 48; *Lenz*, S. 7 (III).

als Schluß vom Besonderen auf ein Besonderes zu begreifen[140]. Zwar ist bei der Rechtsanalogie im Gegensatz zur Gesetzesanalogie für die Gewinnung des übergeordneten Satzes ein Induktionsschluß erforderlich[141]. Aber dieser Schluß gründet sich auf die Übereinstimmung des Grundgedankens mehrerer Rechtssätze, wird also auch mittels Analogie gewonnen[142].

Ob bei der analogen Heranziehung zivil-rechtlicher Rechtsnormen privates oder öffentliches Recht angewandt wird, ist den Ausführungen der Lehre nicht immer eindeutig zu entnehmen. Wenn *Schack*[143] meint, zwar werde auch bei dieser Rückgriffsform ein öffentlich-rechtlicher Rechtsgedanke übertragen, aber nicht er, sondern die Norm werde angewandt, so stehen hinter diesen Erwägungen zwei miteinander zusammenhängende Problemkreise. Einmal geht es um die Frage, welches Recht verwendet wird und weiterhin darum, inwieweit Modifikationen zulässig sind[144].

Richtig ist, daß sowohl bei der Gesetzesanalogie als auch bei der Rechtsanalogie in Folge der Erstreckung der Vorschrift auf den öffentlich-rechtlichen Sachverhalt und damit durch die Erweiterung des gesetzlichen Tatbestandes die Norm einen verwaltungs-rechtlichen Charakter erhält[145]. Die bürgerlich-rechtliche Gesetzesbestimmung wird also durch das Analogieverfahren zu einem öffentlich-rechtlichen Rechtssatz umgeprägt. Es handelt sich mithin um die Anwendung ungesetzten Rechts[146]. Diese Annahme führt jedoch nicht notwendig zu dem Schluß, bei der sinngemäßen Anwendung bestehe keine Bindung an die gesetzliche Ausprägung des herangezogenen bürgerlich-rechtlichen Rechtssatzes. Häufig ergeben die in der Literatur gebrauchten Worte — es werde eine gesetzliche Regelung angewandt[147] bzw. es finde eine positive Norm sinngemäße Anwendung[148] — nicht klar, ob damit gemeint ist, die entsprechende Verwendung bürgerlich-rechtlicher Vorschriften zur Ergänzung des öffentlichen

---

140 So: *Schneider*, Logik, S. 169, 176; *Canaris*, S. 98; *Engisch*, Einführung, S. 142, 143, anderer Meinung — der Schluß sei induktiv — deduktiv — *Kaufmann*, S. 26.

141 Ebenso etwa *Schack*, in: Festschrift für Laun, S. 275, 278; *Menger*, Verwaltungsrechtlicher Rechtsschutz, S. 68 (§ 20); *Obermayer*, in: NJW 1966/1885, 1890 (d).

142 s. *Larenz*, Methodenlehre, S. 365; *Canaris*, S. 98, dieser hält allerdings die Bezeichnung „Analogie" für nicht sehr glücklich.

143 In: Festschrift für Laun, S. 275, 282, 283 f.

144 Das übersieht *Collasius*, S. 30.

145 Vgl. *Nebinger*, S. 51; *Herbsleb*, S. 5; *Schack*, in: RVerwBl. 56/189, 191 (rechte Spalte); vgl. auch *Weigelin*, in: IherJb 88/1, 13, 27 f.; anderer Meinung wohl *Eulitz*, S. 110; *Skaupy*, S. 54.

146 Vgl. auch *Collasius*, S. 27—38.

147 So: *Merk*, S. 353 f.

148 So: *Dohrn*, S. 33 (4).

Rechts führe zu einer Anwendung bürgerlichen Rechts, oder nur ausgedrückt werden soll, daß eine Bindung an die gesetzliche Ausgestaltung der betreffenden Vorschrift bestehe. Gleiches gilt für die als Begründung für den Vorrang der Analogie gegenüber der Verwendung allgemeiner Rechtsgedanken angeführte Erwägung, der Richter sei an die Gesetzesnormen gebunden[149].

Entgegen manchen Äußerungen[150], welche die Ansicht ihres Autors erkennen lassen, bei der analogen Anwendung privat-rechtlicher Rechtssätze könne eine Anpassung an die besonderen Verhältnisse des öffentlichen Rechts und damit eine Modifikation der bestehenden Rechtsregeln vorgenommen werden, ist ein derartiges Vorgehen mit dem Wesen des Analogieverfahrens nicht vereinbar[151]. Bei der entsprechenden Anwendung werden auf der Rechtsfolgenseite keine Veränderungen vorgenommen; nur einzelne Tatbestandsstücke, die in ihrer Gesamtheit die gesetzlich angeordneten Rechtsfolgen begründen, werden durch Momente aus dem zu beurteilenden öffentlich-rechtlichen Sachverhalt derart ersetzt, daß das Gesamtgewicht der Tatbestandsseite — nämlich die gesetzliche Bewertung des Interessenkonfliktes — gleich bleibt[152]. In diesem Sinne ist es richtig, wenn bei der Ergänzung des öffentlichen Rechts durch analoge Heranziehung privatrechtlicher Gesetzesbestimmungen davon gesprochen wird, die betreffende Norm werde notwendig modifiziert angewendet[153].

Nach allem ist daher festzustellen, daß die Rückgriffsform der entsprechenden Anwendung zivil-rechtlicher Rechtssätze diese zwar zu öffentlich-rechtlichen Vorschriften macht, aber nicht von der Bindung an die gesetzliche Ausgestaltung der Rechtsregeln enthebt.

Im folgenden wird nun zu der Lehre von den allgemeinen Rechtsgedanken Stellung genommen. Sie wird an dieser Stelle behandelt, weil sie zumeist im Zusammenhang mit der Analogie gebracht wird, obwohl die Heranziehung allgemeiner Rechtsgedanken im Gegensatz zur entsprechenden Anwendung nicht zur Rechtsanwendungsmethodenlehre, sondern zur Rechtsquellenlehre gehört, wie sich im Laufe der Untersuchung zeigen wird.

---

[149] Vgl. etwa *Dohrn*, S. 34; *Cramer*, S. 144.

[150] s. *Soergel-Schmidt*, Einleitung zum Allgemeinen Teil Rd. Nr. 95; vgl. auch *Brennhausen*, S. 24.

[151] Vgl. auch *Gygi*, S. 32, der in diesem Fall von einer Nachbildung privatrechtlicher Typen spricht.

[152] s. *Menger*, Verwaltungsrechtlicher Rechtsschutz, S. 68—70 — so darf bei der Frage, ob § 242 BGB im Steuerrecht analog angewendet werden kann, die „Rücksicht auf die Verkehrssitte" nicht durch die „Rücksicht auf die öffentlichen Belange" ersetzt werden, so zurecht *Bunjes*, in: DStR 1965/479, 481 gegen *Mattern*, Treu und Glauben im Steuerrecht, S. 28 (Tz 23, 24) und, in: Festgabe für *G. Küchenhoff*, S. 39, 43.

[153] Vgl. *Koch*, Verwahrung, S. 48; *Schüle*, in: VA 38/399, 408.

IV. Allgemeine Rechtsgedanken

Ein näheres Eingehen auf diese Lehre macht zuvor eine Klärung hinsichtlich der Begriffsbenennung erforderlich.

1. *Terminologie*

Wie schon ausgeführt wurde, macht die Rechtsprechung nicht immer deutlich, ob der Anwendung einer bürgerlich-rechtlichen Vorschrift zur Ausfüllung öffentlich-rechtlicher Lücken die Rechtsgedankenlehre oder aber das argumentum per analogiam zugrunde liegt[154]. Diese Tatsache liegt zum Teil darin begründet, daß auch bei sinngemäßer Anwendung, insbesondere in der Form der Rechtsanalogie von allgemeinen Rechtsgedanken (oder Leit-, Grundgedanken, allgemeinen Prinzipien) gesprochen wird[155]. Benutzt man diese Terminologie, so kann gesagt werden, daß es allgemeine Rechtsgedanken gebe, die entsprechend und solche, die unmittelbar anwendbar erscheinen[156]. Sie kann aber auch dazu verführen, allein wegen der gleichen Begriffbezeichnung die Rechtsgedankentheorie zugunsten der Rechtsanalogie abzulehnen[157]. Für die Rechtsanalogie empfiehlt sich anstelle des Terminus „allgemeine Rechtsgedanken" der Begriff des Gesetzesgedankens[158].

Das Verständnis der hier darzustellenden Rückgriffsform ist aber auch dadurch erschwert, daß für die allgemeinen Rechtsgedanken im Sinne dieser besonderen Lehre verschiedene Termini gebraucht werden, wobei nur Zusammenhang und angeführte Fundstellen ergeben, daß es sich allein um einen anderen Sprachgebrauch handelt[159]. So werden als Synonyme für „allgemeine Rechtsgedanken" die Wörter „allgemeine Rechtssätze"[160], „allgemeine Rechtsgrundsätze"[161] benutzt

---

[154] s. S. 75 und Fußn. 101.

[155] s. z. B. BSG NJW 1969/206, 207 (linke Spalte); OLG Hamburg NJW 1968/2064, 2065; OVG Saarlouis NJW 1968/1796, 1797 (linke Spalte); OLG Celle NJW 1969/328, 329 (linke Spalte unten); BGH NJW 69/841, 843 (c 1) und 844 (r. Sp. oben); LG Kiel NJW 1969/1311, 1312.

[156] So etwa von der *Groeben-Knack*, § 129 SchlHLVwG Rd. Nr. 3.

[157] Vgl. etwa *Hantke*, S. 91 f.; *Bachof*, Rechtsprechungsberichte II, S. 218 f. und S. 16, Anm. 19; anders aber *derselbe*, Verwaltungsgerichtliche Klage, S. 100 f.

[158] Vgl. auch *Wolff*, VR I, S. 112 (e) und S. 284 (III).

[159] Vgl. *Collasius*, S. 51 f.

[160] s. *Forsthoff*, S. 162; *Obrecht*, in: SchlHAnz 1967/249; *Sinthaus*, in ZfS 1954/124.

[161] s. BVerwGE 13/17, 19, 20, 22; OVG Koblenz DVBl. 1965/771, 776; *Peters*, S. 156 (b) i. V. m. S. 157; *Krämer*, S. 81, 82; *Gowa*, S. 20 i. V. m. S. 17 f.; *Dohrn*, S. 30 ff., 36; *Rettenbeck*, S. 89 (B); *Hans*, in: DVBl. 1951/721, 724 (VII); *Schwarz*, in: GemTag 1963/145; *Sendler*, in: NJW 1964/2137, 2139 (rechte Spalte) und Fußn. 21; *Bunjes*, in: DStR 1965/479, 480 f.

oder es wird von einheitlichen, „a priori weder typisch privat-rechtlichen noch typisch öffentlich-rechtlichen Rechtsgedanken“[162] bzw. — im Hinblick auf die öffentlich-rechtlichen Verträge — von einem „apriorischen allgemeinen Vertragsrecht“[163] oder von apriorischen Rechtsgrundsätzen bzw. Rechtssätzen[164] gesprochen.

Wenn nun ein eigener Vorschlag zur Terminologie unterbreitet wird, so ist zunächst darauf hinzuweisen, daß es sich ebenso wie hinsichtlich des Allgemeinen Schuldrechts auch bezüglich der Rechtsregeln für die nichtamtlichen publizistischen Willenserklärungen verbietet, von *a priori* geltenden Rechtsgedanken oder Rechtsgrundsätzen zu sprechen. Das lehrt ein Blick auf die Rechtsvergleichung[165]. Bei der Heranziehung allgemeiner Rechtsgedanken geht es gar nicht um die Herleitung des Rechtssatzes aus der Natur des betreffenden Institutes — etwa des Vertrages — schlechthin, sondern darum, ob innerhalb des *eigenen Rechtskreises* die Ausgestaltung der Rechtsregeln von der Zuordnung des betreffenden Institutes zum privaten oder öffentlichen Recht abhängig sein soll.

Für die Rückgriffsform mittels allgemeiner Rechtsgedanken wird daher dieses Wort ohne Hinweis auf eine a priori-Geltung zu benutzen sein. Ebenso ist für diese Lehre die Bezeichnung „allgemeine Rechtsgrundsätze“, abzulehnen, da eine derartige Benennung die Gefahr einer ungerechtfertigten Gleichsetzung mit den Rechtsgrundsätzen im Sinne von *Wolff* heraufbeschwört.

2. *Das Verfahren der Gewinnung allgemeiner Rechtsgedanken*

Mit der grundsätzlichen Zulässigkeit des Rückgriffs auf das bürgerliche Recht ist zugleich dargetan, daß keine Theorie zum Wesen des öffentlichen Rechts schon schlechthin gegen die Möglichkeit der Anwendung allgemeiner Rechtsgedanken spricht[166]. Damit verbietet es sich ebenfalls, abzulehnende Rückgriffseinschränkungen wie etwa das Erfordernis ausdrücklicher Zulassung auf die Rechtsgedankenlehre zu beziehen[167].

Um das der Gewinnung allgemeiner Rechtsgedanken zugrunde liegende Verfahren zu verstehen, wird zunächst die in sich nicht immer einheitliche Methodik des *Reichgerichts* in Zivilsachen vor-

---

[162] s. *Brüggemann*, S. 2.

[163] s. *Löwer*, in: VA 56/236, 264 (d), dieser spricht aber von einem akademischen Streit.

[164] s. *Beinhardt*, in: VA 55/210, 252, dieser spricht aber von einem Wortstreit; *Kriebel*, in: DÖV 1963/766, 767.

[165] Vgl. *Flume*, S. 39.

[166] s. *Dohrn*, S. 20.

[167] So aber *Giacometti*, VR, S. 123 f.

geführt. In zwei Entscheidungen hatte sich das *Reichsgericht* mit der Anwendbarkeit des § 618 BGB auf beamtenrechtliche Verhältnisse zu befassen. Während in dem ersten Urteil[168] betont wird, aus der Natur des Institutes — hier des Beamtenverhältnisses — sei selbstschöpferisch eine Rechtsregel zu entwickeln, die zwar durch § 618 BGB bestätigt, aber unabhängig von dessen Inhalt angewendet werde, wurde in dem zweiten Judicium[169] das Schwergewicht auf die Feststellung gelegt, das BGB sei als Fundgrube oder Anregung für die Auffindung allgemeiner, hinsichtlich des Verhältnisses zwischen Beamten und Dienstherrn geeigneter Rechtsgedanken anzusehen. Daran schließt sich in Anlehnung an den ersten Spruch die Bemerkung an, daß der vom Richter gefundene Rechtsgedanke auch dann gelte, wenn die Vorschrift des § 618 BGB gar nicht existierte. Stellt die erste Entscheidung mithin den selbstschöpferischen Vorgang bei der Gewinnung allgemeiner Rechtsgedanken in den Vordergrund, so weist das zweite Urteil mehr auf das Aufdecken eines einer bürgerlichrechtlichen Gesetzesbestimmung innewohnenden Rechtsgedankens hin. Darin ist aber kein Unterschied in der Methodik zu erblicken. Dieser kündigt sich vielmehr erst an, wenn das *Reichsgericht* in einigen, sich mit dem Verfahren nicht näher beschäftigenden Entscheidungen[170] es als für das Bestehen eines allgemeinen Rechtsgedankens erforderlich hält, daß dieser eine im Privatrecht auch für das öffentliche Recht anwendbare Fassung gefunden hat. Damit wird nämlich die nach den ersten beiden Entscheidungen mögliche Anpassung des Rechtsgedankens an die besonderen Eigenarten des öffentlich-rechtlichen Regelungsgegenstandes ausgeschlossen. Einige Schriftsteller sind diesen, die Rechtsgedankenlehre einengenden Urteilen gefolgt und wenden zwar nicht die zivil-rechtliche Gesetzesbestimmung an, wohl aber den ihr zugrunde liegenden allgemeinen Rechtsgedanken in der durch die betreffende Privatrechtsnorm gefundenen Ausprägung[171]. Soll der Lehre von den allgemeinen Rechtsgedanken eine inhaltlich eigenständige Bedeutung gegenüber der Analogie zukommen, so kann dieser Ansicht nicht gefolgt werden. In Übereinstimmung mit den Grundsatzentscheidungen des *Reichsgerichts* ist daher die Feststellung entscheidend, daß bei der Auffindung allgemeiner Rechtsgedanken das Privatrecht nicht die Quelle bildet, sondern nur Beleg ist für den selbstschöpferisch zu gewinnenden allgemeinen Rechtsgedanken[172]; mithin wird dieser selbständig und unabhängig von der Ausformung

---

[168] RGZ 97/43, 44.
[169] RG WarnRspr 1917/73 f.
[170] Etwa RGZ 124/192, 194.
[171] So *Schüle*, in: VA 38/399, 405—408; zur Ansicht von *Collasius* und *Heller*, s. S. 75, Fußn. 103.
[172] Ebenso *Baumann*, Absolute Grenzen, S. 38 f.; *Skaupy*, S. 54 f.

in der betreffenden privat-rechtlichen Vorschrift angewandt, so daß eine Anpassung an die besonderen Eigenarten des öffentlichen Rechts möglich bleibt[173].

Bei der Theorie von den allgemeinen Rechtsgedanken handelt es sich ihrem Verfahren nach um einen Induktionsvorgang, durch welchen auf den in der Regelung enthaltenen Interessenkonflikt zurückgegangen wird und die Gesichtspunkte für seine Beurteilung herausgearbeitet werden[174]. Da eine Berücksichtigung bestimmter öffentlicher Belange angezeigt sein kann, ist der Rechtsgedanke nicht notwendig in der ihm von dem privat-rechtlichen Rechtssatz gegebenen Ausformung auf den öffentlich-rechtlichen Sachverhalt anzuwenden, sondern es können Veränderungen auch auf der Rechtsfolgenseite vorgenommen werden[175]. Paßt dagegen die zivil-rechtliche Gesetzesbestimmung für das öffentlich-rechtliche Verhältnis, so ist der Rechtsgedanke in seiner privat-rechtlichen Ausgestaltung heranzuziehen; denn auch ein publizistischer Gesetzgeber dürfte in diesem Falle, also bei gleicher Sachproblematik, das geltende Recht nicht desavouieren[176]. Schon jetzt wird deutlich, daß es bei der Verwendung allgemeiner Rechtsgedanken nicht um die Anwendung bürgerlichen Rechts geht, sondern um die Aufdeckung und Konkretisierung einer Rechtserkenntnisquelle[177]; auf sie kann sowohl für privat-rechtliche als auch für öffentlich-rechtliche Sachverhalte zurückgegriffen werden, wobei infolge der zwischen diesen beiden Tatbeständen möglicherweise bestehenden Unterschiede die gewonnene konkrete öffentlich-rechtliche Rechtsregel von der privat-rechtlichen abweichen kann, aber nicht muß. Es wird daher — in jedem Falle — unmittelbar der allgemeine Rechtsgedanke als Norm des öffentlichen Rechts angewandt[178].

Nicht immer leicht zu beantworten ist die Frage, wann ein Rechtsgedanke, der im Zivilrecht in einer bestimmten Norm oder einem Komplex von Vorschriften seinen Niederschlag gefunden hat, als ein *allgemeiner* anzusehen ist. An sich kann erst die Feststellung seiner Allgemeinheit seine Geltung auch im Verwaltungsrecht begründen[179].

---

173 Ebenso *Brennhausen*, S. 24 f.; *Merk*, S. 353 f.; *Dohrn*, S. 20; *Löbbecke*, S. 23; *Eckert*, in: DVBl. 1962/11, 14 (II 1. Sp.); vgl. auch *Simons*, S. 108 f.; Menger, Verwaltungsrechtlicher Rechtsschutz, S. 72.

174 Vgl. *Heller*, S. 126; *Koch*, Verwahrung, S. 48; *Collasius*, S. 73 (a, aa, bb); *Krämer*, S. 82.

175 Zu Veränderungen auf der Tatbestandsseite vgl. *Simons*, S. 109 f.

176 s. *Flume*, S. 39.

177 s. *Gowa*, S. 17 (I 1) i.V.m. S. 20; *Esser*, S. 134; *Grüter*, Soldat, S. 35; anderer Meinung *Wolff*, in: Jellinek-Gedächtnisschrift, S. 42.

178 Ebenso noch *Blume*, S. 154, 155; *Cramer*, S. 145; *Simons*, S. 108; *Collasius*, S. 59 (d), 64, 73 (cc); *Scholvien*, S. 174; RGZ 95/144, 146; 124/192, 194; WarnRspr 1917/73, 74.

179 Vgl. die Wendung des BGH in DB 1966/701.

Dennoch ist ein umgekehrtes Vorgehen, bei dem also aus der Anwendbarkeit im Rahmen des öffentlichen Rechts die Allgemeinheit gefolgert wird, unschädlich und sogar unumgänglich, soll die Heranziehung eines allgemeinen Rechtsgedankens zur Lückenausfüllung im öffentlichen Recht nicht allein begrifflich untermauert werden[180]. Einem derartigen Verfahren entspricht es, wenn im Schrifttum hinsichtlich der Allgemeinheit eines Rechtsgedankens darauf abgestellt wird, daß dieser im wesentlichen für beide Rechtsgebiete zutreffe[181] oder für das publizistische Recht denknotwendig sein müsse[182] oder mit dem Normensystem des Verwaltungsrechts harmonisieren müsse[183].

Von manchen Autoren werden die allgemeinen Rechtsgedanken auf die metapositiven Grundsätze der Rechtsordnung gestützt[184]. Demgegenüber ist festzustellen, daß das *Reichsgericht* in Zivilsachen nicht so vorgegangen ist[185] und daß die Bezugnahme auf metapositive Grundsätze wegen deren ungewißen Ausgestaltung ein nicht exaktes Verfahren der Lückenausfüllung bedingt[186]. Die Verwendung allgemeiner Rechtsgedanken rechtfertigt sich vielmehr aus der Natur der Sache, insbesondere aus der den Gebieten des eigenen Rechtskreises gemeinsamen Sachproblematik[187]. Hat sich eine für das öffentliche Recht brauchbare Ausformung in einem privat-rechtlichen Rechtssatz gefunden, so kommen als Ausdruck eines allgemeinen Rechtsgedankens nicht nur die Generalklauseln der §§ 133, 138, 157, 242 BGB, sondern darüber hinaus anderer Vorschriften mit engerer Tatbestandsweite wie etwa die Anfechtungsbestimmungen in Betracht[188].

Zu beantworten bleibt noch die Frage, ob die Rechtsgedankentheorie anzuerkennen ist oder nicht.

3. Die Zulässigkeit der Anwendung allgemeiner Rechtsgedanken und ihre Unterscheidung von der Analogie

Da in dieser Arbeit der analoge Schluß vom Zivil- in das öffentliche Recht für zulässig gehalten wird, kann es nur um eine Stel-

---

180 Vgl. etwa HessVGH VRspr 4/607, 610.
181 So *Schack*, in: Festschrift für Laun, S. 275, 287.
182 So *Gowa*, S. 20.
183 So *Collasius*, S. 58.
184 So *Dohrn*, S. 31 f., 33 (4); *Schüle*, in: VA 38/399, 408 f.; vgl. auch *Baumann*, Absolute Grenzen, S. 40; *Rettenbeck*, S. 89 (B).
185 Vgl. *Collasius*, S. 64 und S. 95—101.
186 Vgl. auch *Klug*, in: Festschrift für Nipperdey, S. 71, 87 (III 1).
187 Vgl. *Esser*, S. 5; *Blume*, S. 155.
188 Vgl. *Peters*, S. 156 (II 2 b); *Giacometti*, VR, S. 122, Fußn. 58; *Schwarz*, in: GemTag 1963/145, Fußn. 13 und 146 ff.; a. M. aber wohl *Forsthoff*, S. 162—167; *Soergel-Schmidt*, Einleitung zum Allgemeinen Teil Rd. Nr. 94; *Foerster*, § 129 SchlHLVwG Erläuterung 3.

lungnahme dazu gehen, ob neben diese Rückgriffsform die Anwendung allgemeiner Rechtsgedanken treten kann.

Für die Möglichkeit ihrer Heranziehung spricht, daß die zivilrechtlichen Bestimmungen nicht immer Ergebnis einer ausschließlich privat-rechtsbezogenen Beurteilung eines Sachverhaltes sind, sondern zum Teil auf rechtlichen Überlegungen beruhen, denen allgemein verbindliche Maßstäbe für die rechtliche Behandlung auch öffentlich-rechtlicher Tatbestände zugrunde liegen können[189]. Zu untersuchen bleibt aber noch, ob die Rechtsgedankenlehre die Analogie ergänzt[190] oder bei der Anwendung allgemeiner Rechtsgedanken eine „seltsame Bahn halber Analogie und halber Selbständigkeit" beschrieben wird[191], es sich in Wirklichkeit um eine „versteckte Analogie" handelt[192], so daß die Rechtsgedankentheorie nur eine neue Bezeichnung für das argumentum a simile darstellt[193]. Das Ergebnis dieser Untersuchung wird dadurch bestimmt, ob Unterschiede zwischen beiden Formen des Rückgriffs auf das Privatrecht festzustellen sind.

Die Darstellung der analogen Heranziehung bürgerlich-rechtlicher Gesetzesbestimmungen zur Ergänzung des öffentlichen Rechts hat ergeben, daß das Schlußverfahren zu einer Umprägung der zivil-rechtlichen Norm in eine verwaltungs-rechtliche führt, allerdings eine Bindung an die im Privatrecht niedergelegte gesetzliche Ausgestaltung der betreffenden Rechtsregeln besteht. Demgegenüber stellt sich die Anwendung eines allgemeinen Rechtsgedankens als Verwendung einer von vornherein dem öffentlich-rechtlichen und dem privat-rechtlichen Rechtsgebiet gemeinsamen Rechtsquelle dar, die es nur noch aufzudecken und zu konkretisieren gilt. Auf eine prägnante Formel gebracht handelt es sich bei dem argumentum per analogiam um eine Anwendungsmethode, während die Rechtsgedankentheorie der Rechtsquellenlehre zuzurechnen ist. Damit hängt weiterhin zusammen, daß bei ihrer Verwendung im Gegensatz zur Rückgriffsform der Analogie eine Anpassung an die besonderen Verhältnisse des öffentlichen Rechts möglich bleibt. Die Konkretisierung des Rechtsgedankens ist daher vorbehalten, so daß nicht notwendigerweise auf die im Zivilrecht gefundene Ausformung zurückgegriffen werden muß. Es bleibt mithin Raum für die Berücksichtigung einer teilweise abweichenden Interessenlage. Allerdings ist die Möglichkeit nicht als ein Erfordernis zu betrachten, so daß nicht davon die Rede sein kann, die entsprechende Anwendung setze ähnliche Tatbestände vor-

---

189 Vgl. *Simons*, S. 112—114.
190 So etwa *Moebis*, S. 28; *Herbsleb*, S. 2, 5 f.
191 So *Hedemann*, S. 43.
192 So *Giese*, Gutachten, S. 173 f., s. auch 174 f. (2).
193 So *Collasius*, S. 110 f.

aus, die Heranziehung allgemeiner Rechtsgedanken dagegen verschiedene[194]. Zu dieser Ansicht gelangen nur diejenigen Autoren[195], die den von der Rechtsprechung des *Reichsgerichts* eingenommenen Ausgangspunkt gegenüber den beiden Rückgriffsformen — die Annahme eines zwischen privatem und öffentlichem Recht bestehenden Wesensunterschiedes und seine Gleichsetzung mit der Verschiedenheit der Sachverhalte — befürworten.

Ein weiterer Unterschied folgt daraus, daß ein Analogieverhältnis immer nur die Erstreckung der gesetzlichen Regelung auf einen zweiten Tatbestand begründen kann, während ein allgemeiner Rechtsgedanke für eine unbestimmte Vielzahl von Sachverhalten Geltung beansprucht[196]. Das Bestehen eines allgemeinen Rechtsgedankens kann also allein dann angenommen und gegebenenfalls seine im bürgerlichen Recht gefundene Ausgestaltung allein dann angewendet werden, wenn wirklich alle in seinen Geltungsbereich fallenden Regelungsgegenstände unterschiedslos von ihm bzw. ihr erfaßt werden sollen.

Die vorstehenden Ausführungen ergeben, daß eine Gleichheit zwischen dem argumentum per analogiam und der Anwendung allgemeiner Rechtsgedanken nicht besteht, so daß die Rechtsgedankenlehre neben der Analogie anerkannt werden muß. Daran ändert auch nichts die Tatsache, daß bei Feststellung eines allgemeinen Rechtsgedanken ebenfalls ein Analogieverhältnis gegeben ist[197]. Denn dieser Satz bedarf folgender Einschränkungen. Zum einen gilt er nur, wenn der Rechtsgedanke in seiner ihm im bürgerlich-rechtlichen Rechtssatz zuerkannten Ausprägung übernehmbar erscheint, so daß nur die Anwendung eines allgemeinen Rechtsgedankens und nicht auch die sinngemäße in Betracht kommt, wenn die zivil-rechtliche Ausformung nicht paßt und daher ihr gegenüber Veränderungen vorzunehmen sind[198]. Zum anderen läßt sich dieser Satz nicht immer umkehren. Im Laufe der Untersuchungen zu den einzelnen, für die rechtliche Beurteilung öffentlich-rechtlicher Willenserklärungen von Privatpersonen ins Auge zu fassenden Rechtsregeln, insbesondere aber den Geschäftsfähigkeitsvorschriften, wird deutlich werden, daß eine analoge Anwendung angebracht sein kann, wo die Verwendung allgemeiner Rechtsgedanken deswegen versagt sein muß, weil sie sich auf eine unbestimmte Vielzahl von Fällen beziehen.

Damit hängt eng zusammen die Frage, welchen von beiden Rückgriffsformen der Vorrang einzuräumen ist. In der Literatur werden

---

[194] Vgl. auch *Collasius*, S. 90—92.

[195] Wie *Peters*, S. 157; *Giacometti*, VR, S. 123; *Dohrn*, S. 33 (4); *Koch*, Verwahrung, S. 48 f.; *Rettenbeck*, S. 89 (B); *Schüle*, in: VA 38/399, 408.

[196] s. *Canaris*, S. 98 (§ 91).

[197] Im Ergebnis ebenso *Heller*, S. 126; *Collasius*, S. 88 f.

[198] Ebenso *Schack*, in: Festschrift für Laun, S. 275, 284.

beide Ansichten vertreten[199]. Nach den obigen Darlegungen, welche die bestehenden Unterschiede erwiesen haben, kann das Rangverhältnis nicht generell bestimmt werden. Vielmehr ist im Einzelfall anhand der durch die Lückenausfüllungsmethoden eröffneten Anwendungsmöglichkeiten zu entscheiden, welche in Betracht kommt. Werden Modifikationen notwendig, so kann nur die Heranziehung eines allgemeinen Rechtsgedankens geprüft werden. Anderenfalls ist die Vorrangigkeit danach zu beurteilen, ob der Zivilrechtssatz auf die unbestimmte Zahl der öffentlich-rechtlichen Regelungsgegenstände anwendbar ist — dann allgemeine Rechtsgedanken — oder die Gleichstellung nur im Einzelfall geboten scheint — dann Analogie. Insbesondere ist dabei für die Anwendung als allgemeine Rechtsgedanken erforderlich, daß die bürgerlich-rechtliche Regelung sich harmonisch in das — wenn auch unvollständige — Normensystem des öffentlichen Rechts einfügt. Ist das nicht der Fall, weil die öffentlich-rechtlichen Vorschriften den jeweiligen Sachbereichen entsprechende Typisierungen vornehmen, während die bürgerlich-rechtlichen Gesetzesbestimmungen darauf verzichten, so kann die bürgerlich-rechtliche Rechtsregel nicht als allgemeiner Rechtsgedanke ausgewiesen werden; denn sie stellt sich infolge ihrer abweichenden Regelungsgrundsätze nicht als Konkretisierung des in den öffentlich-rechtlichen Normen zum Ausdruck kommenden Prinzips dar. Andererseits können diese nicht als allgemeine Rechtsgedanken aufgefaßt und zu einer allgemeinen Regelung ausgebaut werden, da sie einen speziellen, nämlich gegenstandsbezogenen Zuschnitt haben. Hier kann für ungeregelte Sachverhalte nur eine vorsichtige, die öffentlich-rechtlichen Grundsätze weitestgehend wahrende Analogie zu den privat-rechtlichen Rechtssätzen in Betracht kommen.

Ebenso ist das Rangverhältnis zu bestimmen, wenn es sich um die Übernahme öffentlicher *und* privater Vorschriften handelt.

Im folgenden wird auf die Rechtsgrundsätze im Sinne von *Wolff* eingegangen, die den allgemeinen Rechtsgedanken zwar verwandt sind, denen aber eine besondere Bedeutung beizumessen ist. Denn die Rechtsgrundsätze sind Ableitungen aus dem Gerechtigkeitsprinzip, während es bei den allgemeinen Rechtsgedanken nicht so zu sein braucht[200]. Wenn daher ein allgemeiner Rechtsgedanke einen beson-

---

199 Für den Vorrang der Analogie wegen der richterlichen Normgebundenheit: *Herbsleb*, S. 3 f.; *Dohrn*, S. 34, 36; *Cramer*, S. 144 f.; *Baumann*, Absolute Grenzen, S. 41; *Rettenbeck*, S. 89 (B); *Schack*, a. zul. a. O., S. 275, 284 i.V.m. S. 283 f. Für den Vorrang allgemeiner Rechtsgedanken: *Skaupy*, S. 56; *Menger*, Verwaltungsrechtlicher Rechtsschutz, S. 73 (s. aber *derselbe*, in: Festschrift für Bogs, S. 89, 101); wohl auch *Nebinger*, S. 52 f.

200 s. *Wolff*, in: Jellinek-Gedächtnisschrift, S. 33, 42.

deren Rechtsgrundsatz enthält, so beruht das auf einer zufälligen Identität[201].

D. Die Rechtsgrundsätze im Sinne von Wolff

Nach *Wolff*[202] gehören zu den Rechtsquellen des Verwaltungsrechts neben dem Gewohnheitsrecht und der Observanz gewisse Fundamentalnormen. Zu den ranghöchsten ungeschriebenen Rechtsquellen zählt er die Rechtsgrundsätze, die sich mit objektiver Gewißheit aus dem Gerechtigkeitsprinzip ableiten und auf allgemeine Interessenkonflikte beziehen lassen und die unabhängig davon Geltung beanspruchen, ob sie normiert sind — wie etwa in den Generalklauseln des bürgerlichen Rechts — oder nicht[203]. Dabei sind nach ihm allgemeine und besondere Rechtsgrundsätze zu unterscheiden[204]. Bei den allgemeinen Rechtsgrundsätzen handelt es sich um unmittelbare Abteilungen aus dem Rechtsprinzip bezüglich solcher allgemeiner und typischer Situationen und Interessenlagen, welche lediglich bedingt seien durch die Existenz einer Vielzahl von Menschen. Demgegenüber seien die besonderen Rechtsgrundsätze mittelbare, nicht unabänderliche Ableitungen aus der Rechtsidee hinsichtlich anderer allgemeiner, typischer Situationen und Interessenlagen, welche nicht lediglich durch die Existenz einer Vielzahl von Menschen bedingt seien, sondern zusätzlich schon bestimmte, raum-zeitlich bedingte soziale Lebensverhältnisse und Lebensordnungen als „Tatsachen und Umstände" voraussetzen.

Diese nur eine subsidäre[205] Rechtsquelle darstellenden Rechtsgrundsätze beinhalten aber noch keine fertigen Rechtssätze, sondern erst „Bauprinzipien eines konkreten Rechtsinhaltes", so daß ihrer Anwendung eine rechtsschöpferische Ableitung vorausgehen müsse, durch welche die in ihnen enthaltene Bewertung eines Interessenkonfliktes präzisiert, also für typische konkrete Interessenlagen nutzbar gemacht werde. Daher entstehe aus dem Rechtsgrundsatz erst durch die Hinzunahme eines besonders typischen Sachverhaltes ein Rechtssatz, der

---

[201] s. *Simons*, S. 125, Fußn. 50; a. M. — allgemeine Rechtsgedanken und Rechtsgrundsätze gleichsetzend — *Menger*, Verwaltungsrechtlicher Rechtsschutz, S. 70 f., Fußn. 1, S. 73 und, in: Festschrift für Bogs, S. 89, 101.

[202] Seiner Lehre stimmen zu: *Menger*, a. zul. a. O., Cit. 1, S. 70—74, Cit. 2, S. 92—101; *Simons*, S. 119—125 (§ 34); *Dreier*, S. 116, Fußn. 590; *Kniesch*, in: Gedächtnisschrift für Peters, S. 187, 188 f.; *Becker*, in: VVDStRL 14/96, 104; vgl. auch *Germann*, S. 151—157 u. 179—192; *Liver*, in: Festgabe für den Schweizerischen Juristenverein, S. 1, 26—33.

[203] s. *Wolff*, in: Jellinek-Gedächtnisschrift, S. 33 f., 37 f., 42 f.

[204] a.a.O., S. 39 (b 1) u. S. 40 f. (2) u., VR I, S. 110 (I a 1) u. S. 111 (2).

[205] s. *Wolff*, a.a.O., S. 47 (e) i.V.m. Fußn. 50 und, VR I, S. 112 (c).

zur Anwendung gelange, wenn Rechtsanwendung und Lückenausfüllung, also auch Analogie, versagen[206].

Als Beispiele für allgemeine Rechtsgrundsätze werden etwa genannt Menschenwürde, Gleichheitssatz, Beachtung der guten Sitten, Treu und Glauben, Rechtssicherheit[207]; zu den besonderen Rechtsgrundsätzen sollen die Grundzüge der positiven Rechtsordnung gehören und für das Verwaltungsrecht lassen sich beispielsweise der Grundsatz des rechtlichen Gehörs und der Verhältnismäßigkeit aufzählen[208].

Da nach *Menger*[209] die Heranziehung eines Rechtsgrundsatzes eine Bezugnahme auf die metaphysischen Grundzüge des Rechts enthält, muß ihre Verwendung seiner Meinung nach auf Fälle beschränkt bleiben, in denen Probleme zu lösen sind, welche das gesamte Recht in seinen Grundlagen berühren. Diese den Rückgriff auf Rechtsgrundsätze einengende Ansicht dürfte von *Wolff* nicht geteilt werden; denn dieser leitet etwa den öffentlich-rechtlichen Erstattungsanspruch als eigenständiges Institut aus einem besonderen Rechtsgrundsatz ab[210]. Andererseits stellt sich für *Wolff*[211] die Anwendung der §§ 119 ff. BGB als Rückgriff auf einen konkretisierten allgemeinen Gesetzes- bzw. Rechtsgedanken dar. Daraus kann geschlossen werden, daß *Wolff* die Verwendung allgemeiner Rechtsgedanken dann ablehnt, wenn Abweichungen gegenüber ihrer konkreten zivil-rechtlichen Normierung angezeigt sind, und an ihrer Stelle mit Ableitungen aus besonderen Rechtsgrundsätzen arbeitet. Es ist daher unschädlich, wenn in dieser Arbeit den Rechtsgrundsätzen nicht weiter nachgegangen wird, zumal die Modifikationsfähigkeit der allgemeinen Rechtsgedanken und ihr Rechtsquellencharakter hervorgehoben wurde. In diesen Fällen wird die Annahme berechtigt sein, daß der allgemeine Rechtsgedanke einen besonderen Rechtsgrundsatz einschließt.

E. Zusammenfassung

Ebensowenig wie sich die Anwendbarkeit der privat-rechtlichen Rechtsgeschäftsregeln auf nicht amtliche publizistische Willensäußerungen schon aus dem Begriff der Willenserklärung ergibt, kann die

---

[206] s. *Wolff*, a.a.O., S. 44 f. und S. 52 (IV)

[207] s *Wolff*, a.a.O., S. 39 f.; *Menger*, Verwaltungsrechtlicher Rechtsschutz, S. 72 und, in: Festschrift für Bogs, S. 89, 94.

[208] s. *Wolff*, a.a.O., S. 40 (2) und S. 41 f.

[209] Verwaltungsrechtlicher Rechtsschutz, S. 73 f. und, in: Festschrift für Bogs, S. 89, 101; ähnlich *Esser*, S. 86.

[210] s. *Wolff*, VR I, S. 279 (4 α); vgl. auch *Simons*, S. 129—187 zu den Leistungsstörungen in verwaltungs-rechtlichen Schuldverhältnissen.

[211] VR I, S. 284 (III a).

Unanwendbarkeit mit dem Hinweis auf einen zwischen privatem und öffentlichem Recht angeblich bestehenden Wesensgegensatz angenommen werden. Vielmehr ist allein die Vergleichbarkeit der Interessenlage entscheidend; nur sie kann die Erstreckung des als richtig erkannten gesetzlichen Werturteiles auf den öffentlich-rechtlichen Sachverhalt rechtfertigen. Die Kriterien für die Erforschung der Interessenlagen und für ihre Bewertung liefern die Grundsätze der Analogie und die der Rechtsgedankenlehre.

Bei der Ergänzung des öffentlichen Rechts ist aber immer zu beachten, daß in erster Linie verwaltungs-rechtliche Gesetzesvorschriften — gegebenenfalls analog — heranzuziehen sind. Erst wenn keine öffentlich-rechtlichen Normen vorhanden sind bzw. die bestehenden nicht verwendbar erscheinen, wird der Rückgriff auf zivil-rechtliche Bestimmungen möglich. Aber auch in diesem Falle sind die Grundgedanken, welche den verwaltungs-rechtlichen Teilregelungen innewohnen, im Auge zu behalten und bei der Frage, ob die gesetzliche Bewertung des Interessenkonfliktes im bürgerlichen Recht für die öffentlich-rechtlichen Willenserklärungen Privater brauchbar ist, zu berücksichtigen. Ebenso ist immer daran zu denken, daß gewisse, das Verwaltungsrecht auszeichnende Prinzipien wie etwa die inhaltliche Bindung an die Verfolgung öffentlicher Interessen durch die Anwendung privat-rechtlicher Rechtssätze nicht beiseite geschoben werden.

Nach diesen Grundsätzen werden nun die Rechtsregeln für die öffentlich-rechtlichen Willenserklärungen von Privatpersonen gefunden.

Drittes Kapitel

Die einzelnen Rechtsregeln für nichtamtliche publizistische Willenserklärungen

Im folgenden werden die rechtlichen Behandlungsgrundsätze für das Wirksamwerden, die Widerruflichkeit und die Anfechtbarkeit öffentlich-rechtlicher Willenserklärungen sowie die Geschäftsfähigkeit ihres privaten Autors untersucht.

1. Abschnitt

Wirksamwerden und Widerruf öffentlich-rechtlicher Willenserklärungen von Privatpersonen

A. Die Anwendbarkeit des § 130 Abs. 3, Abs. 1 BGB

Da es im öffentlichen Recht in aller Regel nur empfangsbedürftige Willenserklärungen Privater gibt, ist die Beantwortung der Frage wichtig, in welchem Zeitpunkt sie wirksam und unwiderruflich werden[1]. Während das Verwaltungsrecht eine allgemeine Regelung nicht enthält[2], sind diese Tatbestände grundsätzlich für sämtliche privat-rechtlichen Willenserklärungen in § 130 BGB niedergelegt[3]. § 130 Abs. 3 beschäftigt sich zwar mit gegenüber Behörden abzugebenden — amtsempfangsbedürftigen — Willensäußerungen, meint aber nur solche, deren Rechtserfolg auf zivil-rechtlichem Gebiet liegt[4]. Allerdings kommt eine Erstreckung des § 130 Abs. 3 BGB auf nichtamtliche publizistische Willenserklärungen in Betracht[5]. Sie wird von

---

[1] Vgl. *Apelt*, S. 38; EVRO, HB, S. 147, 149 f., 160, 164; von *Turegg-Kraus*, S. 105.

[2] s. oben S. 38 f.

[3] Vgl. *Palandt-Danckelmann*, Rd. Nr. 1 c; *Krüger-Nieland*, in RGRK z. BGB, Anm. 4, 16; *Soergel-Hefermehl*, Rd. Nr. 3, je zu § 130 BGB.

[4] s. *Jellinek*, VR, S. 241; *Staudinger-Coing*, § 130, Rd. Nr. 19.

[5] Vgl. *Kottke*, S. 62 f.

der überwiegenden Meinung[6] bejaht, wobei zumeist von einer sinngemäßen Anwendung der bürgerlich-rechtlichen Vorschrift gesprochen wird[7] und nur selten von der Geltung eines allgemeinen Rechtsgedankens[8]. Insbesondere *Anders*[9] begründet das Vorliegen eines allgemeinen Rechtsgedankens damit, daß die Bestimmung des § 130 BGB ihre Wurzel nicht im Wesen des Rechts habe, sondern nur die historisch zu motivierende Antwort auf eine rechtstechnische Frage darstelle. Die einmal gefundene Lösung sei dann auch in anderen Rechtsgebieten zu verwenden. Damit erweise sich der hinter § 130 BGB stehende Rechtsgedanke als allgemeiner im Sinne einer Konvention rechtstechnischer Art, von der abzugehen der erstrebenswerten Einheit des Rechts widersprechen würde.

Der wohl einhelligen Ansicht, welche § 130 Abs. 3 in Verbindung mit Abs. 1 BGB für die öffentlich-rechtlichen Willenserklärungen Privater heranzieht, ist zuzustimmen. Sind nämlich Willenserklärungen von Privatpersonen im öffentlichen Recht überhaupt denkbar, so verlangt die Kundgabe des rechts-geschäftlichen Willens eine Entäußerung und daher wenigstens die Möglichkeit des Gegners, von der Willensäußerung Kenntnis zu erlangen. Von den hierbei in Betracht kommenden Möglichkeiten[10] hat der Gesetzgeber die in § 130 BGB niedergelegte verwirklicht und auf den Zugang abgestellt. Es liegt im Interesse der Einheitlichkeit des Rechtsverkehrs, in den sich die Privatperson mit ihrer öffentlich-rechtlichen Willenserklärung begibt, die in der zivil-rechtlichen Gesetzesbestimmung gefundene Konkretisierung des oben beschriebenen allgemeinen Rechtsgedankens auch im öffentlichen Recht zu verwenden. Die dem § 130 BGB zugrunde liegende Regelung ist daher eine mögliche Ableitung des aus der Natur der Sache, also dem Wesen der Willenserklärung zu folgernden allgemeinen Rechtsgedankens[11]. Ebenso erscheint die zivilrechtliche Widerrufsregelung übernahmefähig. Wenn § 130 Abs. 1 Satz 2 BGB den Widerruf der Willenserklärung bis zu ihrem Zugang für zulässig erklärt, so fällt damit die Bindung an die Willensäußerung mit deren Wirksamwerden zeitlich zusammen. Wäre ein Widerruf auch noch nach Eintritt des mit der Willensäußerung be-

---

6 So: *von Turegg-Kraus*, S. 105; *Fülster*, .S 193 (II 1); *Holling*, A4mII (S. 27); *Staudinger-Coing*, § 130, Rd. Nr. 1 a; *Friedrichs*, Allgemeiner Teil des Rechts, S. 58; *Gitzinger*, S. 49; *Kormann*, in: AnnDR 1912/114, 115 f.

7 So: *Jellinek*, VR, S. 241; *Bürger*, S. 51; *Soergel-Hefermehl*, § 130 BGB, Rd. Nr. 3; *Imboden*, Vertrag, S. 94 f. (II A 93).

8 So: *Peters*, S. 156 (b).

9 In: ZfS 1954/155 f.

10 Vgl. dazu *Staudinger-Coing*, § 130 BGB, Rd. Nr. 2.

11 Vgl. auch *Küchenhoff*, in: BayVBl 1958/325, 327 (2 a) und, in: Festschrift für Laforet, S. 317, 321 (3).

zweckten Rechtserfolges möglich, so würde Rechtsunsicherheit aufkommen. Das Zusammentreffen des Wirksamwerdens der Willenskundgebung mit der Bindung ihres Autors an sie ist mithin ebenso aus dem Wesen der Willenserklärung als einer rechtlich zulässigen Kommunikationsmöglichkeit zu entnehmen. Der Widerruf ist derjenigen Behörde bzw. Person gegenüber abzugeben, an welche die Erklärung zu richten war[12].

Der bezeichnete allgemeine Rechtsgedanke in der durch § 130 Abs. 3, Abs. 1 BGB erfolgten Konkretierung ist daher für die öffentlich-rechtlichen Willenserklärungen von Privatpersonen ebenfalls verbindlich. Das soll nun im einzelnen ausgeführt werden.

B. Einzelheiten zu dieser Rechtsregel

I. Verkörperte und nichtverkörperte Willenserklärungen

Da § 130 Abs. 3 in Verbindung mit Abs. 1 Satz 1 nur das Wirksamwerden einer Willenserklärung gegenüber einem Abwesenden regelt, wird nach herrschender Zivilrechtsdoktrin zwischen schriftlichen und mündlichen Willensäußerungen unterschieden. Danach gilt für verkörperte Willenskundgebungen an Abwesende und — analog § 130 Abs. 1, Satz 1 BGB — an Anwesende die Zugangstheorie, während für nichtverkörperte Willensäußerungen die Vernehmungstheorie zutrifft[13]. Dem folgt zurecht der Entwurf einer Verwaltungsrechtsordnung für Württemberg[14] in seinem Art. 24, 25, indem die schriftliche Willenserklärung vorbehaltlich eines mindestens gleichzeitigen Widerrufs wirksam wird, wenn sie der empfangszuständigen Behörde willentlich zugegangen ist; bei den mündlichen Willensäußerungen wird auf die Abgabe an eine zur Wahrnehmung fähigen Person abgestellt, also darauf, daß der Empfänder die Erklärung so vernommen hat, wie sie abgegeben wurde.

II. Zugang

Eine Willenserklärung ist dann zugegangen, wenn sie derart in den Machtbereich des Empfängers gelangt ist, daß seine Kenntnisnahme nach den Umständen zu erwarten ist. Außer dem Erfordernis der Zuständigkeit der Behörde[15] genügt es daher ebenso wie bei der

---

[12] s. BVerwGE 19/362, 363 f.

[13] s. *Rothoelt*, S. 123 f.; im Ergebnis ebenso — zwischen Willenserklärungen an Anwesende und Abwesende unterscheidend — *Gitzinger*, S. 49; *Hoffmann*, § 3 ApothG, Rd. Nr. 7.

[14] s. EVRO, HB, S. 148, 150 f.

[15] Vgl. *Zinser*, in: VA 39/222, 247 (2).

Einlegung von Rechtsmitteln oder Rechtsbehelfen, also etwa des Widerspruchs gem. § 70 Abs. 1 VwGO, wenn das die Willensäußerung enthaltene Schriftstück in den Behörden-(Nacht)Briefkasten eingeworfen, in das Postfach gelegt oder an einen zur regelmäßigen Entgegennahme der behördlichen Eingänge ermächtigten Bediensteten abgegeben wird[16].

C. Die Anwendung des § 130 BGB auf einseitige Verzichtserklärungen

Ebenso wie für die anderen öffentlich-rechtlichen Willenserklärungen von Privatpersonen bestimmt sich für die publizistischen Verzichtserklärungen das Wirksamwerden nach § 130 BGB[17]. Demgegenüber wird gem § 23 Abs. 2 Satz 2 SeelotG der Verzicht auf die Rechte aus der Bestallung als Seelotse wirksam mit dem Ablauf des dritten Monats nach Abgabe der Erklärung, falls die Aufsichtsbehörde nicht einem früheren Zeitpunkt zustimmt. Diese Regelung enthält einen nur scheinbaren Widerspruch zu der auch im öffentlichen Recht geltenden und in § 130 BGB normierten Rechtsregel. Vielmehr modifiziert sie die Verzichtbarkeit subjektiver öffentlicher Rechte. Wie die Ausführungen über den Verzicht eines Privaten ergeben haben, ist die Gestaltungsbefugnis des Autors verwaltungs-rechtlicher Verzichtserklärungen häufig im öffentlichen Interesse eingeschränkt[18]. Dabei verfolgt das Gesetz teilweise den Zweck, den Eintritt der Verzichtswirkung von einer staatlichen Mitwirkung abhängig zu machen. Dieses Ziel kann erreicht werden, indem der grundsätzlich zulässige einseitige Verzicht zu einem vertragsmäßigen oder zu einem zustimmungsbedürftigen ausgestaltet wird. Ebenso wird der Eintritt der Erlöschenswirkung hinausgeschoben, wenn der Zeitpunkt der Wirksamkeit des Verzichts durch die Zustimmung der zuständigen Behörde (mit)bestimmt wird. Der einseitigen Verzichtserklärung ist daher nicht der Rechtsuntergang als Rechtsfolge zugeordnet, vielmehr muß die Zustimmung der Aufsichtsbehörde hinzukommen. Dies stellt sich mithin als Bestandteil des Verzichtstatbestandes dar, so daß von einem einseitigen Verzicht auf die Rechte aus der Bestallung zum Seelotsen nicht gesprochen werden kann. Die einseitige Verzichtserklärung ist also für das Erlöschen des subjekten öffentlichen Rechts notwendig, aber nicht hinreichend. Sie ist zugleich auf den Rechtsuntergang und auf die staatliche Zustimmung gerichtet und wird nach § 130 BGB zwar wirksam mit ihrem Zugang bei der Aufsichtsbehörde; dieser

---

[16] Vgl. dazu *Jellinek*, VR, .S 243; *Eyermann-Fröhler*, § 70 VwGO, Rd. Nr. 6; *Schunck-De Clerck*, §§ 69, 70 VwGO, Erläuterung 5 a.

[17] *Hofmann*, Zurücknahme, S. 54; *Hoffmann*, § 3 ApothG, Rd. Nr. 7.

[18] s. oben, S. 35.

kann aber (noch) nicht den Untergang des Rechts bewirken, da die einseitige Willensäußerung des Berechtigten diese Folge nicht (allein) hervorbringen kann. Die Wirksamkeit, welche das Zugehen auslöst, bezieht sich daher (zunächst) nur darauf, daß die Privatperson um die Zustimmung der Aufsichtsbehörde nachkommt. Damit weist die in § 23 SeelotG gefundene Konstruktion eine Ähnlichkeit zu dem Verzicht in der Form des mitwirkungsbedürftigen Verwaltungsaktes auf. Allerdings ergeben sich insofern Unterschiede, als bei diesem die hoheitliche Erklärung zustimmungsbedürftig ist, während bei dem Verzicht auf die Rechte aus der Bestallung die öffentlich-rechtliche Willensäußerung der Zivilperson einem Zustimmungserfordernis unterliegt, das zudem zeitlich beschränkt ist und nach Ablauf von 3 Monaten fingiert wird. Die Ähnlichkeit besteht aber darin, daß beim mitwirkungsbedürftigen Verwaltungsakt der Antrag des Privaten mit dem Zugang bei der zuständigen Behörde wirksam wird, wie später noch näher belegt werden wird. Da er allein nicht die von ihm verfolgte Rechtsänderung in Wirkung setzen kann, beschränkt sich sein Wirksamwerden zunächst darauf, daß der Antragsteller den Erlaß eines Verwaltungsaktes beantragt. Als weitere Parallele bietet sich der Vertrag an. Auch für den Vertragsantrag gilt § 130. Mit dem Zugang der Offerte wird allein das dem Empfänger zugewendete Gestaltungsrecht, welches die Annahmemöglichkeit darstellt, wirksam. Die Vertragswirkungen entstehen dagegen erst durch die beiderseitigen Erklärungen.

Es kann also festgestellt werden, daß die Regelung des § 23 Abs. 2, Satz 2 SeelotG nicht der als allgemeinen Rechtsgedanken in das Verwaltungsrecht übernommenen Rechtsregel des § 130 BGB widerspricht. Zu beachten ist nämlich, daß diese Vorschrift immer nur diejenigen Rechtsfolgen wirksam werden läßt, die der Autor der Willenserklärung *einseitig* in Kraft setzen kann.

Für den Widerruf der einseitigen Verzichtserklärung gilt ebenfalls § 130 Abs. 3 i. V. m. Abs. 1 Satz 2[19]. So ist der Verzicht auf die Rechte als Ruhestandsbeamter gem. § 64 Abs. 1 Nr. 5 BDO bis zu seinem Zugehen bei der obersten Dienstbehörde widerruflich[20]; eine entsprechende Heranziehung des für einen Antrag geltenden § 30 Abs. 1 Satz 3 BBG muß dagegen ausscheiden[21].

Nachdem die Verzichtserklärung der empfangszuständigen Behörde zugegangen ist, wird der Widerruf unzulässig[22]; denn mit dem Zu-

[19] s. *Schoenborn*, Verzicht, S. 34 f.
[20] *Lindgen*, S. 87 (15).
[21] Ebenso *Behnke*, § 52 BDO, Anm. 10.
[22] s. BVerwGE 14/93, 97; *Jellinek*, VR, S. 217; *Etmer-Bolck*, § 9 BÄO Erl. 3; *Schiedermair*, Gesetzeskunde, S. 80 (c); *Schiedermair-Blenke*, § 3 ApothG Anm. 2.

gang wird der Verzicht in Wirkung gesetzt, so daß das betreffende subjektive öffentliche Recht bzw. die Rechtsstellung erlischt und also nur durch einen neuen Begründungsakt wieder hervorgebracht werden kann[23]. Dieser Ausschluß des Widerrufs ist für den Berechtigten insofern nicht so einschneidend, als er ja jederzeit die Gewährung des aufgegebenen Rechts wieder beantragen kann[24].

Die hier vertretene Ansicht wird bestätigt durch die Vorschriften der §§ 46 Abs. 1 Nr. 5, Satz 2 BWahlG, 81 Abs. 3, Satz 2 BWahlO, 11 Abs. 2, Satz 2 HambBürgerschaftswahlG, 37 Abs. 3 WehrpflG, welche die Unwiderruflichkeit des in ihnen geregelten Verzichts jeweils ausdrücklich anordnen. Sie ergänzen den Rechtssatz des § 130 Abs. 1, Satz 2 BGB. Abweichend davon ist nach § 12 Abs. 2 ZHKG ein Widerruf des Verzichts auf die Bestallung mit Genehmigung der zuständigen Behörde zulässig. Diese Regelung ist nur eine scheinbare Ausnahme zu dem oben gefundenen und gesetzlich belegten Grundsatz. In Wirklichkeit handelt es sich nämlich um eine vereinfachte Neubestallung[25]. Da bei dieser Konstruktion die Bestallung als niemals erloschen gilt, sich der Begünstigte also besser steht als bei einem Verzicht und späterer erneuter Antragstellung, steht die „Genehmigung des Widerrufs" im Ermessen der zuständigen Behörde[26].

Während die bisherigen Darlegungen sich mit den öffentlich-rechtlichen Willenserklärungen befaßten, welche nicht auf den Erlaß eines Verwaltungsaktes gerichtet sind, wird im folgenden das Wirksamwerden und die Widerruflichkeit der Anträge behandelt.

D. Wirksamwerden und Widerruflichkeit der Anträge

I. Wirksamwerden

Da sowohl Zustimmung als auch Unterwerfung empfangsbedürftig sind, gilt für beide Erklärungen § 130 Abs. 3 in Verbindung mit Abs. 1 Satz 1 BGB[27]. Zu beachten ist jedoch, daß die mit den Willensäußerungen angestrebten Rechtswirkungen erst durch den Verwaltungsakt eintreten können. Mit dem Zugang bei der zuständigen Behörde können dieses Rechtsfolgen also noch nicht in Kraft gesetzt werden. Das Wirksamwerden von Zustimmung und Unterwerfung

[23] s. *Wilde*, S. 69 (II); *Schoenborn*, Verzicht, S. 31 f.; *Leippert*, S. 74 f.; *Daniels-Bulling*, § 9 BÄO Rd. Nr. 13.
[24] Vgl. *Daniels-Bulling*, a. zul. a. O. Rd. Nr. 14, 15.
[25] s. *Brüggemann*, S. 14.
[26] Vgl. *Koch*, § 12 ZHKG Anm. 3.
[27] s. *Siebecke*, S. 41 (a); *Küchenhoff*, in: Festschrift für Laforet, S. 317, 321 (2, 3); *Hoffmann*, § 2 ApothG Rd. Nr. 6.

beschränkt sich daher darauf, daß der Antragsteller seinen Anspruch auf die Begünstigung oder auf eine ermessensfehlerfreie Entscheidung darüber angemeldet bzw. der Behörde die gesetzliche Grundlage für einen in seine Rechte eingreifenden Verwaltungsakt verschafft hat. Aus der Sicht der Behörde stellt sich die Wirkung dieser Willenskundgebungen deshalb als Verpflichtung zur Bescheidung bzw. als Erweiterung ihres Machtbereiches dar. Da aber die Änderung der Rechts- und Pflichtenlage zusätzlich den Erlaß des Verwaltungsaktes voraussetzt, kommt eine Widerrufsmöglichkeit über den Zeitpunkt des Zuganges hinaus in Betracht.

II. Widerruf

1. Darstellung des Meinungsstandes

In der Lehre wird denn auch die Meinung überwiegend vertreten, daß ein Widerruf bzw. eine Zurücknahme des Antrages bis zur Abgabe[28], bis zum Erlaß[29], bis zur Erteilung des Verwaltungsaktes[30] oder der Bescheidung des Antrages[31], bis zum rechtswirksamen Erlaß[32], bis zur Zustellung des Verwaltungsaktes[33] oder bis zum Eintritt der Rechtskraft der behördlichen Entscheidung[34] zulässig sei. Ebenso enthält Art. 46 EVRO gegenüber den Art. 24 f. des Entwurfes Sondervorschriften hinsichtlich der Zurücknahme von Anträgen oder Zustimmungen zu belastenden bzw. rechtsaufhebenden Verwaltungsakten. Sie können bis zum Erlaß des Verwaltungsaktes zurückgenommen werden, da erst der behördliche Akt die Rechtsänderung bewirke[35].

Allen diesen Äußerungen ist gemeinsam, daß ein Widerruf des Antrages auch noch nach seinem Zugehen bei der empfangszuständigen Behörde für zulässig erachtet wird. Hinsichtlich der Rücknehmbarkeit wird also nicht auf § 130 Abs. 3 i. V. m. Abs. 1, Satz 2 BGB zurückgegriffen. Allerdings wird der Zeitpunkt der Unwiderruflichkeit unterschiedlich festgelegt, indem entweder auf den Erlaß oder auf den Zugang des Verwaltungsaktes oder auf den Eintritt seiner Un-

---

[28] So *Peters*, S. 160.
[29] So: *Wolff*, VR I, S. 320 (2); *Schulke*, in: DÖV 1959/132, 135 (5).
[30] So: *Greif*, § 12 PBefG Anm. I; *Fielitz-Meier-Montigel*, § 12 PBefG Anm. 1.
[31] So: *Bulling*, in: DÖV 1963/378, 379 (II 2); *Daniels-Bulling*, § 3 BÄO Rd. Nr. 15.
[32] So: *Jellinek*, VR, S. 252.
[33] So: *Siebecke*, S. 42 f.
[34] So: *Mang-Simon*, Art. 86 BayBO Rd. Nr. 1.
[35] s. EVRO,HB, S. 151, 173—175.

anfechtbarkeit abgestellt wird. Weiterhin ist festzustellen, daß die gegenüber der Regelung des § 130 BGB erweiterte Widerrufsmöglichkeit nicht nur für Zustimmungs-, sondern auch für die Unterwerfungserklärungen eröffnet wird. Demgegenüber geht *Kempfler*[36] anders vor. Nach ihm sollte die freie Widerruflichkeit im Interesse der Rechtssicherheit die Ausnahme bleiben. Diese gebiete nämlich regelmäßig die Bindung der Privatperson an ihren Antrag; denn der Grund für die Rechtsregel des § 130 sei darin zu erblicken, daß der Zugang einer Willensäußerung einen Vertrauenstatbestand für den Empfänger schaffe, der die Verantwortung des Autors für den Bestand seiner Äußerung nach sich ziehe. Diese Überlegungen rechtfertigten die Ansicht, daß § 130 auch für die Mitwirkungshandlungen grundsätzlich Geltung beanspruchen könne. Eine Ausnahme dürfe nur dann angenommen und zugelassen werden, wenn der Antrag auf den Erlaß eines begünstigenden Verwaltungsaktes gerichtet ist. Hier sei ein Widerruf bis zum Zugang des behördlichen Aktes möglich.

2. Begründung der eigenen Ansicht

Bei dem Versuch, eine für die Widerruflichkeit der öffentlich-rechtlichen Anträge angemessene Regelung im bürgerlichen Recht zu finden, ist weniger auf § 130 Abs. 1 Satz 2 als auf § 183 BGB abzustellen. Nach letzterer Vorschrift ist die Einwilligung eines Dritten, von der die Wirksamkeit eines Vertrages oder eines einseitigen empfangsbedürftigen Rechtsgeschäfts abhängt, bis zur Vornahme dieses Rechtsgeschäfts widerruflich: wirksam wird sie dagegen schon mit ihrem Zugang nach § 130 Abs. 1, Satz 1.

Zwar gilt die Bestimmung des § 183 nicht ausnahmslos im Zivilrecht, aber ihr ist immerhin der Grundsatz zu entnehmen, daß die vorherige Zustimmung bis zur wirksamen Vornahme des Rechtsgeschäfts, also bis zu dessen Vollendung widerruflich ist[37].

a) Die Geltung des § 183 BGB für Zustimmungserklärungen Dritter im öffentlichen Recht

Die Rechtsregel des § 183 kann herangezogen werden für öffentlichrechtliche Zustimmungserklärungen Dritter, also solcher Personen, die außerhalb des zustimmungsbedürftigen verwaltungsrechtlichen Rechtsverhältnisses stehen. So ist der Rechtssatz etwa anwendbar bei der Zustimmung des Dritten zur Genehmigung von Anlagen im

---

[36] in: NJW 1965/1951 f.

[37] Zu den Ausnahmen — schon mit Zugang unwiderruflich — vgl. *Palandt-Danckelmann*, § 130 BGB Anm. 1, 2.

Sinne des § 16 GewO[38]. In gleicher Weise hat das *Bundesverwaltungsgericht*[39] zur Widerruflichkeit der Zustimmung entschieden, welche vom Bewerber dem Einreicher gegenüber zu erklären ist zur Aufnahme in den Wahlvorschlag gem. § 9 Abs. 2 WahlOz.Pers.VG. Zwar werde die Zustimmungserklärung wirksam mit ihrem Zugang beim Einreicher, als Einwilligung sei sie aber nach § 183 bis zur Vornahme des Rechtsgeschäfts, also der Aufnahme in den Wahlvorschlag, durch Erklärung gegenüber dem Einreicher des Wahlvorschlages widerruflich.

b) Die Geltung des § 183 BGB für die Mitwirkungshandlung der Privatperson bei Verwaltungsakten

Die bisher aufgeführten Fälle unterscheiden sich von den mitwirkungsbedürftigen Verwaltungsakten dadurch, daß bei ihnen ein außerhalb des Rechtsverhältnisses stehender Dritter die Einwilligung erklärt, während bei den zustimmungsbedürftigen Verwaltungsakten und denen auf Unterwerfung derjenige den Antrag stellt, demgegenüber das „Rechtsgeschäft" vorgenommen werden soll. Dieser Unterschied ist jedoch nicht relevant. Entscheidend für die Rechtsregel des § 183 BGB ist vielmehr, daß die vorherige Zustimmung zwar Wirksamkeitsvoraussetzung ist, jedoch die Rechtswirkungen erst durch das Rechtsgeschäft selbst eintreten, wenn auch eben bedingt durch die Einwilligung. Ganz genau so verhält es sich bei der Mitwirkung der Privatperson hinsichtlich *zustimmungsbedürftiger Verwaltungsakte.* Es ist daher angezeigt, sie in Anlehnung an § 183 nicht schon mit ihrem Wirksamwerden für unwiderruflich zu halten, sondern die Bindung erst später eintreten zu lassen[40]. Denn diese Vorschrift birgt den allgemeinen Rechtsgedanken in sich, daß nämlich der Autor von Willenserklärungen, welche über die mit ihrem Zugang nach § 130 Abs. 1, Satz 1 BGB in Kraft gesetzten Rechtswirkungen hinaus weitergehende Rechtsfolgen — in Verbindung mit anderen Rechtshandlungen — auslösen können, erst mit Eintritt der Gesamtwirkungen gebunden sein soll.

Gestützt werden die rechtlichen Überlegungen durch solche tatsächlicher Art. Am häufigsten kommen öffentlich-rechtliche Anträge von Privatpersonen in den Bereichen der Massenverwaltungen vor, die sich etwa mit dem Sozialversicherungs-, Steuer- und Straßenverkehrsrecht beschäftigen[41]. In diesen Bereichen ist die Verwaltungs-

---

[38] s. *Landmann-Giers-Proksch,* S. 96 f.
[39] E 19/362, 363 f.
[40] Vgl. auch *Wolff,* VR I, S. 320 (2).
[41] s. *Thieme,* Verwaltungslehre, Rd. Nr. 197 (C I).

arbeit schematisiert, weil sie besonders stark dem reinen Gesetzesvollzug dient[42]. Es besteht daher kein überwiegendes Interesse der Behörde an der Bindung des Antragstellers schon mit Zugang seiner Willenserklärung. Zwar hat die zuständige Behörde zumeist bereits mit der Bearbeitung des Antrages begonnen, wenn die Zivilperson ihren Antrag nach dem Vorbild des § 183 in einem späteren Zeitpunkt zurückzieht. Dieser Tatsache wird aber dadurch Rechnung getragen, daß der Private die Verfahrenskosten, z. B. gem. § 11 Abs. 2 HambGebG oder Art. 10 Abs. 2 BayKG, zu tragen hat[43].

Allerdings könnte daran gedacht werden, zwischen der öffentlichrechtlichen Zustimmungs- und der öffentlich-rechtlichen Unterwerfungserklärung deswegen zu unterscheiden, weil nur die erstere die Rechtswirksamkeit des Verwaltungsaktes bedingt, während die *Unterwerfung* die Rechtmäßigkeit des behördlichen Aktes begründet. Dieser unterschiedliche Charakter kann aber eine verschiedene Widerrufsregelung nicht rechtfertigen. Zum einen haben Zustimmung und Unterwerfung eine unterschiedliche Bedeutung nur hinsichtlich der Fehlerfolgen für den Verwaltungsakt[44]. Dagegen kann es im Hinblick auf § 183 keinen Unterschied machen, ob von der vorherigen Zustimmung die Wirksamkeit oder die Rechtmäßigkeit des „Rechtsgeschäfts" abhängig ist; denn der Begriff des „rechtmäßigen" Rechtsgeschäfts ist dem Zivilrecht fremd. Entscheidend für diese Norm ist vielmehr, daß die ergänzende Willensäußerung auch auf diejenigen Rechtsfolgen abzielt, die durch das vorgenommene Rechtsgeschäft in Wirkung gesetzt werden. Dies verhält sich aber bei der Unterwerfungserklärung ebenso. Denn ihr Autor beabsichtigt nicht nur die Verschaffung der gesetzlichen Grundlage, sondern nimmt darüber hinaus zugleich die durch den behördlichen Akt zu erfolgende Änderung der Rechts- und Pflichtenlage in seinen Willen auf[45]. Zustimmung und Unterwerfung stimmmen daher in den entscheidenden Stücken überein, die für den Gesetzgeber der Anlaß waren, eine besondere Widerrufsregelung zu statuieren. Weiterhin spricht für die hier vertretene Ansicht, daß sich Zustimmungs- und Unterwerfungserklärung überschneiden können[46]. Häufig wird nämlich dem Antragsteller eine mit Pflichten belastete Rechtsstellung eingeräumt wie beispielsweise bei der Beamtenernennung. In diesen Fällen für die Unterwerfung eine besondere Rechtsregel hinsichtlich ihrer Widerruflichkeit aufzustellen, würde zu rechtsunsicheren Ergebnissen führen.

---

[42] s. *Thieme*, a.z.a.O., Rd. Nr. 632 (E I).
[43] s. *Wolff*, VR I, S. 320 (2.)
[44] s. *Wolff*, VR I, S. 319 (II), 323 (III a 1).
[45] s. oben, S. 28.
[46] s. *Wolff*, VR I, S. 324 (oben); BVerwG NJW 1969/809.

Die Vorschrift des § 183 BGB kann mithin sowohl für die Zustimmung als auch für die Unterwerfung herangezogen werden. Zu untersuchen bleibt jedoch noch, bis zu welchem Zeitpunkt die Mitwirkungshandlung der Zivilperson zurückgenommen werden kann.

c) Der Zeitpunkt der Unwiderruflichkeit der Mitwirkungshandlung

Wie schon erwähnt wurde, wird in der Literatur entweder auf die Abgabe oder auf den rechtswirksamen Erlaß bzw. die Zustellung des Verwaltungsaktes oder aber auf den Eintritt seiner Unanfechtbarkeit[47] abgestellt. Es erscheint richtig, die Unwiderruflichkeit nicht schon mit der Abgabe des Verwaltungsaktes beginnen zu lassen. Der Bestimmung des § 183 liegt der Rechtsgedanke zugrunde, daß die auch auf den durch das Rechtsgeschäft bewirkten Rechtserfolg abzielende Einwilligung für den Zustimmenden erst bindend sein soll, wenn das Rechtsgeschäft vorgenommen ist, d. h. die beabsichtigten Rechtswirkungen in Kraft gesetzt sind. Ein Verwaltungsakt tritt aber erst in das Rechtsleben ein mit seiner Bekanntgabe gegenüber dem Betroffenen[48]. Die Form der Bekantgabe bestimmt sich nach der Form des Verwaltungsaktes[49]. Ein Verwaltungsakt kann gem. § 108 Abs. 2, Satz 1 SchlHLVwG ergehen in schriftlicher, mündlicher oder in anderer Weise. Die regelmäßige Bekanntgabe eines schriftlichen Verwaltungsaktes gilt nach § 110 Abs. 2 SchlHLVwG als am dritten Tage nach der Aufgabe zur Post bewirkt, außer wenn er in einem späteren Zeitpunkt zugegangen ist. Eine Zustellung ist nur erforderlich, wenn sie durch Rechtsvorschrift oder behördliche Anordnung vorgesehen ist (§§ 1 Abs. 3 VwZG, 146 Abs. 1 SchlHLVwG). Die angezogenen Bestimmungen ergeben, daß der Verwaltungsakt Rechtswirksamkeit erlangt grundsätzlich mit seinem Zugang beim Adressaten.

Weiterhin ist aber noch die Frage zu beantworten, ob der Widerruf bis zum Zugang des Verwaltungsaktes oder bis zum Eintritt seiner Unanfechtbarkeit, also einen Monat über die Bekanntgabe hinaus (§ 70 Abs. 1 VwGO), zuzulassen ist.

Würde der Widerruf der Mitwirkungshandlung des Privaten bis zum Eintritt der Bestandskraft für zulässig gehalten, so würde der zustimmungsbedürftige Verwaltungsakt unwirksam werden und der Verwaltungsakt auf Unterwerfung rechtswidrig. Bei diesem wäre der Widerruf mit der verwaltungs-rechtlichen Anfechtungsklage zu ver-

---

[47] In diesem Sinne sind *Mang-Simon,* Art. 86 BayBO Rd. Nr. 1 zu verstehen.

[48] s. § 112, Abs. 1 SchlHLVwG.

[49] Vgl. von der *Groeben-Knack,* § 112 SchlHLVwG Rd. Nr. 2.1.

binden. Der Widerruf der öffentlich-rechtlichen Willenserklärung der Zivilperson würde bei beiden Unterarten des mitwirkungsbedürftigen Verwaltungsaktes die schon eingetretenen Rechtswirkungen beseitigen. Dieses Ergebnis widerspricht dem Wesen des Widerrufs. Er will nur den Eintritt der allein durch die Willensäußerung — so bei § 130 Abs. 1 Satz 1 BGB — oder zusammen mit einem weiteren Akt — das ist der Fall des § 183 BGB — verursachten Rechtswirkungen verhindern, nicht aber die schon eingetretenen nachträglich aufheben. Das könnte vielmehr nur anderen Gestaltungsrechten, etwa dem Anfechtungsrecht nach den §§ 119 ff. BGB, vorbehalten sein.

Es erscheint zudem nicht gerechtfertigt, der Privatperson ein aus dem Zivilrecht entlehntes Gestaltungsmittel an die Hand zu geben, das es in die Lage versetzt, ohne weiteres — also ohne Vorliegen besonderer Gründe — die in erster Linie auf einem hoheitlichen Akt beruhenden Rechtserfolge zunichte zu machen, wenn auch bei den Verwaltungsakten auf Unterwerfung nur zusammen mit der Anfechtungsklage gem. §§ 42, 68 ff. VwGO. Kann der Private die Rechtswirkungen nicht allein in Kraft setzen, so sollte er ebenfalls nicht allein ihre Beseitigung bewerkstelligen können — jedenfalls in den Fällen, in denen seine Willensäußerung mit keinerlei Fehlvorstellungen behaftet ist.

Zudem steht ihm bei begünstigenden Verwaltungsakten nach deren Zugang ein anderer Weg offen, nämlich der des gleichfalls ex nunc wirkenden Verzichts; daher besteht für einen diesen Verzicht einschließenden Widerruf kein Bedürfnis. Bei den Verzichten, die deswegen zustimmungsbedürftig und zu einem mitwirkungsbedürftigen Verwaltungsakt ausgestaltet sind, weil die Rechtsstellung des Begünstigten mit Pflichten belastet ist, würde ein einseitiger Widerruf darüber hinaus den Intentionen des Gesetzgebers zuwiderlaufen und mithin die Vorschriften des § 14 Abs. 1 Nr. 5 BRAO und des § 30 BBG umgehen. Hier wäre nämlich, würde der Ansicht von *Mang-Simon* zu folgen sein, der Antrag zur Zulassung auf die Rechtsanwaltschaft bzw. der Antrag auf Einstellung als Beamter bis zur Unanfechtbarkeit des behördlichen Aktes widerruflich mit der Folge, daß die Zulassung bzw. die Einstellungsverfügung unwirksam werden und also auch die aus diesen Verwaltungsakten fließenden Rechtsstellungen erlöschen. Die angezogenen Gesetzesbestimmungen zeigen aber, daß der die gleiche Erlöschenswirkung zeitigende Verzicht nur in der Gestalt eines mitwirkungsbedürftigen Verwaltungsaktes zulässig ist. Zudem eröffnet § 30 Abs. 2 BBG dem Dienstvorgesetzten die Möglichkeit, den beantragten Zeitpunkt der Entlassung um 3 Monate hinauszuzögern.

Es ist daher festzustellen, daß ein bis zum Eintritt der Bestandskraft eines zustimmungsbedürftigen — begünstigenden — Verwaltungsaktes möglicher Widerruf im Hinblick auf die Zulässigkeit eines Verzichts nicht erforderlich ist, sogar Verzichtsvorschriften widerstreiten kann, und auch ein Vergleich der Wesen beider Regelbefugnisse einer Privatperson ergibt, daß dem Verzicht der Vorzug zu geben ist. Die hier vertretene Ansicht stimmt mit § 30 Abs. 1 BBG überein, der die Rücknahme des Antrages nur bis zum Zugang der gem. § 175 BBG erfolgenden Entlassungsverfügung zuläßt[50].

Die Rücknahme der Unterwerfungserklärung bis zur Unanfechtbarkeit des Verwaltungsaktes liefe — in Verbindung mit der verwaltungs-rechtlichen Anfechtungsklage — auf eine einseitige, nicht durch das Vorliegen bestimmter Gründe bedingte Entlassung aus der Pflichtenlage hinaus. Es handelte sich praktisch um einen Verzicht auf einen belastenden Verwaltungsakt. Aber auch deswegen ist die Widerruflichkeit der Unterwerfung wie diejenige der Zustimmung nur bis zu dem Zugang des behördlichen Aktes zulässig, weil die Unterwerfungserklärung darauf gerichtet ist, der Behörde die gesetzliche Grundlage für den in die Rechte des Adressaten eingreifenden Verwaltungsakt zu verschaffen. Zwar ist bei den gesetzlich zugelassenen Verwaltungsakten auf Unterwerfung, wie beispielsweise im Falle des § 22 StVG, aufgrund einer positiven Rechtsnorm angeordnet, daß die Willenserklärung einer Privatperson die gesetzliche Ermächtigung darstellen kann; insoweit heben sie sich also von den gesetzlich nicht vorgesehenen Verwaltungsakten auf Unterwerfung ab[51]. Aber dennoch würde es dem in Art. 20 Abs. 3 GG niedergelegten Prinzip der Gesetzmäßigkeit der Verwaltung widerstreiten, wenn die Zivilperson einseitig, ohne durch das Vorliegen besonderer Gründe dazu legitimiert zu sein, darüber zu befinden hätte, ob die betreffende Behörde dieses Prinzip beachtet hat oder nicht. Eine Auslegung der den Verwaltungsakten auf Unterwerfung zulassenden Normen im Lichte des Art. 20 Abs. 3 GG ergibt daher, daß dem Privaten eine derartige gestaltende Befugnis nicht zukommen kann, will man diese Vorschriften nicht in die Nähe der Verfassungswidrigkeit rücken.

Zusammenfassend ist mithin sowohl die Zustimmungs- als auch die Unterwerfungserklärung bis zum Zugang des Verwaltungsaktes zurücknehmbar nach dem Vorbild des § 183 BGB. Selbstverständlich muß der Verwaltungsakt in gehöriger Form zugegangen sein. So kann der Antrag auf Einstellung als Beamter bis zur konstitutiven[52]

---

[50] s. BVerwGE 20/35, 38 f.; *Fischbach*, BBG, § 30 Anm. I 8, (S. 305 f.).

[51] Zu diesen s. *Schiedermair*, Verwaltungsakt auf Unterwerfung, S. 161—167.

[52] Siehe *Riethof*, in: DVBl. 1964/333, 336 (25, linke Spalte).

Aushändigung der Ernennungsurkunde widerrufen werden, da erst diese das Beamtenverhältnis gem. § 6 Abs. 1 BBG begründet[53]

Von der entwickelten Rechtsregel kann es Ausnahmen geben.

3. *Einschränkung des Widerrufs*

§ 183 BGB läßt den Widerruf der vorherigen Zustimmung bis zur Vollendung des Rechtsgeschäfts nur zu, soweit sich nicht aus dem der Erteilung der Einwilligung zugrunde liegenden Privatrechtsverhältnis ein anderes ergibt. Zwar kann diese Einengung wörtlich für öffentlich-rechtliche Willenserklärungen von Privatpersonen nicht in Betracht kommen, statt dessen können aber öffentliche Belange eine entsprechende Einschränkung der Widerrufsbefugnis bedingen[54]. Dabei tritt an die Stelle des Privatrechtsverhältnisses im Sinne des § 183 BGB die durch den mitwirkungsbedürftigen Verwaltungsakt zu regelnde Rechtsbeziehung.

Gesetzlich vorgesehen ist eine vorherige Bindung nur in Ausnahmefällen[55]. So bestimmte der § 2 Abs. 2 VO zu § 410 AO[56], daß der Beschuldigte an seine Unterwerfungserklärung bis zum Ablauf der Frist von 3 Monaten gebunden war, in welcher sie mit Genehmigung der Straffestsetzung durch den Finanzamtvorsteher wirksam wurde.

§ 30 Abs. 1 Satz 3 BBG und die entsprechenden Vorschriften der Landesbeamtengesetze lassen zwar in Übereinstimmung mit dem oben gefundenen Grundsatz den Widerruf des Entlassungsantrages bis zum Zugang der nach § 175 BBG zu erfolgenden Entlassungsverfügung zu; die Rücknahme, die später als 2 Wochen nach Zugehen des Antrages bei dem Dienstvorgesetzten vorgenommen wird, bedarf aber der Zustimmung der Entlassungsbehörde.

Entgegen der Ansicht mancher Autoren[57] ist die in § 30 BBG niedergelegte Widerrufsregelung nicht als gesetzliche Ausnahme von der grundsätzlichen Bindung des Antragstellers mit dem Zugang seiner Willensäußerung anzusehen. Vielmehr hat die Vorschrift den Zweck, den in Anlehnung an § 183 BGB zulässigen Widerruf bis zum Zugang der Entlassungsverfügung einzuengen[58]. Diese Einschränkung findet

---

[53] Ebenso *Wolff*, VR II, S. 414 (5 γ); *Fischbach*, DBG, § 1 Anm. III 3 (S. 151 f.).

[54] Vgl. *Landmann-Giers-Proksch*, S. 96 für die öffentlich-rechtlichen Zustimmungserklärungen Dritter.

[55] Vgl. *Siebecke*, S. 43.

[56] Sie ist außer Kraft getreten infolge Art. 8 Nr. 2 AOStrafÄndG.

[57] Wie etwa *Plog-Wiedow*, § 30 BBG Rd. Nr. 7; *Fischbach*, DBG, § 60 Anm. I 3 (S. 660) im Gegensatz zu § 1 Anm. 1 Anm. III 3 (S. 151 f.).

[58] Auf diesen Zeitpunkt stellen ab: prOVG 79/434, 436; RG v. 25. 5. 1927 III 387/26, zitiert nach *Sievers*, S. 421 f., Nr. 335; Art. 46 EVRO, HB, S. 175 i.V.m. 132.

ihre Rechtfertigung darin, daß die Dienstbehörde schon vor dem Ergehen der Entlassungsverfügung daran denken muß, für die von dem Antragsteller eingenommene Planstelle eine Ersatzkraft zu beschaffen, anderenfalls eine ordnungsgemäße Wahrnehmung der dem Antragsteller obliegenden Amtsgeschäfte nicht möglich wäre. Zwar ist dieser verpflichtet, seine Aufgaben bis zu dem Zeitpunkt der Entlassung, welcher gem. § 30 Abs. 2 BBG grundsätzlich der beantragte ist, zu erledigen. Die Wahrnehmung dieser Amtsgeschäfte durch die Ersatzkraft verläuft aber nur dann reibungslos, wenn gewiß ist, daß der Antragsteller ausscheidet. Eine allzulange Schwebezeit würde die Dienstbehörde in Unsicherheit darüber belassen, ob eine Neubesetzung erforderlich ist oder nicht. Daher wäre zu befürchten, daß möglicherweise die Planstelle für einige Zeit verwaist oder doppelt besetzt wäre. Aus den gleichen Gründen erscheint es gerechtfertigt, die beamten-rechtliche Rücknahmeregelung auf den Entlassungsantrag des Notars anzuwenden[59]. Eine dem § 30 BBG entsprechende Vorschrift enthält § 46 Abs. 3 SoldG. Diese Bestimmungen sind überhaupt auf die Entlassung aus — freiwilligen — besonderen Gewaltverhältnissen anzuwenden, zumal sich in ihnen die Rechts- und Pflichtenlage des Antragstellers spiegelt.

4. Die Widerrufserklärung

Die Rücknahme braucht nicht ausdrücklich kundgegeben zu werden; vielmehr kann sie sich auch konkludent ergeben, wenn sie nur unzweideutig ist[60]. Diese Regel folgt für die Zustimmungen zu begünstigenden Verwaltungsakten daraus, daß sich der Widerruf auch als Verzicht auf das durch den Antrag geltend gemachte Recht auf behördliche Tätigkeit, also zumindest auf fehlerfreie Ausübung des Ermessens, konstruieren ließe[61]. Der Verzicht kann aber stillschweigend erklärt werden, wenn ein eindeutiger Verzichtswille festzustellen ist[62].

Die Unterwerfungserklärung muß deshalb eindeutig sein, weil sonst die Behörde nicht sicher wäre, ob die Ermächtigungsgrundlage für den belastenden Verwaltungsakt bestehen geblieben ist.

Der Widerruf ist an diejenige Behörde zu richten, der gegenüber die Mitwirkung zu erklären war[63]. Grundsätzlich bedarf er nicht der

---

[59] Im Ergebnis ebenso *Seybold-Hornig*, § 48 BNotO Rd. Nr. 3.
[60] s. HessVGH ESVGH 10/219, 221 f.
[61] Vgl. von *Turegg-Kraus*, S. 174 und *Jellinek*, VR, 216 — terminologisch besser ist jedoch die Bezeichnung als Widerruf.
[62] s. z. B. *Brüggemann*, S. 16 f.
[63] s. *Distel-Selge*, § 30 BBG Erl. 2 (S. 189).

Form, in der die Erklärung abgegeben werden muß. Zwar ist der Entlassungsantrag schriftlich zu stellen gem. § 30 Abs. 1 Satz 2 BBG, die Rücknahme kann jedoch mündlich erfolgen[64]. Denn § 30 Abs. 1 Satz 2 BBG verfolgt den Zweck, den Beamten vor unüberlegten, vermögensrechtlich bedeutsamen Handlungen zu schützen. Dem entspricht es, wenn die Möglichkeit für den Beamten, sein ursprüngliches Verhalten zu korrigieren, nicht durch Formerfordernisse erschwert wird[65]. Bei formgebundenen Unterwerfungserklärungen wird auch ihr Widerruf die Form zu wahren haben aus den gleichen Gründen, welche das Erfordernis einer eindeutigen Unterwerfung ergeben.

5. *Insbesondere der Widerruf der Widmungszustimmungserklärung*

Die Zustimmungserklärung des Eigentümers ist derjenigen Behörde gegenüber zu erklären, welche die Widmung verfügt, also grundsätzlich dem Träger der Wegebaulast, in Hamburg der Wegeaufsichtsbehörde (§ 6 Abs. 1 HambWegeG), in Bayern der Straßenbaubehörde (Art. 6 Abs. 2 BayStrWGnF). Den Äußerungen mancher Schriftsteller ist nicht immer eindeutig zu entnehmen, ob sie einen Widerruf dieser Willensäußerung schlechthin ausschließen wollen oder davon ausgehen, daß mit dem Vollzug der Widmung die Zustimmung nicht mehr zurückgenommen werden kann. So beschränken sich *Kodal*[66] und *Gerhardt*[67] darauf, auf die Unwiderruflichkeit hinzuweisen, die nach *Zimniok*[68] und *Sieder-Zeitler*[69] schon aus dem öffentlich-rechtlichen Charakter der Zustimmungserklärung zu folgern sei. Ähnlich gehen *Lassar*[70] und *Schallenberg*[71] vor. Nach ihnen kann die Zustimmungserklärung vom Eigentümer deswegen nicht frei widerrufen werden, weil sie sich auf die Entstehung einer öffentlichen Sache beziehe und die Widmung die Anlegung eines Weges als in der Regel dauernde Einrichtung bezwecke. Insbesondere diese Ausführungen lassen die Annahme als naheliegend erscheinen, daß es den zitierten Autoren nicht darauf ankommt, eine in Anlehnung an § 183 BGB erfolgende Rücknahme bis zur Widmung auszuschließen, sondern nur für die Zeit nach der Entstehung des öffentlichen Weges. Zu der Unklarheit

---

[64] So auch: *Plog-Wiedow,* § 30 BBG Rd. Nr. 8; *Kümmel,* § 38 NBG Erl. II 3; *Crisolli-Schwarz,* § 41 HBG Erl. 6; *Grabendorff-Arend,* § 40 Rh-Pf LBG Erl. 2; anders Art. 41 Abs. 1 BayBG.

[65] Siehe BayVGH ZBR 1954/353.

[66] a.a.O., S. 885.

[67] a.a.O., § 5 BWStrG Rd. Nr. 3 b.

[68] a.a.O., Art. 6 BayStrWG Erl. 13 b.

[69] a.a.O., Art. 6 BayStrWG Rd. Nr. 21.

[70] Grundbegriffe, S. 78.

[71] a.a.O., S. 71 f.

mag auch beitragen, daß nicht immer eindeutig zu bestimmen ist, ob unter Widerruflichkeit auch die Möglichkeit einer Anfechtung nach den §§ 119 ff. BGB begriffen wird, die ausgeschlossen werden soll.

Die überwiegende Meinung[72] stellt auf die Entstehung der öffentlichen Sache, also die erfolgte Widmung als Beginn für die Unwiderruflichkeit ab.

Dieser Ansicht ist zuzustimmen, da erst mit der Widmung die öffentliche Sache in Wirkung tritt und daher Rechtsfolgen entfaltet werden. Der Eigentümer gibt seine Zustimmung in der Absicht, der zuständigen Behörde die Widmung zu ermöglichen. Bis zum Eintritt der auch von ihm gewollten Rechtswirkungen kann er noch nicht gebunden sein. Ein späterer Widerruf kommt nicht in Betracht, weil der Eigentümer nicht allein die eingetretenen Rechtsfolgen zu beseitigen in der Lage ist und anderenfalls der Behörde die gesetzliche Grundlage für ihren Akt entziehen würde[73]. Überdies drängt die öffenlich-rechtliche Zweckbindung der Sache die Ausübung der Eigentumsrechte zurück, also ebenfalls das von diesen abhängende Widerrufsrecht[74].

Der dem § 183 BGB zu entnehmende allgemeine Rechtsgedanke erleidet hinsichtlich der Widerruflichkeit der Zustimmungserklärung keine Ausnahme. Insbesondere kann nicht ein Vertrauen der Allgemeinheit, wie es unter Umständen bei der Frage der Anfechtbarkeit gem. §§ 119 ff. BGB zu berücksichtigen sein wird, als vorrangig angesehen werden mit der Folge, daß der Widerruf schon ausgeschlossen ist, bevor die Widmung von der Behörde verfügt wurde. Denn der Allgemeinheit können überhaupt nur Rechte erwachsen, wenn die öffentliche Sache entstanden ist. Ihr Vertrauen auf den Bestand dieser Rechte kann also erst von diesem Zeitpunkt an geschützt werden.

Streitig ist, ob für den Beginn der Unwidderuflichkeit auf den Zeitpunkt der — möglicherweise der Widmung nachfolgenden — Indienststellung abzuheben ist. Entgegen *Forsthoff*[75] läßt das OVG Lüneburg[76] die Bindung schon mit der erfolgten Widmung eintreten; von der Indienststellung, durch welche die Sache der Allgemeinheit übergeben werde, hänge die Widmung nur insoweit ab, als diese ohne sie keine Rechtsfolgen setzen könne.

---

[72] So BGH NJW 1953/1705 rechte Spalte; OVG Lüneburg OVGML 16/355, 360; *Forsthoff*, S. 356; *Maunz*, Hauptprobleme, S. 256—258; *Germershausen-Seydel*, S. 7.
[73] Siehe oben S. 102 ff., insbesondere S. 106.
[74] Vgl. *Zippelius*, in: DÖV 1958/838, 845 linke Spalte.
[75] a.a.O., S. 357 i.V.m. Fußnote 1.
[76] OVGML 16/355, 360 u. 361, 362.

Zwar wird zumeist auch heute noch die Ansicht vertreten, daß der Realakt der Indienststellung die Widmung wirksam mache und daher die öffentliche Sache zur Entstehung bringe[77]. Die Meinung ist jedoch überholt angesichts der Tatsache, daß die Straßen- und Wegegesetze die öffentliche Bekanntmachung der Widmung vorsehen[78]. Dieser „Zugang der Widmung an die Allgemeinheit" macht die Verfügung wirksam[79] und ist allein maßgebend für die Enstehung der öffentlichen Sache[80]. Der Widerruf der Zustimmungserklärung ist also bis zur öffentlichen Bekanntmachung der Widmung zulässig.

Nach *Zippelius*[81] ist zu erwägen, ob der Eigentümer nicht schon vor der Widmung auf die aus seinen Herrschaftsrechten fließende Befugnis zum Widerruf regelmäßig rechtsgeschäftlich verzichtet habe. Die Zulässigkeit dieses Verzichts ist anzuerkennen, jedoch setzt ein solcher einen wenn auch nicht ausdrücklich geäußerten, so doch eindeutigen, auf den Rechtsuntergang gerichteten Willen voraus. Das Verhalten des Eigentümers müßte also unzweideutig ergeben, daß er schon mit der Erklärung seiner Zustimmung endgültig gebunden sein will. Eine derartige Annahme dürfte Schwierigkeiten bereiten. Die zuständige Behörde wird deshalb gehalten sein, den Verzicht auf das Widerrufsrecht anzuregen und hierbei darauf hinzuweisen, daß ihr nach den Straßen- und Wegegesetzen noch andere Möglichkeiten offenstehen, den Besitz an der zu widmenden Sache zu erlangen.

Im Anschluß an die Regeln für das Wirksamwerden und die Widerruflichkeit öffentlich-rechtlicher Willenserklärungen von Privatpersonen sollen im folgenden Rechtssätze für die Anfechtbarkeit dieser Willensäußerungen gefunden werden. Bei ihnen geht es nicht mehr darum, den Eintritt der Rechtswirkungen zu hindern, sondern um die Beseitigung der durch die Willenskundgebung gesetzen Rechtsfolgen.

---

[77] So beispielsweise von *Wolff*, VR I, S. 382 f. (III); *Forsthoff*, S. 350, 357 f.; *Kodal*, S. 885 f.

[78] Siehe §§ 2 Abs. 6 FStrG, 5 Abs. 4 BWStrG, 6 Abs. 4 BayStrWG, 3 Abs. 1 Satz 3 BerlStrG, 4 Abs. 3 HessStrG, 6 Abs. 3 NStrG, NWLStrG, 6 Abs. 2 SchlHStrWG.

[79] Siehe *Sieder-Zeitler*, Art. 6 BayStrWG Rd. Nr. 33; vgl. auch Begründung zu § 6 EHambWegeG, S. 34.

[80] Ebenso *Lüthke*, S. 6 f.

[81] In: DÖV 1958/838, 845 linke Spalte.

2. *Abschnitt*

Anfechtbarkeit öffentlich-rechtlicher Willenserklärungen von Privatpersonen

Zunächst soll die Frage allgemein beantwortet werden, ob bei Fehlvorstellungen des Autors dieser die durch seine Willenskundgebung hervorgebrachten Rechtswirkungen vernichten kann in Anlehnung an die im bürgerlichen Recht niedergelegte Regelung, für die es im Verwaltungsrecht kein Gegenstück mit gleicher Tatbestandsweite gibt. Sodann wird die Anfechtbarkeit der öffentlich-rechtlichen Anträge behandelt. Diese Sonderuntersuchung ist gerechtfertigt, weil die Mitwirkungshandlung auf einen Verwaltungsakt abzielt; mithin harrt das Problem einer Lösung, inwieweit die Beteiligung eines öffentlich-rechtlichen Gewaltträgers die Ausübung von Gestaltungsrechten durch die Zivilperson zuläßt. Schließlich soll auf den Versuch *Küchenhoffs* eingegangen werden, durch die Vornahme tatbestandlicher Abgrenzungen innerhalb der nichtamtlichen publizistischen Willenshandlungen zu unterschiedlichen Regeln, insbesondere hinsichtlich der Anfechtbarkeit, für die einzelnen Gruppen zu gelangen.

A. Allgemeine Regeln

I. Geltung der bürgerlich-rechtlichen Anfechtungstatbestände für die öffentlich-rechtlichen Willenserklärungen Privater

Während *Friedrichs* in seinem Allgemeinen Teil des Rechts[1] im Jahre 1927 ausführt, weder könnten die §§ 116—144 BGB auf sämtliche öffentlich-rechtliche Willensäußerungen von Privatpersonen angewandt werden noch könnte in jedem Falle das Gegenteil gegenüber der bürgerlichrechtlichen Regelung getan werden, vielmehr müßten Prinzipien aus dem Gedankenkreis der gesamten Rechtsordnung, insbesondere aber des bürgerlichen Gesetzbuches, entwickelt werden, nimmt heute die ganz überwiegende Ansicht an, daß die nichtamtlichen publizistischen

[1] S. 54 i. V. m. S. 22 (§ 14).

Willenserklärungen der Anfechtung gem. §§ 119 ff. BGB unterliegen[2]. Dabei wird seltener von einer entsprechenden Anwendung der zivilrechtlichen Gesetzesbestimmungen gesprochen[3] und zumeist die Geltung eines allgemeinen, in den §§ 119 ff. zum Ausdruck kommenden Rechtsgedankens angenommen[4, 5]. Auch der Entwurf einer Verwaltungsrechtsordnung für Württemberg übernahm in Art. 36 ff. die zivil-rechtlichen Anfechtungsvorschriften als allgemeine Rechtsgedanken[6].

1. Kritische Auseinandersetzung mit der Begründung insbesondere in der Rechtsprechung

Wird als allgemeiner Rechtsgedanke nicht der Wortlaut der privatrechtlichen Norm wiederholt[7], so wird als solcher ausgegeben, daß es mit einer rechtsstaatlichen Ordnung unvereinbar wäre, wenn ein auf Fehlvorstellungen beruhender Rechtszustand in jedem Falle anzuerkennen wäre[8]. Dies zu verhindern sei Zweck der §§ 119 ff., so daß der ihnen zugrunde liegende Rechtsgedanke einen „selbstverständlichen immanenten Bestandteil der rechtsstaatlichen Ordnung“ darstelle[9]. Der so umschriebene allgemeine Rechtsgedanke komme in den Vorschriften der §§ 12 Abs. 1 Nr. 1, 2, Abs. 2 Nr. 2 BBG, 53 Abs. 2 Nr. 1 GewO, 12 Abs. 1, Abs. 2 Nr. 2 GaststG, 96 Abs. 1 Nr. 2, Abs. 2 AO, 42 Abs. 1 lit. b PrPVG, 116 Abs. 2 Satz 2 Nr. 1, 2 SchlHLVwG ebenfalls zum Ausdruck[10].

Die angeführten Gesetzesbestimmungen[11] gestatten der Behörde die Rücknahme des Verwaltungsaktes, wenn dieser durch unrichtige Angaben oder Nachweise oder durch unlautere Mittel wie Zwang, arglistige Täuschung oder Bestechung zustandegekommen ist. Die Mängel in der Willensbildung des den Antrag bescheidenden Beamten wirken sich auf die Entscheidungsgrundlage des behördlichen Aktes aus. Damit führen

---

2 So etwa BGH VRspr 4/724, 725 für § 123 BGB; BayVGH DVBl 1951/516 f.; *Krüger-Nieland,* in: RGRK z. BGB, § 119 Anm. 8.

3 So *Wolff,* VR I, S. 222 (c 2); Einzelbegründung zu § 48 Satz 2 EVwVerfG 63, S. 206.

4 So: BGH DB 1966/701; von *Turegg-Kraus,* S. 105 f.; *Nebinger,* S. 54 (2); *Landmann-Giers-Proksch,* S. 94 i.V.m. S. 93 (b); Peters, S. 157; Gitzinger, S. 175; *Bürger,* S. 47 f., 52 f.; *Staudinger-Coing,* Vorbem. 26 a, b vor § 116; § 119 Rd. Nr. 8 a; § 123 Rd. Nr. 21, 42; *Schwarz,* in: GemTag 1963/145, 146 f.

5 Offengelassen von OVG Koblenz DVBl 1965/771, 775 f.

6 s. EVRO, HB, S. 158.

7 So v. BayVGH v. 17. 12.51 Nr. 303 II 5/48, zitiert nach *Reuter,* S. 47.

8 Siehe OVG Münster VRspr 5/58, 60 = DVBl 1952/605 ff.; LVG Hannover, DVBl 1953/116 (3); *Bochalli,* § 12 BBG Anm. 3 b; *Schwarz,* in: GemTag 1963/145, 147.

9 So HessVGH VRspr 4/607, 610 = ESVGH 1/42 ff. = DVBl 1951/738 ff.

10 Vgl. OVG Münster und *Schwarz* a. zul. a. O.; von der *Groeben-Knack,* SchlHLVwG, § 127 Rd. Nr. 4 und § 129 Rd. Nr. 3.

11 Weitere Beispiele bei *Hoke,* in: DÖV 1962/281, 288—290 (2), 292 (2).

sie zur Fehlerhaftigkeit des Verwaltungsaktes und schaffen der Behörde die Möglichkeit, seinen Fortbestand zu beseitigen.

Zwar mag es richtig sein, daß die Regelung der §§ 119 ff. und die der Rücknahmevorschriften einen verwandten Charakter aufweisen. Jedoch hindern die bestehenden Unterschiede zwischen Hoheitsakten und Willensäußerungen die scharfe Herausbildung des den privat-rechtlichen Anfechtungsbestimmungen zugrunde liegenden allgemeinen Rechtsgedankens[12]. So ist es denn auch nicht verwunderlich, daß die Formulierungen für den allgemeinen Rechtsgedanken eher auf die Normen über die Rücknehmbarkeit eines Verwaltungsaktes passen als auf die für Willenserklärungen geltenden §§ 119 ff. Kann für jene angenommen werden, daß das „Anfechtungsrecht" der Erlaßbehörde in der rechtsstaatlichen Ordnung wurzele, so ist diese Annahme nicht gerechtfertigt im Hinblick auf das Gestaltungsrecht, dessen Ausübung die Rechtsfolgen einer Willenskundgebung vernichtet. Der rechtsstaatlichen Ordnung würde es nämlich keinerlei Abbruch tun, wäre die Anfechtung wegen Irrtumsbefangenheit des Erklärenden ausgeschlossen, wie deutlich die Reformbestrebungen zeigen[13]. Daher kann die in § 119 gewährte Anfechtungsmöglichkeit nicht einem Gebot der rechtsstaatlichen Ordnung entsprechen. Die Entwicklung des allgemeinen Rechtsgedankens ist sachnäher an der Regelung der §§ 119 ff. BGB zu orientieren.

Wolff[14] und *Simons*[15] haben ihre die Anwendbarkeit der §§ 119 ff. auf öffentlich-rechtliche Willenserklärungen Privater bejahende Ansicht damit begründet, daß bei der rechtlichen Beurteilung einer Willensäußerung wie im Zivilrecht so auch im öffentlichen Recht die Frage auftauche, ob Fehlvorstellungen des Autors diesen dazu berechtige, sich der Bindung an seine Erklärung zu entledigen. Beide begreifen die Anfechtungsvorschriften des bürgerlichen Rechts als eine spezifische Ausprägung eines allgemeinen, für das Verwaltungsrecht ebenfalls geltenden Gesetzesgedankens bzw. Rechtsgedankens, daß „bestimmte Motivationslagen auf seiten des Erklärenden" diesem die Beseitigung der Rechtsfolgen seiner Willenskundgebung erlauben müssen.

Wenn diese Ausführungen auch nicht den Interessengegensatz zwischen Erklärendem und Empfänger im einzelnen darlegen, so weisen sie doch zurecht daraufhin, daß es für die Übernahme der §§ 119 ff. in das öffentliche Recht entscheidend darauf ankommt, ob die Motivsituation des Erklärenden einen gleichen Einfluß auf den Bestand der Willensäußerung haben kann wie im Bereich des Privatrechts. Diese Frage kann nur beantwortet werden, wenn der Interessenkonflikt zwischen

---

12 Vgl. auch *Meier-Branecke,* in: AöR NF 11/230, 240.

13 Siehe z. B. *Drexelius,* insbesondere S. 7—13, 19, 79—94; *Zweigert,* in: ZfRV 1966/12, 20 (IV), 21 f.

14 VR I, S. 284 (III a).

15 a.a.O., S. 113 f.

den an der Willenserklärung beteiligten Rechtspersonen aufgezeigt wird. Führt seine Bewertung zu einem Kompromiß dergestalt, daß dem Äußerer nicht immer ein Festhalten zugemutet werden kann, andererseits ein uneingeschränktes Lossagungsrecht die Interessen des Gegners verletzen würde, so bleibt weiterhin darzustellen, daß die §§ 119 ff. BGB diesen allgemeinen Rechtsgedanken, sollte er sich nachweisen lassen, konkretisiert haben. Schließlich muß geprüft werden, ob der allgemeine Rechtsgedanke und seine gesetzliche Ausgestaltung auf öffentlich-rechtliche Willenserklärungen Privater Anwendung finden kann.

2. Die Auffindung des den §§ 119 ff. BGB zugrunde liegenden Rechtsgedankens und seine Verwendbarkeit im öffentlichen Recht

a) Der Rechtsgedanke der §§ 119 ff. BGB

Da bei der Auslegung einer Willensäußerung nicht auf den wahren, sondern auf den geäußerten Willen abzustellen ist, besteht die Möglichkeit, daß auf seiten des Erklärenden der Wille von der Erklärung abweicht. Die Rechtsordnung steht dann vor der Frage, inwieweit ein solcher Irrtum beachtlich sein soll mit der Folge, daß der Urheber der Willenskundgebung sich der Bindung entledigen kann[16]. Eine ausnahmslose Beachtlichkeit würde den Rechtsverkehr unzumutbar mit Unsicherheiten belasten. Würde andererseits der Irrtum von der Rechtsordnung für irrelevant angesehen, so läge der Grund darin beschlossen, daß der Irrende für seine fehlerhafte Selbstbestimmung der Rechtsfolgen verantwortlich ist. Zwischen den denkbaren beiden Extremen gibt es keine alleinrichtige Regelung. Wird § 119 BGB als gesetzliche Interessenbewertung isoliert betrachtet, so bevorzugt die Rechtsordnung den Schutz des wahren Willens[17]. Die Einschränkungen im Interesse des Empfängers, die in §§ 119 Abs. 1 2. Halbsatz, 121 und 122 zum Ausdruck kommen, zeigen, daß der Interessenkonflikt nicht einseitig zugunsten des Erklärers gelöst wurde[18].

§ 123 BGB findet seine Rechtfertigung darin, daß der Täuschende oder Drohende in den Willensbildungsprozeß eingreift und der Erklärende nur aufgrund seines fehlgeleiteten Willens die Erklärung abgibt[19].

Die Darlegungen machen deutlich, daß bestimmte Motivationslagen nicht ohne Einfluß auf den weiteren Bestand einer Willensäußerung sein können. Für die Ausgestaltung dieses Rechtsgedankens stehen mehrere Möglichkeiten zur Verfügung, denen alle die Zwecksetzung gemeinsam ist, zu einem Ausgleich der Interessen beider Erklärungsbeteiligten zu

---

[16] Zum folgenden vgl. *Flume*, S. 416 f.; *Canaris*, Systemdenken, S. 55.
[17] Vgl. *Rollin*, S. 158.
[18] Vgl. *Gradenwitz*, S. 32; *Collier*, S. 8 (2).
[19] Siehe *Flume*, S. 528 f.

kommen, dessen Schlüssel in der Verantwortlichkeit für die einzelnen Motivsituationen liegt.

Grundsätzlich knüpft die Regelung der §§ 119 ff. nur an das Vorliegen eines Rechtsgeschäfts an, ohne ihre Geltung von einem bestimmten Typus abhängig zu machen[20]. Daher kann die Anwendbarkeit der §§ 119 ff. BGB auf öffentlich-rechtliche Willensäußerungen Privater nicht damit bejaht und zugleich beschränkt werden, diese Vorschriften seien auf Vermögensgeschäfte zugeschnitten und gelten deshalb im Verwaltungsrecht, weil das Vermögensrecht ein privat-rechtliches oder ein öffentlich-rechtliches sein könne[21]. Allerdings läßt die Auffassung der §§ 119 ff. BGB als Regelung eines Interessenwiderstreites später näher zu verfolgende Tendenzen zu, die auf eine unterschiedliche Bewertung in den einzelnen Rechtsgebieten hinauslaufen können. So betont § 2078 BGB den Willen des Erblassers, während die sogenannten Erklärungen an die Öffentlichkeit einen vorrangigen Schutz des Rechtsverkehrs erforderlich machen[22].

b) Übernahme des Rechtsgedankens in das öffentliche Recht

Der oben entwickelte Rechtsgedanke kann auch für das Verwaltungsrecht Geltung beanspruchen. Denn der in den Anfechtungsvorschriften des bürgerlichen Rechts gelöste Interessenkonflikt tritt gleichermaßen im Zivil- wie im öffentlichen Recht auf, da er seinen Ursprung nicht in der Zuordnung des Rechtserfolges der Willenserklärung zu einer der beiden Rechtsmaterien hat, sondern in dem allgemeinen Problem, inwieweit der Autor einer rechtsgeschäftlichen Äußerung an diese dauernd gebunden sein muß. Hält man eine Kommunikation zwischen einzelnen und öffentlichen Gewaltträgern durch Willenskundgebungen überhaupt für möglich, so ist das Vertrauen der Behörde in die Beständigkeit der Willenserklärung gleichermaßen schutzwürdig; ebenso ist aber auch das Interesse des Erklärenden an einem seinem — wenn auch nur mangelhaft zum Ausdruck gebrachten — Willen entsprechenden Rechtszustand schützenswert. Die Bewertung des Interessenwiderstreites hat also nach denselben Kriterien zu geschehen wie bei den privat-rechtlichen Willenserklärungen. Diese Feststellung hindert nicht daran, bei bestimmten Sachverhalten Korrekturen anzubringen.

Das bisherige Ergebnis wird dadurch bestätigt, daß einzelne öffentlich-rechtliche Gesetzesbestimmungen den allgemeinen Rechtsgedanken, der den §§ 119 ff. BGB zugrunde liegt, aufgreifen. § 23 Abs. 1 des 1. StAngRegG läßt die Anfechtung der Ausschlagungserklärung (§ 1) und

[20] Vgl. §§ 1755, 1954, 2078, 2281, im wesentlichen auch §§ 31—34 EheG; dazu siehe *Palandt-Lauterbach*, § 1755 Anm. 2 und § 1954 Anm. 1.
[21] So aber G. *Jellinek*, System, S. 66.
[22] Vgl. *Westermann*, in: AcP 154/551, 557.

des Verzichts auf das Ausschlagungsrecht (§ 5 Abs. 2) wegen Inhaltsirrtums, Zwanges oder Drohung zu. Diese Gestaltungsmöglichkeit erstreckt § 9 Abs. 1 des 2. StAngRegG auf die Erklärungen nach diesem Gesetz (§§ 3, 4, 6 Abs. 2, 7, 8 Abs. 2). Obwohl im StAngRegG von 1957 ein entsprechender Rechtssatz fehlt, hat das *Bundesverwaltungsgericht*[23] den in den §§ 23 des 1., 9 des 2. StAngRegG enthaltenen Rechtsgedanken für die Erklärung nach Art II Abs. 2 des 3. StAngRegG herangezogen, da in diesen Vorschriften ein allgemeiner Rechtsgedanke wiedergegeben werde, welchen unsere Rechtsordnung für die Willenserklärungen von Einzelpersonen herausgebildet habe.

Die Verwendung der §§ 119 ff. BGB für öffentlich-rechtliche Willenserklärungen Privater könnte aber daran scheitern, daß ein Ersatz des Vertrauensinteresses, wie ihn § 122 vorsieht, im Verwaltungsrecht möglicherweise nicht in Betracht zu ziehen ist. Während die vorherrschende Meinung[24] § 122 in das öffentliche Recht übernimmt, wollen der Entwurf einer Verwaltungsrechtsordnung für Württemberg in seinem Art. 43 Abs. 3[25] und *Nebinger*[26] diese Rechtsregel ausschließen, obwohl beide die Irrtumsanfechtung gem. § 119 BGB zulassen.

Die Anwendbarkeit des § 119 BGB kann nicht isoliert geprüft, sondern muß im Zusammenhang mit § 122 gesehen werden[27]. Denn bei der Heranziehung einer in sich geschlossenen gesetzlichen Regelung können nicht beliebige Einzelvorschriften ausgespart werden, andernfalls die restlichen Bestimmungen inhaltlich geändert werden[28]. *Collasius*[29] führt zurecht aus, § 122 BGB stelle einen integrierenden Bestandteil der Irrtumsregelung dar, weil diese Norm den dem Interesse des Rechtsverkehrs an der Bindung des Erklärenden zuwiderlaufenden § 119 BGB „ausgleiche“. § 119 könne daher nicht angewendet werden, würde der § 122 nicht übernommen. Also sei § 122 in Kauf zu nehmen, zumal dem Erklärungsempfänger der Ersatz nur des negativen Interesses zugebilligt werde.

Wird der Standpunkt vertreten, § 122 BGB sei für das öffentliche Recht unbrauchbar, so muß ein Rückgriff auf die Anfechtungsbestimmungen des bürgerlichen Rechts überhaupt unterbleiben. Als Ausweg bietet sich dann nur noch die Möglichkeit an, den entwickelten allgemeinen Rechtsgedanken in Abweichung von den §§ 119 f. BGB zu kon-

---

[23] E 13/254, 255—257; siehe oben, S. 67.

[24] Sie wird vertreten von *Landmann-Giers-Proksch*, S. 94 i.V.m. S. 93 (b); von *Turegg-Kraus*, S. 106; *Gitzinger*, S. 52; *Kottke*, S. 123 f. (entsprechende Anwendung).

[25] s. EVRO, HB, S. 163 f.

[26] a.a.O., S. 54 (2) — seine Ausführungen beziehen sich auch auf Willenserklärungen.

[27] Vgl. *Kormann*, in: AnnDR 1912/114, 115 f.

[28] Vgl. *Löwer*, in: VA 56/236, 264.

[29] a.a.O., S. 116—118.

kretisieren[30]. Dafür besteht aber kein Bedürfnis. Denn als Ersatz des Vertrauensschadens, den der Behörden-Empfänger erleidet, kommt in erster Linie eine Vergütung der schon erbrachten Verwaltungsarbeiten in Betracht. Zu denken ist dabei insbesondere an die Kosten einer durch die Willenserklärung des Privaten ausgelösten Amtshandlung. Dieser Aufwand ist nach § 122 BGB von der Zivilperson zu tragen[31]. Gegen die Auferlegung der Gebühr in Anwendung des § 122 BGB kann um so weniger etwas eingewandt werden, als die landesrechtlichen Gebühren- bzw. Kostengesetze die Privatperson ohnehin verpflichten[32]. Nach allem sind daher die Tatbestände der §§ 119 ff. BGB auf die öffentlich-rechtlichen Willenserklärungen von Privatpersonen anwendbar[33]. Die Anfechtungserklärung vernichtet die öffentlich-rechtliche Willenserklärung mit ex tunc-Wirkung nach dem Vorbild des § 142 BGB[34].

Die Anfechtungsmöglichkeit kann aber durch öffentlich-rechtliche Vorschriften versagt werden. Diese Bedeutung könnte denjenigen Normen zukommen, welche die Unwiderruflichkeit einer nichtamtlichen publizistischen Willenskundgebung anordnen, wie z. B. die Verzichtsbestimmungen der §§ 46 Abs. 1 Nr. 5 Satz 2 BWahlG, 81 Abs. 3 Satz 2 BWahlO, 11 Abs. 2 Satz 2 HambBürgerschaftswahlG, 37 Abs. 3 WehrpflG.

3. Unwidderruflichkeit und Anfechtbarkeit der einseitigen Verzichtserklärungen

Im allgemeinen wird der Verzicht auf ein subjektives öffentliches Recht oder eine sonstige Rechtsstellung für anfechtbar gehalten mit der Folge, daß der Rechtsuntergang rückwirkend wegfällt[35]. Denn die Verzichtserklärung berührt in der Regel nicht ein das Festhalten an der Äußerung begründendes Interesse der Allgemeinheit, da sie sich grundsätzlich nicht an diese richtet[36]. Kommt dem Rechtsinhaber die Bestimmung über den Fortbestand eines von ihm erworbenen Rechts allein zu, so ist es nämlich gerechtfertigt, ihn an seine Erklärung nur dann end-

---

[30] s. oben, S. 88—90.

[31] In diesem Zusammenhang siehe *Bulling*, in: DÖV 1963/378, 379 (II 2); *Daniels-Bulling*, § 3 BÄO Rd. Nr. 15.

[32] Siehe § 2 Abs. 1 HambGebG, Art. 2 Abs. 1 BayKG.

[33] Ohne nähere Begründung nehmen *Wolff*, VR I, S. 284 (III a) und *Simons*, S. 114 an, der Ausschluß wegen mangelnder Identität zwischen Täuschendem und Erklärungsempfänger könne in dieser Allgemeinheit im Verwaltungsrecht keine Geltung beanspruchen; für die Geltung des § 123 Abs. 2 Satz 1 BGB aber von *Turegg-Kraus*, S. 106 und Art. 36 EVRO.

[34] Vgl. z. B. *von der Groeben-Knack*, § 127 SchlHLVwG Rd. Nr. 4.

[35] So: *Brüggemann*, S. 15; *Schoenborn*, Verzicht, S. 31; *Forsthoff*, S. 277; *Jaschkowitz*, in: JW 1927/2843 f.; *Behnke*, § 52 BDO Anm. 10 i.V.m. § 1 Anm. 19 c; *Hoffmann*, § 3 ApothG Rd. Nr. 10.

[36] Ebenso *Wilde*, S. 68 f.

gültig zu binden, wenn sie frei von Fehlvorstellungen war[37]. *Etmer-Bolck*[38] begründen ihre, die Irrtumsanfechtung des Bestallungsverzichts ausschließende Auffassung damit, daß der im Zulassungsregister gestrichene Arzt seine Bestallung gem. § 3 BÄO erneut beantragen könne. Diese Meinung verkennt, daß bei der Anfechtung wegen § 142 BGB der Arzt niemals seine Bestallung verloren hat, während ihm eine Neubestallung nur ex nunc zugute kommen würde. Auch kann nicht darauf verwiesen werden, daß die Anfechtung des Verzichts im Grunde genommen auf eine Bestallung hinauslaufe, bei der die Behörde entgegen dem sonstigen Mitwirkungserfordernis ausgeschaltet sei. Demgegenüber ist einzuwenden, daß nur der Rechtserwerb von dem Erlaß eines entsprechenden Verwaltungsaktes abhängt, nicht aber der Verzicht auf die Begünstigung, über deren Fortbestand der Berechtigte allein die Verfügungsgewalt in dem hier interessierenden Rahmen hat.

Weiterhin führen *Etmer-Bolck* zur Begründung an, daß der nach § 9 BÄO erfolgende Verzicht einen Widerruf nicht zuläßt im Gegensatz zu der ausdrücklichen Regelung des § 12 Abs. 2 ZHKG. Auch dieses Argument ist nicht stichhaltig, wie ein Blick auf die Rechtssätze der §§ 23 des 1., 9 Abs. 1 des 2. StAngRegG zeigt. Diese Vorschriften erklären den Verzicht auf das Ausschlagungs- bzw. Erklärungsrecht für anfechtbar, obwohl die Verzichtserklärungen — nach Zugang — unwiderruflich sind. Aus der Unwiderruflichkeit des wirksam gewordenen Verzichts kann nicht auf die Unanfechtbarkeit geschlossen werden, auch und gerade nicht im Hinblick auf die Regelung des § 12 Abs. 2 ZHKG, welche nur eine vereinfachte Neubestallung eröffnet[39].

Ebenso kann den die Nichtrücknehmbarkeit des Verzichts ausdrücklich bestätigenden Vorschriften nicht entnommen werden, daß sie ohne weiteres eine Anfechtungsmöglichkeit abschneiden wollen. Vielmehr kann sich die Unanwendbarkeit der §§ 119 ff. BGB nur aus dem Vorliegen besonderer Gründe ergeben, deren Beachtung öffentliche Interessen notwendig machen. Gemessen an diesen Grundsätzen kann z. B. der Verzicht auf den früheren Dienstgrad gem. § 37 WehrpflG angefochten werden[40]. Anders soll es nach *Seifert*[41] bei dem Mandatsverzicht sein, da hier das Interesse am Fortbestand klarer Rechtsverhältnisse die Erklärung auch bei Willensmängeln unwiderruflich erscheinen lasse. Das müsse jedenfalls für den Erklärungsirrtum gelten. Der Ansicht *Seiferts*

---

[37] Bei Verzichten in der Gestalt mitwirkungsbedürftiger Verwaltungsakte gelten die für die Anträge zu entwickelnden Regeln, siehe dazu S. 128.
[38] a.a.O., § 9 BÄO Erl. 3; anderer Meinung *Daniels-Bulling*, § 9 BÄO Rd. Nr. 14.
[39] s. auch oben, S. 99.
[40] s. *Hahnenfeld*, § 37 WehrpflG Rd. Nr. 5; *Wilhelms*, in: BWV 1959/231, 235 (r. Sp.).
[41] a.a.O., § 46 BWahlG, Rd. Nr. 8.

kann nicht gänzlich beigepflichtet werden. Durch den Verzicht auf das Mandat erlischt die Mitgliedschaft (§ 47 Abs. 2 BWahlG). Der freigewordene Sitz ist mit dem Listennachfolger zu besetzen (§ 48 Abs. 1 Satz 1 BWahlG); dessen Anwartschaft erstarkt also zum Rechtsanspruch auf Eintritt in den Bundestag[42]. Ist der Nachfolger in den Bundestag eingetreten, so wäre er bei Zulassung der ex tunc-wirkenden Anfechtung niemals Mitglied des Bundestages geworden, während der Verzichtende sein Mandat zu keiner Zeit verloren gehabt hätte. Der Verzicht berührt deshalb einmal die Rechte des Listennachfolgers, zum anderen aber auch öffentliche Belange; denn möglicherweise hat ein Nichtmitglied an Beschlüssen des Bundestages mitgewirkt, während der infolge der Anfechtung Mitglied gebliebene Autor der Verzichtserklärung nicht teilgenommen hat. Dieser Umstand führt zum Ausschluß der rückwirkenden Anfechtung in Anlehnung an die besonders im Gesellschaftsrecht entwickelten Grundsätze, nach denen an die Stelle des Anfechtungsrechts die Kündigung aus wichtigem Grunde tritt[43]. Daher kann die Mandatsverzichtserklärung nur mit ex nunc-Wirkung angefochten werden. Das Interesse des Listennachfolgers wie auch ein sonstiges Interesse an dem Fortbestand der durch den Verzicht geschaffenen Rechtslage kann auch gegenüber der Anfechtung wegen Irrtums nicht anerkannt werden. Das Interesse des Urhebers des Verzichts an einem seinem Willen entsprechenden Rechtszustand ist nämlich schützenswerter.

Wurden bisher die Anfechtungstatbestände und die Zulässigkeit ihrer Übernahme in das öffentliche Recht behandelt, so soll nun auf die Ausübung des Gestaltungsrechts eingegangen werden.

II. Die Ausübung des Anfechtungsrechts

1. Fristen

In öffentlich-rechtlichen Gesetzen sind nur ausnahmsweise Anfechtungsfristen bestimmt. Nach § 23 Abs. 3 StAngRegG von 1955 ist die Ausschlagungs- bzw. Verzichtserklärung binnen 1 Monats nach Kenntnis des Irrtums oder nach Beendigung der Zwangslage anfechtbar, spätestens 6 Monate nach Zustellung der Ausschlagungsurkunde. Im Entwurf einer Verwaltungsrechtsordnung für Württemberg[44] ist für die Tatbestände der §§ 119 und 120 BGB in Art. 39 die unverzügliche Anfechtung vorgesehen, für die eine Ausschlußfrist von 5 Jahren läuft. Die Anfechtung wegen arglistiger Täuschung und Drohung ist gem. Art. 40 nur

[42] *Seifert*, § 48 BWahlG, Rd. Nr. 3.
[43] Vgl. BGHZ 13/320, 322 f.; 26/330, 334 f.; *Däubler*, in: BB 1966/1292 ff.; *Beinhardt*, Vertrag, S. 62 (aa).
[44] a.a.O., HB, S. 160 f.; dazu kritisch *Gitzinger*, S. 52.

innerhalb 3 Monaten zulässig und auf jeden Fall nach 5 Jahren unzulässig. Der Grund für die gegenüber der im bürgerlichen Recht in §§ 121 Abs. 2 und 124 Abs. 1, Abs. 3 gefundenen Regelung kürzeren Fristen wurde darin erblickt, daß die öffentlich-rechtlichen Verhältnisse eine derartig lange Schwebezeit nicht vertrügen.

Auch Rechtsprechung und Literatur sind sich übrwiegend einig darüber, daß die zivil-rechtlichen Anfechtungsfristen zu lang seien. In ihrer konkreten Ausgestaltung spiegele sich die Berücksichtigung eines typischen privat-rechtlichen Interessenschutzes wider[45]. Den §§ 121, 124 BGB läge nur insofern ein allgemeiner Rechtsgedanke zugrunde, als das Anfechtungsrecht dann auszuschließen sei, wenn seine Ausübung nach Treu und Glauben nicht mehr erwartet werden könne. Die Übernahme dieses allgemeinen Rechtsgedankens in das Verwaltungsrecht führe zu kurzen Fristen, da eine längere Gefährdung für den Bestand des öffentlich-rechtlichen Verhältnisses als unbedingt notwendig zu vermeiden sei. Es sei daher für die Frist auf eine nach Treu und Glauben zumutbare Zeit, in der das Gestaltungsrecht ausgeübt werden könne, abzuheben[46]. Von diesem Ausgangspunkt aus konsequent ist die Meinung derjenigen, welche ohne Rückgriff auf die §§ 121, 124 BGB nur die unverzügliche Anfechtung gelten lassen bzw. auf jeden Anfechtungstatbestand § 121 BGB anwenden wollen[47].

Demgegenüber steht, soweit ersichtlich, nur *Collasius*[48] auf dem Standpunkt, daß die bürgerlich-rechtlichen Fristbestimmungen der §§ 121, 124 als spezielle Ausprägungen des Grundsatzes von Treu und Glauben auch der Anfechtung öffentlich-rechtlicher Willenserklärungen Privater zugrunde zu legen seien.

Richtig erscheint es, hinsichtlich der Irrtumsanfechtung auf § 121 Abs. 1 Satz 1 BGB zurückzugreifen[49]. Denn diese Vorschrift ist Bestandteil der gesetzlichen Bewertung des bei der Anfechtung nach § 119 BGB obwaltenden Interessenkonfliktes und gehört daher zu dem — im bürgerlichen Recht konkretisierten — Rechtsgedanken. Seine Übernahme in das öffentliche Recht begegnet keinen Bedenken. Die Anfechtung nach § 123 BGB muß ebenfalls unverzüglich nach Entdeckung der Täuschung bzw. Aufhören der Zwangslage geschehen. Denn im Gegensatz zu privatrechtlichen Verhältnissen vertragen öffentlich-rechtliche Beziehungen

---

[45] s. *Wolff*, VR I, S. 284 (III a); *Simons*, S. 114.

[46] s. HessVGH VRspr 4/607, 611 f.; *Weiss*, S. 91; *Siebecke*, S. 44; vgl. auch BayVGH DVBl 1951/516 f.; *Ruppert*, S. 71 Fußn. 56.

[47] s.: OVG Münster VRspr 5/58, 61; OVG Lüneburg ZBR 1954/307, 308 (linke Spalte); *Kottke*, S. 122 (5); *Brand*, § 60 DBG Anm. 4; *Bochalli*, § 12 BBG Anm. 3 b und § 30 BBG Anm. 1; *Plog-Wiedow*, BBG, § 2 Rd. Nr. 22, § 11 Rd. Nr. 5 und § 30 Rd. Nr. 4; von der *Groeben-Knack*, § 127 SchlHLVwG Rd. Nr. 4; *Schwarz*, in: GemTag 1963/145, 147.

[48] a.a.O., S. 161.

[49] Ebenso: RGZ 158/119, 126 f.; *Nebinger*, S. 54 (2).

die in § 124 Abs. 1 BGB vorgesehene Schwebezeit nicht. Diese Vorschrift findet im bürgerlichen Recht ihre Rechtfertigung darin, daß der Schutz des Getäuschten oder Bedrohten gegenüber dem des Erklärungsempfängers bis zu einem Jahr nach Berichtigung der fehlgeleiteten Vorstellung vorrangig ist. Dem Gegner ist die lange Wartezeit zuzumuten im Interesse eines dem Willen des Äußernden entsprechenden Rechtszustandes. Eine dem Rechtsverkehr abträgliche Rechtsunsicherheit fällt nicht so sehr ins Gewicht, da es sich bei dem zwischen Erklärendem und Empfänger bestehenden Verhältnis um eine Einzelbeziehung handelt, die zumeist keinerlei Wirkungen gegenüber anderen Rechtsgenossen hat. Anders verhält es sich im öffentlichen Recht; hier unterhält der Erklärungsempfänger der Privatperson eine Fülle solcher Rechtsbeziehungen. Wollte man in jedem Falle das Verhältnis mit einer einjährigen Schwebezeit belasten, so würde Rechtsunsicherheit aufkommen, die mit dem öffentlichen Interesse an dem Bestandsschutz hinsichtlich des Verwaltungsrechtsverhältnisses unvereinbar wäre. Die Wartezeit würde die Verwaltung, die heute immer mehr auf einen Massenverkehr zugeschnitten ist, in ihren weiteren Entscheidungen hemmen, da sie über den Fortbestand schon vorhandener Beziehungen keine Klarheit hätte. Bei der Begründung öffentlich-rechtlicher Gewaltverhältnisse, etwa des Beamtenverhältnisses, kann zudem dem Staat nicht zugemutet werden, diesen Beamten auszubilden und ihm gegenüber seiner Fürsorgepflicht nachzukommen[50].

Die hier vertretene, öffentliche Belange berücksichtigende Ansicht bedeutet keine unerträgliche Verkürzung des Interessenschutzes zum Nachteil des Privaten. Muß dieser seine öffentlich-rechtliche Willenserklärung unverzüglich anfechten, will er ihre Rechtswirkungen vernichten, so bleibt ihm doch eine angemessene Überlegungszeit, die nach den Umständen des Einzelfalles unterschiedlich lang sein kann[51]. Eine schuldhafte Verzögerung liegt daher nur dann vor, wenn ihm die Einhaltung einer kürzeren Frist als der von ihm tatsächlich gewahrten zugemutet werden kann. Der Zumutbarkeitsgedanke wird insbesondere eine bedeutsame Rolle spielen, wenn die arglistige Täuschung oder die widerrechtliche Drohung von der Behörde ausging.

Die Ausschlußfristen der §§ 121 Abs. 2, 124 Abs. 3 sind als Begrenzung der Gestaltungsbefugnis im Interesse der Rechtssicherheit anwendbar.

Gegen die hier vorgetragene Ansicht, insbesondere ihrem Abweichen gegenüber § 124 Abs. 1 BGB, können in methodischer Hinsicht keine Einwendungen erhoben werden. Denn die Auffassung der §§ 119 ff. BGB als spezielle Ausprägungen eines allgemeinen Rechtsgedankens macht dessen abweichende Konkretisierung im öffentlichen Recht nicht

---

[50] Ebenso *Weimar*, in: RiA 1964/121, 122 (rechte Spalte).
[51] s. *Palandt-Danckelmann*, § 121 BGB Anm. 3.

unmöglich[52]. Da die Bestimmung des § 124 Abs. 1 — anders als die des § 121 für die Irrtumsanfechtung — nicht als integrierender Bestandteil des die Anfechtung wegen arglistiger Täuschung und rechtswidriger Drohung umfassenden Rechtsgedankens erscheint, führt seine andersartige Ausgestaltung daher nicht zur Unzulässigkeit des Rückgriffs auf § 123 BGB.

2. Anfechtungsgegner

Die empfangsbedürftige[53] Anfechtungserklärung ist an diejenige Behörde zu richten, der gegenüber die — angefochtene — Willenserklärung abzugeben war[54]. Vorbild sind dabei die Vorschriften des § 143 Abs. 1, Abs. 2 und Abs. 3 Satz 1 BGB. Dagegen ist auf § 143 Abs. 4 Satz 2 nicht zurückzugreifen, da diese Vorschrift nur wahlweise die Anfechtung gegenüber der Behörde zuläßt hinsichtlich amtsempfangsbedürftiger (bürgerlich-rechtlicher) Willensäußerungen, die einen Dritten unmittelbar betreffen[55]. Selbst wenn eine nichtamtliche publizistische Willensäußerung Rechte Dritter begründet, kann die Anfechtung nur gegenüber der Behörde in Betracht kommen.

Bei der im folgenden vorzunehmenden Untersuchung der Anfechtbarkeit öffentlich-rechtlicher Anträge von Privatpersonen interessiert insdere, inwieweit die Ausübung des Anfechtungsrechts sich auf den Bestand des von der Mitwirkungshandlung intiierten Verwaltungsaktes auswirken würde und ob ein derartiger Einfluß mit der dem behördlichen Akt zukommenden Funktion als agens der Rechtsgestaltung vereinbar wäre. Die Prüfung bezieht neben der Zulässigkeit der Anfechtung die Form ihrer Ausübung ein.

B. Anfechtbarkeit der Zustimmungs- und Unterwerfungserklärungen bei den mitwirkungsbedürftigen Verwaltungsakten

I. Zulässigkeit der Anfechtung

1. Darstellung des Streitstandes

a) Die überwiegende Ansicht

Im allgemeinen wird in Rechtsprechung und Lehre der Antrag einer Privatperson ebenso für anfechtbar gehalten wie die sonstigen nicht-

---

[52] s. oben, S. 88 f.

[53] s. HessVGH VRspr 4/607, 611.

[54] s. § 23 Abs. 2 des 1. StAngRegG; Art. 38 EVRO, HB, S. 160 und BayVGH DVBl 1951/516 f.

[55] Anderer Meinung aber *Bürger*, S. 53; vgl. auch *Friedrichs*, Allgemeiner Teil des Rechts, S. 22 (§ 14) und S. 54.

amtlichen publizistischen Willensäußerungen[56]. Insbesondere für den Antrag auf Entlassung aus dem Beamtenverhältnis wird auf die §§ 119 ff. BGB zurückgegriffen[57]. Den Ausführungen der vorherrschenden Meinung liegt die Erwägung zugrunde, daß auch die auf das Hervorbringen eines Verwaltungsaktes gerichtete Willenserklärung eines Privaten diesen nur endgültig binden kann, wenn seine Willensbildung frei von Fehlvorstellungen ist. Einschränkend wird allerdings zumeist darauf hingewiesen, daß die Heranziehung der bürgerlich-rechtlichen Anfechtungsbestimmungen dann zu unterbleiben habe, wenn ein den Erfordernissen des öffentlichen Rechts entsprechender Weg beschritten werden könne. Mithin bedürfe es einer Anfechtung dann nicht, wenn die Zivilperson ihre Erklärung widerrufen könne; mit anderen Worten setze die Ausübung des Anfechtungsrechts die rechtsgeschäftliche Bindung des Autors an seine Willenskundgebung voraus[58].

Einige Schriftsteller meinen, die §§ 119 ff. BGB seien nicht allgemein für die rechtliche Beurteilung der Anträge zu verwenden; vielmehr müsse die Ähnlichkeit des ungeregelten mit dem geregelten Verhältnis ins Auge springen, so daß auf den Einzelfall abzustellen sei.

b) Die Ansicht insbesondere von *Bulling*

Von diesem Ausgangspunkt aus hat *Bulling*[59] die Anträge auf Erlaß eines — mitwirkungsbedürftigen — begünstigenden Verwaltungsaktes grundsätzlich für unanfechtbar gehalten. Denn vor der Bescheidung könne der Antrag in aller Regel widerrufen werden, danach sei zumeist ein Verzicht auf die Begünstigung zulässig. Damit eröffne sich dem Rechtsinhaber eine von dem Zivilrecht abweichende Möglichkeit, von der Rechtswirkung seiner Erklärung loszukommen. Er werde dadurch nicht schlechter gestellt, da eine Anfechtung wegen § 122 BGB ebenfalls die Auferlegung der fällig gewordenen Gebühr zur Folge hätte. Von

---

[56] So z. B. OVG Koblenz DVBl. 1965/771, 775 f.; *Gitzinger*, S. 51 f., S. 53; *Collasius*, S. 113 ff., 114—116, 124 f. (Analogie); *Siebecke*, S. 42—44 (2); *Eyermann-Fröhler*, § 42 VwGO Rd. Nr. 6.

[57] So: RGZ 141/240, 258; BGHZ 6/348, 351 = VRspr 4/724, 725; OVG Münster VRspr 5/58, 60; HessVGH VRspr 4/607 ff.; *Wolff*, VR II, S. 429 (2) mit Hinweis auf § 30 Abs. 1 Satz 3 BBG; *Schack*, in: ZBR 1964/161, 162 (2); *Brand*, § 60 DBGAnm. 4 (S. 521 f.); *Bochalli*, § 30 Anm. 1; *Plog-Wiedow*, § 30 Rd. Nr. 4, § 2 Rd. Nr. 22; *Distel-Selge*, § 30 Erl. 2 (S. 189), je zum BBG; *Bauch*, S. 49; *Bernard-Hoffmann*, § 37 BWLBG Erl. 3; *Leussner-Gerner*, Art. 41 BayBG Erl. 2; *Crisolli-Schwarz*, § 41 HBG Erl. 6, § 2 HBG Erl. 8; *Sachse-Topka*, § 38 NBG Erl. 7; *Hildebrandt-Demmler-Bachmann*, § 33 NW LBG Erl. 2.7; *Grabendorff-Arend*, § 40 Rh-PfLBG Erl. 2; anderer Meinung *Nadler-Wittland-Ruppert*, § 60 DBG Rd. Nr. 11 (S. 1024), die aber über den Umweg eines sich auf Treu und Glauben gründenden Schadenersatzanspruches zum gleichen Ergebnis kommen; vgl. auch RGZ 126/243, 244.

[58] So etwa: *Jellinek*, VR, S. 241; *Fülster*, S. 194 (2); *Siebecke*, S. 43 f.; anderer Meinung *Cerutti*, § 149 Abs. 1 — im Verhältnis zu Abs. 2.

[59] In: DÖV 1962/378, 379 (II 1, 2, 3).

diesem Grundsatz könne nur dann eine Ausnahme gemacht werden, wen die Parallele zur zivil-rechtlichen Rechtslage offenkundig sei, also bei einem Verbot der Rücknahme vor Bescheidung des Antrags und ebenso, wenn ein späterer Verzicht unzulässig ist.

Gemäß ihrem Standpunkt kommen *Daniels-Bulling*[60] konsequent zu dem Ergebnis, daß der Antrag auf Bestallung zum Arzt nicht angefochten werden könne. Nach dem Erlöschen der Bestallung infolge des Verzichts gemäß § 9 BÄO wäre es möglich, das rechtliche Interesse an einer förmlichen Aufhebung des Bestallungsaktes darzutun. Daher sei der Weg frei für die verwaltungsrechtliche Anfechtung dieses Aktes, und zwar wie nach § 121 BGB zumeist ein Jahr lang gemäß § 58 VwGO, da begünstigende Verwaltungsakte in aller Regel ohne Rechtsmittelbelehrung erlassen werden[61].

Ähnliche Gedanken wurden in der Begründung des EVRO für Württemberg entwickelt[62]. Im Gegensatz zu den Zustimmungen zu belastenden Verwaltungsakten werden die Anträge auf begünstigende Verwaltungsakte für unanfechtbar gehalten. Als Voraussetzung für den Erlaß eines Verwaltungsaktes werde der Antrag von dem ins Rechtsleben getretenen behördlichen Akt konsumiert. Aus der Unanfechtbarkeit der Willenserklärung würden für die Privatperson keine rechtlichen Nachteile folgen; denn komme die Behörde einem mit Willensmängeln behafteten Antrag nach, so brauche der Begünstigte die Rechtsgewährung nicht zu nutzen oder könne auf sie verzichten.

2. *Begründung der Anfechtbarkeit*

Da Zustimmungs- und Unterwerfungserklärung nicht nur auf Rechtsfolgen abzielen, die mit ihrem Wirksamwerden eintreten, sondern darüber hinaus auf weitere Rechtswirkungen gerichtet sind, welche zusammen mit dem Verwaltungsakt herbeigeführt werden, stellt sich die Frage, ob der Antragsteller die *nicht allein* von ihm in Kraft gesetzten rechtlichen Folgen *allein beseitigen* kann. In den Ausführungen zu der Widerruflichkeit der öffentlich-rechtlichen Anträge wurde dargelegt, daß der Adressat des Verwaltungsaktes sich dieses Mittels nicht mehr nach dem rechtswirksamen Erlaß des behördlichen Aktes bedienen kann, weil ihm die Rechtsmacht für eine derartige einseitige Loslösung ohne Vorliegen besonderer Gründe nicht zukomme[63]. Es wurde darauf hingewiesen, daß bei begünstigenden Verwaltungsakten der Verzicht offenstehe und andererseits der einseitige Widerruf der Zustimmung

[60] a.a.O., § 3 BÄO Rd. Nrn. 15, 16.
[61] § 43 Abs. 2 VwGO zeigt, daß die verwaltungs-rechtliche Anfechtung eines nichtigen Verwaltungsaktes möglich ist.
[62] s. EVRO, HB, S. 173—175.
[63] s. oben, S. 104—106.

denjenigen Vorschriften, welche wie §§ 14 Abs. 1 Nr. 5 BRAO, 30 BBG, 46 Abs. 3 SoldG den Verzicht in die Gestalt eines mitwirkungsbedürftigen Verwaltungsaktes kleiden, zuwiderlaufen würde. Die Rücknahme der Unterwerfungserklärung über den Zeitpunkt des Zuganges des Verwaltungsaktes hinaus käme einer einseitigen Entbindung von einer Pflichtenlage gleich und würde dem die Verwaltung verpflichtenden Gesetzmäßigkeitsprinzip widersprechen. Diese auf die Widerruflichkeit der Mitwirkungshandlung zugeschnittenen Darlegungen können nicht ohne weiteres für die Frage ihrer Anfechtbarkeit herangezogen werden. Denn anders als der Widerruf setzt dieses Gestaltungsrecht bestimmte Gründe voraus, deren Vorliegen erst die Ausübung rechtfertigen. Die Tatsache, daß eine im Sinne der §§ 119 ff. BGB fehlerhafte Willensäußerung nicht in Ordnung ist, könnte den Grund liefern, dem Antragsteller ein einseitiges Recht zur Beseitigung der durch den mitwirkungsbedürftigen Verwaltungsakt gesetzten Rechtsfolgen zuzugestehen[64]. Das Ergebnis der Untersuchung hängt davon ab, ob das Interesse der Zivilperson an einem seinem Willen entsprechenden Rechtszustand höher zu bewerten ist als das Interesse an dem Fortbestand der eingetretenen Rechtswirkungen, denen der Verwaltungsakt Publizität verliehen hat. Die Abwägung ergibt, daß ebenso wie die Zustimmungen des Privatrechts[65] und die öffentlich-rechtlichen Zustimmungserklärungen Dritter[66] auch die Mitwirkungshandlungen der Anfechtung unterliegen können. Der den §§ 119 f. BGB zugrunde liegende Rechtsgedanke ist auf diese öffentlich-rechtliche Willenserklärungen von Privatpersonen ebenfalls anwendbar; denn die durch öffentliche Interessen motivierten Gründe, welche gegen eine einseitige Befugnis sprechen, sich der Rechtsfolgen zu entledigen, werden durch die in den §§ 119 ff. BGB niedergelegte Interessenbewertung aufgewogen. So widerstreitet die Ausübung dieses Gestaltungsrechts hinsichtlich einer Unterwerfungserklärung nicht dem Prinzip des Gesetzesvorbehaltes gemäß Art. 20 Abs. 3 GG. Denn wenn der Private in der Lage sein soll, durch seine Willensäußerung der Behörde die gesetzliche Ermächtigung für einen in seine Rechte eingreifenden Verwaltungsakt zu verschaffen, so wäre es unbillig, ihm die Belastung auch dann noch aufzubürden, wenn die Willenskundgebung von Fehlvorstellungen beeinflußt wurde. Das muß sicher für die Fälle einer arglistigen Täuschung oder einer widerrechtlichen Drohung gelten; der Grundsatz erleidet aber auch keine Ausnahme bei einer Anfechtung wegen Irrtumsbefangenheit. § 122 BGB bietet die Gewähr dafür, daß die Interessenwahrnehmung des Privaten

---

[64] Bei Verwaltungsakten auf Unterwerfung i.V.m. der verwaltungsrechtlichen Anfechtung des Verwaltungsaktes.

[65] s. *Staudinger-Coing*, § 182 BGB Rd. Nr. 9; *Erman-Böhle-Stamschräder*, Vorbem. 4 vor § 182 BGB.

[66] s. BVerwGE 19/362, 363.

nicht unerträgliche Folgen für die auf den Bestand der Willenserklärung vertrauende Behörde zeitigt. Der Ersatz des Vertrauensinteresses wird darauf hinauslaufen, daß der Anfechtende wegen des nunmehr rechtswidrigen behördlichen Eingriffs keinerlei (Schadenersatz)Ansprüche geltend machen kann.

Ebenso stehen der Anfechtung einer Zustimmungserklärung keine vorrangig zu schützenden öffentlichen Interessen entgegen, wenn ein Verzicht auf das durch den Verwaltungsakt gewährte Recht zustimmungsbedürftig ist wie etwa der Verzicht auf die Rechte aus der Zulassung zur Rechtsanwaltschaft oder die Rechtsstellung des Beamten oder Soldaten (§§ 14, Abs. 1 Nr. 5 BRAO, 30 BBG, 46 Abs. 3 SoldG). In diesen Fällen rechtfertigen die von dem Vorliegen bestimmter Motivationslagen abhängenden Anfechtungstatbestände die einseitige Lösung aus der Bindung an die durch Willensäußerung und behördlichen Akt in Wirkung gesetzten Rechtsfolgen. Dies muß ebenso gelten, wenn der Verzicht auf das pflichtenbelastete Recht einseitig möglich ist. Der Grund, in diesem Falle die Anfechtung mit dem Verzicht konkurrieren zu lassen, liegt darin beschlossen, daß anders als der Verzicht die Geltendmachung der Anfechtung grundsätzlich ex tunc wirkt und der Antragsteller an einer rückwirkenden Beseitigung der ihn treffenden Pflichten ein schützenswertes Interesse haben kann. Bei der Zustimmung zu rein begünstigenden Verwaltungsakten fällt dieses Interesse zumeist fort. Eine rückwirkende Vernichtung des subjektiven öffentlichen Rechts käme allein der Behörde zugute. Daher besteht in aller Regel kein Bedürfnis für die Anfechtung nach den §§ 119 ff. BGB, die Verzichtsmöglichkeit eröffnet den einfacheren Weg. Etwas anderes kann nur dann gelten, wenn der Private den rückwirkenden Wegfall der Begünstigung wirklich will.

Wurde die grundsätzlich für zulässig gehaltene Anfechtung von Mitwirkungshandlungen bisher ins Verhältnis zum Verzicht gesetzt, so bedarf es noch einer weiteren Einschränkung dieses Gestaltungsrechts. In Übereinstimmung mit der überwiegenden Ansicht kann eine Anfechtung erst in Betracht kommen, wenn der Autor der Willenserklärung gebunden ist. Das macht schon ein Vergleich beider Befugnisse deutlich. Will der Widerruf den Eintritt der Rechtswirkungen verhindern, so sollen mittels der Anfechtung die schon geäußerten Rechtsfolgen beseitigt werden. Zudem ist der Widerruf nicht an das Gegebensein bestimmter Gründe geknüpft. Mithin wird die Anfechtung von Zustimmung und Unterwerfung regelmäßig erst mit dem rechtswirksamen Zugang des Verwaltungsaktes möglich. Tritt die Bindung schon vorher ein, so kann die Anfechtung von diesem Zeitpunkt an betrieben werden. So sind die Entlassungsanträge nach den §§ 30 Abs. 1 Satz 3 BBG, 46 Abs. 3 Satz 3 SoldG 14 Tage nach ihrem Zugang beim Dienst- bzw. Disziplinarvorgesetzen nur noch mit Zustimmung der Entlassungsbehörde widerruflich. Die für die Einengung der Zurücknahme bestimmenden öffentlichen Interessen[67] können einer Anfechtung nicht entgegenstehen, da eine Abwägung die Vorrangigkeit der in §§ 119 ff. BGB enthaltenen Wertungen ergibt.

Zusammenfassend kann festgestellt werden, daß bei allen Mitwirkungshandlungen bis zum Eintritt der Bindung nur der Widerruf möglich ist. Danach kommt bei der Zustimmung zu rein begünstigenden Verwaltungsakten je nach der Willensrichtung des Rechtsinhabers — er erstrebt den Fortfall nur für die Zukunft oder wünscht darüber hinaus den rückwirkenden Wegfall — ein Verzicht oder die Anfechtung in Betracht. Die Anträge auf einen Verwaltungsakt, welcher eine pflichtenbelastete Rechtsstellung in Kraft setzt, sind anfechtbar, wenn ein Verzicht zustimmungsbedürftig wäre. Ist dieser einseitig möglich, so ist für die Anfechtung nach den §§ 119 ff. BGB ein schützenswertes Interesse des Antragstellers an einem rückwirkenden Fortfall der Belastung erforderlich. Die Unterwerfungserklärung ist nach den bürgerlich-rechtlichen Anfechtungsbestimmungen vernichtbar.

Richtet sich die Zustimmung auf einen rechtsaufhebenden Verwaltungsakt, handelt es sich mithin um einen zustimmungsbedürftigen Verzicht wie in den Fällen der §§ 14 Abs. 1 Nr. 5 BRAO, 30 BBG, 46 Abs. 3 SoldG, so scheidet ein Verzicht aus begrifflichen Gründen aus. Daher kann die Zustimmung angefochten werden[68].

Bevor weitere Einschränkungen der Anfechtung gemäß §§ 119 ff. BGB geprüft werden, sollen die bisher gefundenen Ergebnisse an einem in mehrfacher Hinsicht interessanten Beispiel erläutert und ergänzt werden.

3. Insbesondere die Anfechtung des Antrags auf Einstellung als Beamter

Überwiegend wird die Zustimmung zur Ernennung für anfechtbar gem. §§ 119 ff. BGB gehalten[69], und zwar von dem Zeitpunkt der durch die Urkundenaushändigung eingetretenen Bindung an[70]. Andere wollen die Anfechtbarkeit ausschließen. *Crisolli-Schwarz*[71] stützen ihre Ansicht darauf, daß andernfalls der dem § 14 BBG entsprechende § 16 Abs. 2 HBG nicht gelten würde und der Beamte nicht unbillig belastet werde,

[67] s. oben, S. 107 f. (3).
[68] Im Ergebnis ebenso *Kalsbach*, § 14 BRAO Anm. 7 (III).
[69] So z. B. OVG Rheinland-Pfalz (Koblenz) VRspr 8/825, 826 (III 1 a); *Plog-Wiedow*, BBG, § 11 Rd. Nr. 5, § 2 Rd. Nr. 22; *Fischbach*, BBG, Vorbem. zu §§ 11—14 Anm. B II (S. 219); *Maneck-Schirrmacher-Kissel*, § 2 HBG Erl. 24.
[70] So *Woff*, VR II, S. 514 (5 β γ).
[71] a.a.O., § 14 HBG Erl. 4.

da er ja einen Antrag auf Entlassung stellen könne. Nach *Hildebrandt-Demmler-Bachmann*[72] stehen zudem einer Anfechtungsmöglichkeit sowohl das Prinzip der Formenstrenge als auch die abschließende Normierung in §§ 11, 12 NWLBG und BBG entgegen.

Alle vorgebrachten Einwände vermögen nicht zu überzeugen. Zwar besagt der Grundsatz der Formenstrenge unter anderem, daß sich Begründung, Änderung und Beendigung des Beamtenverhältnisses ausnahmslos in den Formen vollzieht, welche die Beamtengesetze dafür bereithalten[73]. Daraus kann jedoch nicht gefolgert werden, daß jegliche Anwendung bürgerlichen Rechts, insbesondere die der §§ 119 ff BGB, zur Lückenausfüllung im öffentlichen Recht zu unterbleiben hat[74]. Vielmehr ist nur die Forderung aufzustellen, daß die Rechtsanwendung in cronceto nicht diesem Prinzip widersprechen dürfe[75]. Wenn das Beamtenverhältnis nicht durch einen einseitigen behördlichen Akt, sondern aufgrund eines mitwirkungsbedürftigen Verwaltungsaktes begründet wird, so zeigt sich darin die Wichtigkeit auch des Beamtenwillens. Die Anfechtung der Mitwirkung verfolgt nur den Zweck, den Verwaltungsakt auf eine ordnungsgemäße, nicht fehlgeleitete Zustimmung zu gründen. Stellt aber das Gesetz selbst auf den Willen des Antragstellers ab, ohne allerdings die Rechtsfolgen einer Fehlvorstellung selbst zu regeln, so widerspricht seine Ergänzung durch die §§ 119 ff. BGB nicht dem Grundsatz der Formenstrenge; denn dadurch wird nicht ein neuer Tatbestand für eine beamten-rechtliche Rechtsänderung eingeführt, sondern nur der bereits bestehende beamten-rechtliche Begründungstatbestand näher geregelt. Ebenso kann der Hinweis auf die §§ 11, 12 BBG nicht die Ansicht der Mindermeinung rechtfertigen. Diese Vorschriften könnten ebensogut die Begründung dafür liefern, im übrigen allgemeines Verwaltungsrecht, also unter Umständen auch bürgerlich-rechtliche Normen zu dessen Ergänzung, anzuwenden[76]. Selbst bei Auffassung der §§ 11, 12 BBG als abschließende Aufzählung der Nichtigkeits- und Rücknahmegründe bezieht sich dieser Katalog in erster Linie auf dem Anstellungsakt selbst anhaftende Mängel. Jedenfalls sieht sich die vorherrschende Ansicht nicht daran gehindert, bei einem fehlenden Antrag die Nichtigkeit der Einstellung anzunehmen[77]. Dann ist aber nicht einzusehen, warum der rechtlich fehlerhafte Antrag dem fehlenden nicht im Ergebnis gleichgestellt werden kann aufgrund einer Anwendung der §§ 119 ff. BGB. Weiterhin ist nicht ersichtlich, warum

[72] a.a.O., NW LBG, § 11 Anm. 1.3, § 2 Anm. 3.2.2.

[73] s. *Scheerbarth*, Beamtenrecht, S. 41 (II).

[74] Ebenso *Bochalli*, § 12 BBG Anm. 3 b.

[75] Vgl. auch *Scheerbarth*, Beamtenrecht, S. 57 (I) für die Anwendung der ungeschriebenen Grundsätze des allgemeinen Verwaltungsrechts.

[76] So denn auch *Schack*, in: ZBR 1964/161.

[77] s. z. B. *Ule*, in: Staatsbürger und Staatsgewalt, Bd. II, S. 113, 139 (3) und 140.

bei Verwendung der bürgerlich-rechtlichen Anfechtungsbestimmungen § 14 BBG nicht gelten soll. Vielmehr kann mittels dieser Vorschrift die Gültigkeit der Amtshandlungen des Beamten trotz der Nichtigkeit der Ernennung erhalten werden. Da die Anfechtung des Ernennungsantrages aus noch näher darzulegenden Gründen ex nunc wirkt, ist die Anwendung des § 14 BBG bis zur wirksamen Ausübung des Gestaltungsrechts überflüssig; für nach dem Zugang der Anfechtungserklärung vorgenommene Amtshandlungen kann § 14 BBG aber analog angewandt werden[78].

Schließlich kann auch nicht der Verweis auf die dem Antragsteller nach § 30 BBG eröffnete Möglichkeit überzeugen. Da der Verzicht auf die Beamtenrechte zustimmungsbedürftig ist, kann er dem einseitigen Gestaltungsrecht nicht vorgehen[79]. Im übrigen wäre der Beamte durch den Weg über § 30 BBG auch deswegen schlechter gestellt, weil der beantragte Zeitpunkt der Entlassung nach Abs. 2 dieser Vorschrift hinausgeschoben werden kann; die ordnungsgemäße Abwicklung der Amtsgeschäfte ist jedoch nur jemandem zuzumuten, der ohne fehlerhafte Willensbestimmung in ein besonderes Gewaltverhältnis eingetreten ist[80].

Entgegen der Ansicht von *Brand*[81] und *Schack*[82] ist ebenso die Anfechtung wegen Irrtums zuzulassen. Beide begründen ihren gegenteiligen Standpunkt mit dem „Interesse des Staates an der Aufrechterhaltung des Ernennungsaktes". Eine freiwillige Rücknahme der Ernennung werde die Behörde nur dann verweigern, wenn zwingende Gründe den Fortbestand des Beamtenverhältnisses notwendig machen. Dem ist entgegenzuhalten, daß dem Beamtengesetz selbst wie etwa § 11 Abs. 2 Nr. 2 zu entnehmen ist, daß es ihm entscheidend auf einen — mangelfreien — Willen auf seiten des Beamten ankam[83]. Somit ergibt die Abwägung der beiderseitigen Interessen, daß die Anfechtung bei Irrtumsbefangenheit ebenfalls zulässig ist.

Die Anfechtung des Einstellungsantrages wirkt abweichend von § 142 Abs. 1 BGB ex nunc, da faktisch ein Dienstverhältnis bestanden hat[84]. Diese Annahme findet ihren Grund nicht in einem Schutz der auf die Gültigkeit der Amtshandlungen des betreffenden Beamten vertrauenden Allgemeinheit. Auch bei rückwirkender Beseitigung der Zustimmungserklärung wäre das Vertrauen entsprechend § 14 BBG geschützt.

---

78 Ebenso *Weimar*, in: RiA 1964/121, 123.
79 s. oben, S. 127, 128.
80 in Ergebnis ebenso *Weimar*, a.zul.a.O.
81 a.a.O., §§ 32—34 DBG Anm. 12.
82 In: ZBR 1964/161, 164.
83 Vgl. *Gitzinger*, S. 101 — wegen der Relevanz seines — auch mangelfreien — Willens hat der Beamte einen öffentlich-rechtlichen Rechtsanspruch auf Entlassung, vgl. *Otto*, in: ZBR 1955/65 f.; BVerwG NJW 1968/2023, 2026.
84 s. *Weimar*, in: RiA 1964/121, 122 (rechte Spalte).

Vielmehr kann die rechtliche Fiktion des § 142 BGB nichts an dem tatsächlichen Bestehen eines Rechts- und Pflichtenverhältnisses ändern. Die Tatsache, daß der Beamte seinen Pflichten nachgekommen ist, läßt sich nicht mehr beseitigen. Er erhält daher kraft des faktischen Beamtenverhältnisses die Dienstbezüge, während § 14 Satz 2 BBG nur eine Kannregelung vorsieht.

Die bisherigen Untersuchungen haben sich hauptsächlich — außer der Prüfung, ob §§ 119 ff. BGB auf öffentlich-rechtliche Anträge anzuwenden sind — mit dem Verhältnis des Verzichts zur Anfechtung beschäftigt. Ohne nähere Vertiefung wurde darauf hingewiesen, daß von der grundsätzlichen ex tunc-Wirkung der Anfechtung unter Umständen Ausnahmen gemacht werden müssen, die durch das schutzwürdige Vertrauen der Allgemeinheit gerechtfertigt sind. So wurde bei der Anfechtung einer Mandatsverzichtserklärung die Rückwirkung verneint, da anderenfalls die richtige Zusammensetzung des Bundestages als Beschlußorgan berührt werden würde[85]. Dieser Gedanke soll im folgenden behandelt werden. Zu prüfen bleibt weiterhin, ob nicht Vertrauenstatbestände denkbar sind, welche das Interesse an dem Fortbestand einer Rechtslage schützenswert erscheinen lassen. Dabei wird möglicherweise zwischen den einzelnen Willensmängeln zu differenzieren sein.

II. Begrenzung der Anfechtung nach Tatbestand und Wirkung

1. Die Lehre Küchenhoffs

In seiner ersten Abhandlung über die öffentlich-rechtlichen Willenserklärungen von Privatpersonen nimmt *Küchenhoff*[86] zum Ausgangspunkt seiner Untersuchung die den öffentlich-rechtlichen Willenserklärungen eigenen tatbestandlichen Unterschiede. Eine Gruppe wie etwa der Entlassungsantrag berühre nur den Rechtskreis der Erklärungsbeteiligten, bei anderen werde dagegen durch die Willenskundgebung eine öffentlich-rechtliche Lage oder Anstalt geschaffen, welche eine unbestimmte Vielzahl von Personen begünstige; so löse die Widmungszustimmungserklärung für jedermann Benutzungsrechte aus.

Für diese unterschiedlichen Tatbestände seien unterschiedliche Rechtsregeln zu entwickeln. Zwar würden für beide Typen einer öffentlich-rechtlichen Willensäußerung die bürgerlich-rechtliche Zugangsregelung gelten, dagegen die Vorschriften der §§ 119, 123 BGB uneingeschränkt nur für den Entlassungsantrag, nicht aber für die Widmungszustimmungserklärung. Denn die Rechtsmacht des zustimmenden Eigentümers

---

[85] s. oben, S. 119 f.
[86] In: Festschrift für Laforet, S. 317, insbesondere S. 320—324.

sei beschränkt auf die Vernichtung derjenigen Rechtsfolgen, welche er in ihrer Begründung und in ihrem Bestand allein oder im Zusammenwirken mit den Widmungsbeteiligten unmittelbar beherrschen kann. Daher könne dem durch die Widmung entstandenen Gemeingebrauch zugunsten der Öffentlichkeit nicht mehr die Grundlage entzogen werden. Bestätigt würden diese Überlegungen durch den Gesichtspunkt der Verkehrssicherheit, die dem Schutz der vertrauenden Allgemeinheit diene[87]. Sie werde jedoch durch die Rechtssicherheit eingeengt, so daß eine Anfechtung wegen widerrechtlicher Drohung möglich bleiben müsse, während eine Irrtumsanfechtung auszuscheiden habe; ebenso könne eine arglistige Täuschung nicht die Ausübung des Gestaltungsrechtes rechtfertigen, da wohl nie alle Gemeingebrauchsberechtigten von der Täuschung Kenntnis hätten oder haben könnten. Die Vorschrift des § 123 Abs. 2 Satz 2 BGB regele vorbildlich das Verhältnis von Verkehrssicherheit und Rechtssicherheit.

Verallgemeinernd lasse sich in Entsprechung zu den handelsrechtlichen Willensäußerungen an die Öffentlichkeit der Satz aufstellen, daß für die nichtamtlichen publizistischen Willenserklärungen die — nur aus Gründen der Rechtssicherheit begrenzte — verkehrssichernde Erklärungstheorie gelte.

In seiner zweiten Untersuchung der öffentlich-rechtlichen Willenserklärungen Privater greift Küchenhoff[88] einige Gedanken aus seinem Festschriftbeitrag auf und vertieft sie, bringt aber auch Korrekturen an. Nach ihm könnten entsprechend der Unterscheidung der Erklärungen durch die Bestimmtheit bzw. Unbestimmtheit der Rechtserfolge, insbesondere der Rechtsbeteiligten, Rechtsgegner oder Erwerber von Rechtsvorteilen die öffentlich-rechtlichen Willensäußerungen als *Richtungs-*, *Betätigungs-* und *Wirkungserklärungen* gruppiert werden. Bei den ersteren betreffe die Rechtsfolge nur die Erklärungsbeteiligten, wie z. B. bei Einstellungs- und Entlassungsantrag und den sonstigen Anträgen auf Einräumung einer öffentlichen Funktionsstellung. Erst durch die Folge der Rechtswirkung würden andere Rechtsgenossen betroffen, beispielsweise dadurch, daß nunmehr ein anderer Beamter die Amtsgeschäfte wahrnimmt.

Von ihnen unterschieden sich die Betätigungserklärungen dadurch, daß sie Tatsachenwirkungen äußerten, weshalb sie als tatbestandskräftige Richtungserklärungen bezeichnet werden könnten. Aus der Stellung, dem Bestand oder der Betätigung der durch diese Willenskundgebungen geschaffenen Rechtssituation — etwa der Kassenarztstellung — würden sich für andere als die an dem Antrag unmittelbar Beteiligten Rechtsfolgen ergeben.

[87] Vgl. auch *Gitzinger*, S. 45, Fußn. 1.
[88] In: BayVBl 1958/325—329.

Die Wirkungserklärungen seien dadurch gekennzeichnet, daß der gewollte Rechtserfolg von vornherein allgemein sei. Sie lägen vor, wenn ein Verwaltungsakt mitgeschaffen wird, der sich wie beispielsweise bei der Entstehung einer Anstalt auf die Allgemeinheit in der Weise auswirkt, daß er für jedermann (Gemeingebrauchs)Rechte begründet. Diese allgemeine Rechtswirkung entstehe anders als bei den übrigen Typen öffentlich-rechtlicher Willenserklärungen unmittelbar mit dem von der Widmungszustimmungserklärung ausgelösten Verwaltungsakt. Hinsichtlich der Rechtsregeln seien die §§ 119, 123 nur auf die Richtungserklärungen ohne Tatbestandswirkung wie z. B. den Entlassungsantrag anzuwenden, während der richtige Weg für die rechtliche Beurteilung der zweiten und dritten Gruppe durch die im Handelsrecht und im Arbeitsrecht zur Anfechtbarkeit angestellten Überlegungen gewiesen werde. Diese umfassende Betrachtung eines Problems für die gesamte Rechtsordnung werde bestätigt durch die für Verwaltungsakte bestehenden Regelungen wie etwa § 12 Abs. 1 Nr. 1 einerseits und § 12 Abs. 1 Nr. 2, Abs. 2 Nr. 2 BBG andererseits, wonach Täuschung und Drohung eine Anfechtung rechtfertigen, während die Anfechtung wegen Irrtums auf bestimmte Fälle beschränkt ist. Dieser allgemeine Rechtsgedanke wurzele in dem Grundsatz, daß sich der Irrende im Bereich der Unrichtigkeit befinde, während Getäuschter und Bedrohter das Recht auf ihrer Seite hätten. Eine Rücksichtnahme auf den Irrtum könne nur einer Pflicht aus Wohlverhalten entspringen und daher nur von dem Rechtsbegegnenden, nicht aber von vertrauenden Dritten verlangt werden. Daher sei die Widmungszustimmungserklärung der Allgemeinheit gegenüber wegen Irrtums nicht anfechtbar, wohl aber — relativ — wegen der staatlichen Fürsorge- und Treuepflicht gegenüber der Widmungsbehörde, so daß dem Eigentümer Ansprüche aus Aufopferung und auf Freistellung von der Anliegerbeitragspflicht zustehen könnten.

2. *Kritik dieser Lehre und eigener Versuch zur Begrenzung der Anfechtung*

Der Begründung und den Ergebnissen der theoretischen Erörterung *Küchenhoffs* über die einschränkende Heranziehung der §§ 119 ff. BGB für Mitwirkungshandlungen Privater kann nicht gänzlich zugestimmt werden[89].

Wie sich zeigen wird, kann die Terminologie von Küchenhoff übernommen werden, allerdings ist darauf hinzuweisen, daß einerseits die von Küchenhoff angeführten Beispiele manchmal bei zwei Gruppen auf-

---

[89] Seiner Ansicht folgen *Landmann-Giers-Proksch*, S. 144; gegen ihn wenden sich von *Turegg-Kraus*, S. 105 f., insbesondere Fußn. 4.

tauchen, wie etwa die Anträge auf Einräumung einer öffentlichen Funktion, während andererseits die Anfechtbarkeit der Betätigungs- und Wirkungserklärung nicht gleich zu behandeln ist, weil ihr eine verschiedene Problematik zugrunde liegt. Verursacht wird die mangelnde Differenzierung durch eine nicht völlig zutreffende Begründung für die Einschränkungen der Anfechtbarkeit.

Der von Küchenhoff ins Feld geführte Gedanke der Rechtsmachtbegrenzung überzeugt nicht, da seine durchgehende Befolgung der Anfechtbarkeit aus jedem Grunde entgegenstehen müßte. Es ist nämlich in der Eigenart der Zustimmungs- und Unterwerfungserklärungen begründet, daß die Rechtswirkungen nicht allein durch den Willen der Privatperson ausgelöst werden. Diese Tatsache kann für sich nicht zur Folge haben, daß dem Autor die Vernichtung der Rechtsfolgen unmöglich bleiben muß. Vielmehr kann sich die Begrenzung der Anfechtung nur aus schutzwürdigen Interessen der Allgemeinheit ergeben, wobei hier allerdings ins Gewicht fallen kann, daß die Rechtswirkungen durch Willenserklärung *und* Verwaltungsakt verursacht worden sind. Zutreffender ist es daher, wenn Küchenhoff auf das Verhältnis der sich gegenseitig einschränkenden Verkehrssicherheit und Rechtssicherheit abhebt. Die Abwägung kann aber nicht die Behauptung stützen, für alle nichtamtlich publizistischen Willensäußerungen gelte die — durch die Rechtssicherheit begrenzte — verkehrssichernde Erklärungstheorie. Ihre Anwendung kann in Betracht kommen, muß es aber nicht[90]. Gemessen an den von ihm entwickelten Rechtsregeln fehlt die von Küchenhoff gezogene Parallele zu den handelsrechtlichen Erklärungen an die Öffentlichkeit, da bei ihnen die Anfechtung überhaupt ausscheidet[91], während bei der faktischen Gesellschaft ein Kündigungsrecht aus wichtigem Grunde gegeben wird[92] und die Anfechtung von Arbeitsverhältnissen ex nunc wirkt[93].

Ebensowenig überzeugt es, wenn in diesem Zusammenhang auf die Regelung des § 12 BBG und ähnlicher Rechtssätze hingewiesen wird, welche nach den Anfechtungstatbeständen differenzieren. Schon in der allgemeinen Begründung für die Übernahme der §§ 119 ff. BGB in das öffentliche Recht wurde ausgeführt, daß diese Bestimmungen Fehler des Verwaltungsaktes behandeln, während es hier um die rechtliche Beurteilung mangelhafter, wenn auch auf den Erlaß eines Verwaltungsaktes gerichteter, Willensäußerungen von Privatpersonen geht[94]. Daher können die Vorschriften nicht ohne weiteres Leitsätze für eine unterscheidende Anwendung der Anfechtungstatbestände auf Willenserklä-

90 Vgl. auch *Wilde,* S. 68.
91 s. etwa *Erman-Westermann,* Bemerkung 4 vor § 116 BGB.
92 s. oben, S. 120, Fußn. 43.
93 s. oben, S. 130 f. und *Küchenhoff* selbst, in: RdA 1958/121.
94 s. oben, S. 113 f.

rungen sein. Diese Darlegungen machen deutlich, daß Küchenhoff eine Reihe von Gesichtspunkten vermengt, aus ihnen ein einheitliches Ergebnis abliest — keine Anfechtung wegen Irrtums —, das er dann für sämtliche Betätigungs- und Wirkungserklärungen verwertet. Demgegenüber soll aufgezeigt werden, daß die Interessenkonflikte bei diesen beiden Gruppen verschieden sind und daher nach unterschiedlichen Rechtsregeln gelöst werden müssen.

Bei den *Betätigungserklärungen* handelt es sich um Anträge auf die Verleihung einer auf Dauer angelegten Rechtsstellung, welche zu Handlungen gegenüber der Allgemeinheit berechtigt. So ist es etwa bei dem Antrag auf Zulassung als Kassenarzt oder als Rechtsanwalt. Die Allgemeinheit hat ein Interesse daran, daß die vorgenommenen Rechtshandlungen auch nach Anfechtung des Antrags gültig bleiben. Demgegenüber erscheint das Interesse der Rechsinhaber, sich rückwirkend von den mit der Rechtsstellung verbundenen Pflichten zu lösen, nicht schützenswert; denn Bestallungs- bzw. Zulassungsakt schaffen einen Vertrauenstatbestand, der nachträglich nicht mehr aus dem Rechtsleben beseitigt werden kann. Dagegen haben die mit den Rechtsinhabern in Beziehung getretenen Rechtspersonen kein überwiegendes Interesse an dem Fortbestand der Funktionsstellung, während der „Amtsinhaber" nicht genötigt werden kann, ein aufgrund seines freien Willens erworbenes Recht für alle Zeiten zu behalten und auszuüben. Daher muß es ihm möglich sein, sich der Rechtsstellung für die Zukunft zu entledigen. Die Betätigungserklärungen machen also — ähnlich wie bei der faktischen Gesellschaft — eine Begrenzung der Anfechtung nicht nach dem Tatbestand, sondern nach der Wirkung nötig. Mithin kann der Begünstigte nach §§ 119, 123 BGB anfechten, ohne daß dadurch die Rechtswirkungen seiner Äußerung gem. § 142 BGB rückwirkend vernichtet werden. Als Parallele bieten sich also nicht die zu einer Unterscheidung nach den Anfechtungstatbeständen führenden Rücknahmevorschriften wie z. B. § 12 BBG an. Verwiesen werden kann dagegen auf die Regeln des Widerrufs von rechtsgestaltenden, insbesondere privatrechtsgestaltetenden Verwaltungsakten. Zwar wird bei ihnen teilweise nach den Tatbeständen differenziert, aber für die Dauerrechtsverhältnisse hervorbringenden Akte haben sich Beurteilungsgrundsätze herausgebildet, welche den dargestellten entsprechen. Wegen des Vertrauens des Rechtsverkehrs in die Gültigkeit des Rechtsverhältnisses ist nur ein ex nunc-wirkender Widerruf des Verwaltungsakts möglich[95]. Besonders deutlich wird die Parallele, wenn durch den Verwaltungsakt eine Rechtssituation gegenüber der Allgemeinheit geschaffen wird, wie etwa

[95] Vgl. *Bullinger*, in: DÖV 1957/761, 763 f.; *Kieckebusch*, in: VA 57/17, 56 f.; auch *Forsthoff*, S. 260 f. (d); *Simon-Borries*, in: NJW 1968/1759, 1762 (b).

bei der deshalb nicht rückwirkend widerruflichen Stiftungsgenehmigung gem. § 80 BGB[96].

Anders liegt der Interessenkonflikt bei der Anfechtung von *Wirkungserklärungen,* welche Rechtsfolgen für eine Vielzahl von Personen äußern. Das soll anhand der Widmungszustimmungserklärung näher erläutert werden. Sie gehörte dann zu den Wirkungserklärungen, wenn sie Rechtsvorteile für die Allgemeinheit auslöst.

Heute wird überwiegend ein subjektives öffentliches Recht auf Gemeingebrauch anerkannt, das zumeist als „spezielle Konkretisierung des allgemeinen Rechts auf Teilhabe an Staatsleistungen" umschrieben wird[97]. Die Schwierigkeiten für die Annahme eines subjektiven Rechts bestehen deshalb, weil die Widmung allein auf die Entstehung der öffentlichen Sache gerichtet ist, der Gemeingebrauch sich also nur als mittelbare, objektiv-gesetzliche Folge darstellt[98]. Daher ist der Gemeingebrauch ein Reflex objektiven Rechts. Entgegen dem OVG Hamburg[99] genügt diese Feststellung aber nicht, um ein subjektives Recht abzulehnen[100]. Denn weiterhin bleibt zu prüfen, ob dieser Reflex nur zu einem tatsächlichen Vorteil führt[101] oder mit einem (Reflex)Recht verbunden ist[102]. Der zweiten Möglichkeit ist der Vorzug zu geben, da nicht einzusehen ist, warum das Grundrecht des Art. 2 Abs. 1 GG sich nicht zu einem subjektiven Recht verdichten können soll, wenn der Staat Leistungen erbringt, indem er die Benutzung bestimmter Sachen gestattet. Da die Straßen- und Wegegesetze durchweg einen Anspruch auf Aufrechterhaltung des Gebrauchs ausschließen, stellt der Gemeingebrauch ein nicht voll ausgebildetes subjektives öffentliches Recht dar[103].

Steht somit die Natur des Gemeingebrauchs als subjektives öffentliches Recht minderen Ranges fest, so bleibt noch zu untersuchen, ob dieses Gebrauchsrecht die Folge der Widmungszustimmungserklärung ist. Dem kann nicht schon entgegenstehen, daß die Erklärung des Eigentümers allein nicht die Rechtswirkungen hervorzubringen vermag, sondern nur im Zusammenwirken mit der Widmungsbehörde. Geht es näm-

---

[96] s. BVerwG NJW 1969/339 f.

[97] s. *Forsthoff,* S. 362 f.; *Ipsen,* Rechtsgutachten, S. 39 (b); *Krause,* S. 85 bis 87; *Lüthke,* S. 67 f.; *Huber,* Wirtschaftsverwaltungsrecht, Bd. II, S. 615; *Stern,* in: VVDStRL 21/183, 219 (V 1); *Fuss,* ebenda in der Aussprache, S. 238; offengelassen von BVerwGE 4/342, 343, 346 und BVerwG NJW 1969/284, 286.

[98] s. *Wolff,* VR I, S. 380 (§ 56 I); *Sieder,* in: Staatsbürger und Staatsgewalt, Bd. II, S. 91, 93 f.

[99] In: DÖV 1955/151, 152.

[100] So richtig *Zippelius,* in: DÖV 1958/838, 848 (3).

[101] So *Hägele,* S. 20 f.

[102] So *Korte,* S. 16.

[103] Vgl. *Gerhardt,* § 15 BWStrG, Anm. 2; *Wolff,* VR I, S. 397 f.; *de Weldige-Cremer,* S. 68.

lich um die Frage, ob der Zustimmende allein — in Verbindung mit der verwaltungsrechtlichen Anfechtungsklage — diese Rechte beseitigen kann, so müssen die Rechtsfolgen seiner Erklärung zugerechnet werden. Daher sind Willenskundgebung und Verwaltungsakt insoweit als Einheit zu betrachten. Ebenso wird eine derartige Annahme nicht dadurch gehindert, daß die Widmung nicht selbst den Gemeingebrauch gewährt, wie Entstehung und Charakter dieses Rechts zeigen[104]. Es muß genügen, daß der Widmungsakt den Gemeingebrauch als gesetzliche Folge der Entstehung der öffentlichen Sache auslöst und die gewidmete Sache der Ausübung der Handlungsfreiheit als gegenständliches Substrat dient.

Ist die Widmungszustimmungserklärung mithin eine sogenannte Wirkungserklärung, so erhebt sich die Frage, ob der Eigentümer durch die Anfechtung seiner Willensäußerung zusammen mit der verwaltungsrechtlichen Anfechtung der Widmung dem Rechtsvorteil für die Allgemeinheit die Grundlage entzeihen kann. Die Anwendung der §§ 119 ff. BGB hängt davon ab, wie die beiderseitigen Interessen zu bewerten sind[105].

Das Interesse der Allgemeinheit richtet sich nicht auf eine Begrenzung der Anfechtung ihrer Wirkung nach. Denn die ex tunc-Wirkung würde in die Rechte des Publikums nicht eingreifen können, da der tatsächliche Gebrauch rückwirkend ohnehin nicht beseitigt werden kann. Die Allgemeinheit hat vielmehr ein Interesse daran, daß ihre Benutzungsrechte für die Zukunft fortbestehen, also die Anfechtung tatbestandsmäßig ausgeschlossen wird. Das Interesse des Eigentümers konzentriert sich darauf, den auf seinen Fehlvorstellungen beruhenden Rechtszustand aufzuheben. Bei der vorzunehmenden Abwägung ist davon auszugehen, daß einerseits Irrtum und andererseits arglistige Täuschung und widerrechtliche Drohung verschiedenen Wertungen unterliegen. § 123 BGB findet seine Rechtfertigung darin, daß die Motivationslage des Erklärenden durch eine rechtswidrige Beeinflussung seiner Willensbildung verursacht worden ist. Es erscheint daher angemessen, die Interessen des Getäuschten oder Bedrohten den Interessen der Allgemeinheit an der Aufrechterhaltung der Rechtslage vorgehen zu lassen. Darin ändert im Ergebnis auch die Bestimmung des § 123 Abs. 2 Satz 2 BGB nichts, wenn die Täuschung von der Behörde begangen worden ist[106]. Zwar macht der zugunsten der Gebrauchsberechtigten anzuwendende § 123 Abs. 2 Satz 2 BGB die Anfechtung einer Erklärung, welche un-

---

[104] Vgl. *Jesch*, in: JuS 1963/213, 214 (2 a); *Mayer*, in: JuS 1963/205, 207 bis 209.

[105] Ohne nähere Prüfung hält *Clasen*, in: DÖV 1959/281, 284, 285 die §§ 119 ff. BGB für sinngemäß anwendbar.

[106] Ist sie von Gebrauchsberechtigten begangen, so würde § 123 Abs. 2 Satz 2 BGB ohnehin eingreifen.

mittelbar Rechte für Dritte begründet, davon abhängig, daß diese die Täuschung kannten oder kennen mußten. Die Benutzungsberechtigten können sich aber auf ihre — fahrlässige — Unkenntnis nicht berufen. Denn sie müssen sich die Täuschungshandlung der Widmungsbehörde zurechnen lassen, da ihr Vertrauen sich auf den Fortbestand der Rechtswirkungen des öffentlich bekanntgemachten Aktes dieser Behörde bezieht. Ein an einem von dem Täuschenden gesetzen Tatbestand anknüpfendes Vertrauen ist nicht schützenswert.

Anders fällt die Wertung des Irrtums aus. Schon § 122 BGB zeigt, daß das Vertrauen des Erklärungsempfängers nicht enttäuscht werden darf. Es bedeutet nur einen Schritt weiter, wenn man statt des schadensmäßigen Ausgleichs für die Irrtumsanfechtung den Erklärenden an seiner Willenskundgebung festhält. In diesem Sinne hat das OVG Lüneburg[107] entschieden, das öffentliche Interesse an der Aufrechterhaltung Dritter überwiege auf jeden Fall dann, wenn der Irrtum allein in der Vorstellungswelt des Eigentümers zustandekommen ist. Würde die Anfechtung zuzulassen sein, so müßte zum Zwecke der Widmung das zeitraubende Enteignungsverfahren beschritten werden. Dieser Ansicht ist zuzustimmen. Ein Vergleich der beiderseitigen Interessen muß den Vorrang des Vertrauensschutzes zugunsten der Allgemeinheit ergeben. Denn der Eigentümer hat mit seiner an den Träger der Wegebaulast gerichteten, aber dennoch auch für das Publikum der betreffenden Sache bestimmten Zustimmungserklärung einen Rechtsschein gesetzt, den zu zerstören ein persönlicher Irrtum nicht berechtigen kann. Etwas anderes könnte nur für den Fall gelten, daß die Widmungsbehörde die Entstehung des Irrtums verursacht hat. Es könnte daran gedacht werden, wie bei der Täuschung diese Fehlvorstellung der Allgemeinheit zuzurechnen, weil der auf dem Widmungsakt beruhende Vertrauenstatbestand von dem Verursacher gesetzt worden ist. Für diese Lösung spricht, daß die Einschränkungen der Anfechtbarkeit durch öffentliche Interessen motiviert werden, als Sachwalter dieser öffentlichen Interessen aber die Behörden erscheinen. Daher ist es angemessen, den Schutz der Allgemeininteressen nach den dem Erklärungsempfänger, also der Behörde zukommenden Rechten zu bestimmen, zumal eine dem § 123 Abs. 2 Satz 2 BGB entsprechende Regelung für den Irrtum fehlt. Nach § 122 Abs. 2 BGB kann der Erklärungsgegner den Ersatz des negativen Interesses nicht verlangen, wenn er den Grund der Anfechtbarkeit kannte oder kennen mußte. Entsprechend dieser Regelung ist der Eigentümer zur Anfechtung seiner Zustimmungserklärung gem. § 119 BGB nur dann berechtigt, wenn die Behörde den Irrtum mindestens fahrlässig verursacht hat.

---

[107] OVGML 16/355, 359 f.; dieser Entscheidung folgen: *Nedden-Mecke de Swebussin*, § 6 NStrG Erl. 5; *Fritsch-Golz-Wicher*, § 6 NWLStrG Erl. 6.

Die Widmungszustimmungserklärung ist daher nach § 123 BGB immer anfechtbar, dagegen nach § 119 BGB nur, wenn der Irrtum auf ein mindestens fahrlässiges Verhalten der Behörde zurückgeht.

Die vorstehenden Ausführungen haben gezeigt, daß Betätigungs- und Wirkungserklärungen für die Allgemeinheit Rechtssituationen schaffen, welche eine Begrenzung der Anfechtung nach ihrer Wirkung oder nach ihrem Tatbestand erforderlich machen. Diese Einschränkung der §§ 119 ff., 142 BGB ergänzt die Einengung der Ausübung des Anfechtungsrechts, welche aus dessen Verhältnis zum Verzicht folgt. Die Anfechtbarkeit der Mitwirkungshandlungen kann nunmehr in folgender Übersicht wiedergegeben werden:

Anfechtung der Mitwirkungshandlungen bei

- zustimmungsbedürftigen Verwaltungsakten
  - rein begünstigende
    Beispiel: Leistungsbescheid
    Fortfall nur für Zukunft gewollt: Verzicht
    Wegfall auch für Vergangenheit: Anfechtung
  - pflichtenbelastende
    - Verzicht
      - einseitig möglich
        - Rechtsstellung gegenüber der Allgemeinheit
          Beispiel: Zulassung zum Kassenarzt
          Anfechtung nur ex nunc, da Vertrauen der Allgemeinheit in Gültigkeit der bisherigen Rechtshandlungen des Amtsinhabers. Daher einseitiger Verzicht als einfacheres Mittel
        - keine Rechtslung gegenüber der Allgemeinheit
          Beispiel: Baugenehmigung
          Anfechtung, ex tunc
      - nur zustimmungsbedürftig
        Beispiel: §§ 30 BBG, 14 Abs. 1 Nr. 5 BRAO
        Anfechtung, ex nunc
        Grund
        - bei Einstellungsantrag: nicht wegen Schutz der Allgemeinheit, da § 14 BBG analog; aber faktisches Dienstverhältnis
        - bei Antrag auf Zulassung zur Rechtsanwaltschaft: Schutz der Allgemeinheit in ihrem Vertrauen auf Gültigkeit der Rechtshandlungen des Amtsinhabers
- Verwaltungsakten auf Unterwerfung
  Anfechtung, ex tunc
  Anders — Widmungszustimmungserklärung —, wenn Rechte Dritter begründet werden und deren Interessen an dem Fortbestand der Rechtslage zu schützen ist: Anfechtung nach § 123 BGB; nach § 119 BGB nur, wenn Irrtum von der Behörde schuldhaft verursacht wurde

Einer Beantwortung bedarf noch die Frage, ob nämlich für die Ausübung des Anfechtungsrechts deshalb Besonderheiten gelten müssen, weil die Anfechtung der Mitwirkungshandlung sich auch auf den Verwaltungsakt auswirkt. Diese Folge könnte unter Umständen den Grund dafür abgeben, die Geltendmachung des Gestaltungsrechts nur für einen bestimmten Zeitraum und nur in bestimmter Form zuzulassen.

III. Die Ausübung des Anfechtungsrechts

Überwiegend wird — zumeist unausgesprochen — davon ausgegangen, daß die Anfechtung nach den Vorschriften des bürgerlichen Rechts zu erklären ist. Zum Teil wird jedoch die Ansicht vertreten, daß die Geltendmachung der §§ 119 ff. BGB nur in der Form ordentlicher verwaltungsrechtlicher Rechtsbehelfe erfolgen könne[108]. Das kann zweierlei bedeuten.

Einmal kann damit gemeint sein, die Anfechtung nach den §§ 119 ff. BGB müsse in der Form und innerhalb der Frist des verwaltungs-rechtlichen Rechtsmittels ausgeübt und daher auch der Rechtsmittelbehörde gegenüber erklärt werden[109]. Zum anderen kann aber die Erwägung zugrunde liegen, daß der Mangel der Mitwirkung dem Verwaltungsakt als Fehler anhaftet. So hat der Hessische VGH Kassel[110] entschieden, daß der nach § 33 PreisstrafrechtsVO ergehende Verwaltungsakt nichtig sei, wenn die Unterwerfungserklärung durch widerrechtliche Drohung erwirkt worden ist, während der Verwaltungsakt der verwaltungsrechtlichen Anfechtungsklage unterliegt bei irrtumsbefangener oder durch arglistige Täuschung verursachter Willenserklärung der Privatperson. In seiner Anmerkung hat *Ule*[111] eingewandt, das Gericht wende unzulässigerweise die Regeln vom fehlerhaften Verwaltungsakt an, obwohl es um die rechtliche Beurteilung einer öffentlich-rechtlichen Willenserklärung gehe, für welche die Vorschriften des Zivil-Rechts heranzuziehen seien. Es sei daher vor der verwaltungs-rechtlichen Anfechtung des Verwaltungsaktes die Willenserklärung nach den §§ 119 ff. BGB zu vernichten. Dieser Kritik ist zuzustimmen. Es geht nämlich nur um die Frage, inwieweit sich die nach §ff 119 ff. BGB fehlerhafte Mitwirkung des Privaten auf den Bestand des Verwaltungsaktes auswirkt. Dabei kann nicht nach den einzelnen Tatbeständen der Willensmängel unterschieden werden mit der Folge, daß der Verwaltungsakt anfechtbar oder

---

[108] Vgl. auch *Fliegauf*, in: DVBl 1961/270, 274 (r. Sp.).

[109] So: Art. 41 EVRO für die Anfechtung von Zustimmungen zu belastenden Verwaltungsakten, dazu H,B S. 161 f.; ebenso *Cerutti*, § 149 Abs. 1 für die Anfechtung von Anträgen wegen Irrtums; nach § 150 gilt für die anderen Tatbestände die „normale“ Anfechtung, allerdings auf einen Monat befristet; kritisch *Jellinek*, in: AöR NF 21/1, 18 f. (3).

[110] DV 1949/501 f.

[111] DV 1949/502 f.; ebenso *Collasius*, S. 126.

nichtig ist. Vielmehr ist die Fehlerhaftigkeit des behördlichen Akts allein nach den dafür entwickelten Regeln zu bemessen. Diese lassen aber keine Differenzierung nach den Anfechtungstatbeständen zu, weil die Anfechtung einer Willenserklärung im bürgerlichen Recht immer die Nichtigkeit dieser Willensäußerung zur Folge hat[112]. Zudem ist der hier abgelehnten Ansicht vorzuwerfen, daß sie die Anfechtung der Mitwirkung nicht für erforderlich hält. Eine am Zivilrecht orientierte rechtliche Beurteilung dieser Willenserklärung ergibt jedoch, daß die Anfechtbarkeit, ohne geltend gemacht zu werden, die Rechtswirksamkeit der Willenskundgebung nicht angreift. Wird allerdings der gegenteilige Standpunkt vertreten, so ist es inkonsequent, den auf einem widerrechtlich erdrohten Antrag basierenden Verwaltungsakt als nichtig anzusehen, den bloß anfechtbaren Verwaltungsakt aber nur dann für aufhebbar zu halten, wenn die Anfechtung der Mitwirkung wegen Irrtums oder arglistiger Täuschung durchgeführt worden ist[113]. Folgerichtig wäre es allein, wenn eine privat-rechtliche Anfechtung der Willensäußerung überhaupt für überflüssig gehalten würde.

Wenn die Mangelhaftigkeit der Mitwirkungshandlung sich auf den Rechtsbestand des Verwaltungsaktes nur auswirken kann, ohne selbst einen Fehler des behördlichen Aktes darzustellen, so bleibt allerdings die Möglichkeit bestehen, entsprechend Art. 41 EVRO das Rechtsmittelverfahren dann zu benutzen, wenn die infolge der Anfechtung nichtige Mitwirkung zur Rechtswidrigkeit des Verwaltungsaktes führen würde. Für ein derartiges Vorgehen könnten Gründe der Proßezökonomie sprechen. Denn die verwaltungs-rechtliche Anfechtung des Verwaltungsaktes ist ohnehin notwendig und der Grund für die Aufhebung kann nur die Nichtigkeit der Willensäußerung gem. §§ 119 f., 142 BGB sein, so daß eine Verbindung angezeigt ist. Um dieses Ziel zu erreichen, ist es aber nicht erforderlich, die Geltendmachung der §§ 119 ff. BGB vollständig nach dem Vorbild der verwaltungs-rechtlichen Rechtsmitteleinlegung zu gestalten. Insbesondere ist kein Grund ersichtlich, die Anfechtungserklärung an die Rechtsmittelbehörde und nicht an den Erklärungsgegner zu richten. Vielmehr genügt es, wenn die Anfechtung der Unterwerfungserklärung mit der verwaltungs-rechtlichen Anfechtung des Verwaltungsaktes verbunden wird, zumal erstere außer dem Erfordernis der Unverzüglichkeit ohnehin die Rechtsmittelfrist des § 70 VwGO einhalten muß, anderenfalls die Rechtswidrigkeit des behördlichen Aktes nicht mehr geltend gemacht werden kann[114]. Erkannte der

---

[112] Vgl. auch *Ule*, in: Recht · Staat · Wirtschaft, Bd. II, S. 260, 285 und, in: Staatsbürger und Staatsgewalt, Bd. II, S. 113, 140 (für Ernennungs- und Entlassungsantrag).

[113] So aber *Obermayer*, Grundzüge, S. 79 (2).

[114] Ebenso *Wolff*, VR I[6], S. 304 oben (in die 7. Aufl. nicht übernommen, s. S. 324, b); *Schulke*, in: DÖV 1959/132, 135 (5).

Antragsteller den Willensmangel erst nach Ablauf der Rechtsmittelfrist, so bleibt die Wiedereinsetzung in den vorigen Stand[115]. Über die Wirkung der Anfechtung gem. §§ 119 ff. BGB entscheidet das Verwaltungsgericht der Hauptsache[116]. Sie kann in diesem Verfahren dem Anfechtungsgegner, also derjenigen Behörde, an welche die Willenserklärung zu richten war, erklärt werden[117].

Zu untersuchen bleibt noch, ob diese zeitliche Beschränkung der Anfechtung von Unterwerfungserklärungen auch hinsichtlich der Anfechtung von Zustimmungen gilt. Dem könnte entgegenstehen, daß der zustimmungsbedürftige Verwaltungsakt nach Anfechtung der Zustimmungserklärung unwirksam wird, so daß er nicht nach den §§ 42, 68 ff. VwGO aufgehoben zu werden braucht. Zu beachten ist aber, daß die Anfechtung der Mitwirkungshandlung auch einen Angriff auf den Bestand des Verwaltungsaktes enthält, da sie auf die Beseitigung seiner Rechtswirkungen gerichtet ist. Es könnte daher bei den zustimmungsbedürftigen Verwaltungsakten ebenfalls auf den Zeitpunkt der Bestandskraft bzw. formellen Rechtskraft abgestellt werden. Dafür spricht bei den meisten zustimmungsbedürftigen Verwaltungsakten, daß sie für den Antragsteller nicht nur begünstigend sind, sondern ihn daneben mit Pflichten belasten. Sie haben also teilweise Unterwerfungscharakter, so daß insoweit die Regeln für die Anfechtbarkeit von Unterwerfungserklärungen angewandt werden könnten. Ferner kann für diese, die Anfechtbarkeit einschränkende Ansicht vorgebracht werden, daß die Heranziehung der §§ 119 ff. BGB auf einer Abwägung der Interessen des Erklärenden an einem seinem Willen entsprechenden Rechtszustand mit den öffentlichen Interessen an einer Rechtslage, welche der tatsächlichen Erklärung entspricht, beruht. Insbesondere haben die Ausführungen über das Verhältnis von Anfechtung gem. §§ 119 ff. BGB und öffentlich-rechtlichem Verzicht ergeben, daß die Berücksichtigung der Motivationslagen sich auf die Annahme gründet, die §§ 119 ff. BGB enthielten eine Bewertung des Interessenkonfliktes zugunsten des Autors einer Willenserklärung, welche auch im öffentlichen Recht zu beachten sei. Dieser Grundsatz muß eine Einschränkung erleiden, wenn der durch die nichtamtliche publizistische Willensäußerung ausgelöste Verwaltungsakt bestandskräftig geworden ist; denn von diesem Zeitpunkt an überwiegen die durch das Gebot der Rechtssicherheit motivierten öffentlichen Interessen. Ein einseitiges, wenn auch von dem Vorliegen einer bestimmten Motivsituation abhängendes — unter Umständen 30 Jahre währendes — Gestaltungsrecht, die Rechtsfolgen des Verwaltungsaktes rückwirkend zu beseitigen, indem die Mitwirkungs-

[115] s. *Ule*, in: DV 1949/503 Anmerkung.
[116] s. BayVGH DVBl 1951/516 f.
[117] Vgl. auch *Plog-Wiedow*, § 30 BBG Rd. Nr. 4.

handlung rechtlich vernichtet wird, kann der Privatperson nicht mehr offenstehen. Sie vermag nur noch den Verwaltungsakt zunichte zu machen, indem sie ihn wegen dem behördlichen Akt selbst anhaftender Fehler angreift.

Zudem wirkt sich die Beschränkung nur in den Fällen aus, in denen die Anfechtung nach den §§ 119 ff. BGB gegenüber dem Verzicht nicht subsidär ist[118]. Es erscheint gerechtfertigt, nach Eintritt der Bestandskraft den Verzicht in jedem Falle für vorrangig zu halten. Bei den rein begünstigenden Verwaltungsakten wird der Adressat des Verwaltungsaktes ohnehin seine Zustimmung nur anfechten, wenn er den rückwirkenden Wegfall des Rechtsvorteils will. Beabsichtigt er dies, so wird er außer der Abgabe der ex nunc-wirkenden Verzichtserklärung das schon Gewährte zurückerstatten. Bei den pflichtenbelastenden Verwaltungsakten, deren Zustimmung ex tunc anfechtbar ist wie etwa der Antrag auf eine Bauerlaubnis, wiegt das Interesse des Antragstellers, sich rückwirkend der Pflichten zu entledigen, geringer als das Rechtssicherheitsinteresse. Es bleibt daher nur die Möglichkeit, auf das subjektive öffentliche Recht zu verzichten. Gleiches muß für diejenigen mitwirkungsbedürftigen Verwaltungsakte gelten, welche Rechte hervorbringen, auf die nur zustimmungsbedürftig verzichtet werden kann. Hier würde die Zulassung eines einseitigen, wenn auch nur ex nunc-wirkenden Gestaltungsrechts über den Eintritt der formellen Rechtskraft hinaus den Vorschriften der §§ 30 BBG, 14 Abs. 1 Nr. 5 BRAO zuwiderlaufen. Das in diesen Vorschriften zum Ausdruck gekommene Interesse des Staates an der Mitwirkung bei der Aufhebung der Rechtsstellung ist als vorrangig schützenswert anzusehen.

Die gleichen Regeln gelten für die Mitwirkung der Privatperson bei einem Verzicht in der Gestalt eines mitwirkungsbedürftigen Verwaltungsaktes. Auch hier verlangt das Gebot der Rechtssicherheit, daß die Rechtsaufgabe mit der Bestandskraft des Verwaltungsaktes nicht mehr durch Anfechtung der Zustimmung rückwirkend beseitigt werden kann. Es bleibt nur noch das Nachsuchen um eine erneute Einstellung bzw. Zulassung. Dabei kann berücksichtigt werden, daß der Antrag auf Entlassung bzw. Rücknahme mit Willensmängeln behaftet war.

Nach allem ist daher festzustellen, daß die unverzügliche Anfechtung der Mitwirkungshandlung ihre zeitliche Grenze in dem Eintritt der formellen Rechtskraft des Verwaltungsaktes findet. Damit hat sich gezeigt, daß die „Präponderanz des Verwaltungsaktes“ nicht nur den Tatbestand und die Wirkung der Anfechtung, sondern auch die Ausübung dieses aus dem Privatrecht entnommenen Gestaltungsrechts beeinflußt.

---

[118] s. oben, S. 139.

Nachdem das Wirksamwerden, die Widerruflichkeit und Anfechtbarkeit der öffentlich-rechtlichen Willenserklärungen von Privatpersonen behandelt worden sind, soll im folgenden die Geschäftsfähigkeit ihres Autors untersucht werden. Dabei geht es um eines der umstrittensten Probleme des Verwaltungsrechts überhaupt. Das mag zu einem guten Teil daran liegen, daß es viele öffentlich-rechtliche Geschäftsfähigkeitsbestimmungen gibt, die nicht dem System des bürgerlichen Rechts zu entsprechen scheinen.

3. *Abschnitt*

Die Geschäftsfähigkeit von Privatpersonen im öffentlichen Recht

An die Feststellung, daß nur Einzelvorschriften im Verwaltungsrecht vorhanden sind, aber keine allgemeine Regelung der öffentlich-rechtlichen Geschäftsfähigkeit kodifiziert ist, knüpft sich die Frage an, welches Recht für die ungeregelten Fälle heranzuziehen ist. Bei der Beantwortung ist zunächst zu prüfen, ob das öffentliche Recht selbstergänzungsfähig ist. Geht diese Untersuchung negativ aus, so ist weiter zu untersuchen, ob auf die §§ 104 ff. BGB zurückgegriffen werden kann. Die Verwendung dieser bürgerlich-rechtlichen Bestimmungen setzt voraus, daß ihre Grundgedanken nicht den, den vorhandenen öffentlich-rechtlichen Vorschriften innewohnenden Prinzipien zuwiderlaufen[1].

A. Selbstergänzung des öffentlichen Rechts

Eine Einzelgebietsregelung hinsichtlich der Geschäftsfähigkeit des privaten Autors einer publizistischen Willensäußerung enthält das öffentliche Recht in § 102 AO, so daß für den Bereich des Steuerrechts eine abgeschlossene, dem bürgerlichen Recht entsprechende Normierung gegeben ist. Ebenso können die §§ 126 Abs. 1, 129 in Verbindung mit 77 SchlHLVwG als eine vollständige Regelung der Geschäftsfähigkeit des Urhebers einer öffentlich-rechtlichen Vertragserklärung angesehen werden; daher bemißt sich die Geschäftsfähigkeit mangels besonderer öffentlicher Vorschriften nach bürgerlichem Recht[2]. Dies ergibt sich bezüglich der Geschäftsunfähigkeit und der Geschäftsfähigkeit aus den §§ 126 Abs. 1 und 129. Nicht ohne weiteres ist dagegen diesen Normen der Verweis auf die §§ 106 ff. BGB zu entnehmen. Insbesondere deckt § 77 Nr. 2 SchlHLVwG eine derartige Annahme nicht, da es nur um die volle öffentlich-rechtliche Geschäftsfähigkeit der nach bürgerlichem

---

[1] s. oben, S. 51 f., 67, 68.

[2] s von der *Groeben-Knack*, § 129 Rd. Nrn. 2, 3 und § 126 Rd. Nr. 3.2; *Foerster*, § 129 Erl. 2 und § 126 Erl. 2.

Recht beschränkt Geschäftsfähigen geht und gehen kann; denn eine beschränkte Fähigkeit zur Vornahme von Verfahrenshandlungen gibt es ebensowenig wie eine beschränkte Prozeßfähigkeit. Die Verwendbarkeit der §§ 106 ff. BGB gründet sich jedoch auf eine entsprechende Auslegung der Verweisungsnorm des § 129 SchlHLVwG[3] und darauf, daß die endgültige Unwirksamkeit nach den §§ 106 ff. BGB der Nichtigkeit im Sinne des § 126 Abs. 1 SchlHLVwG gleichsteht[4]. Einschränkend ist jedoch § 77 Nr. 2 zu beachten.

Im übrigen ist eine einheitliche Regelung nicht zu erkennen, wie ein Blick auf die Altersstufen lehrt[5]. Auf das — vollendete — 12. Lebensjahr heben ab § 5 Satz 2 RelKEG, auf das 14. Lebensjahr § 5 Satz 1 RelKEG, auf das 16. Lebensjahr §§ 8 Abs. 1 Nr. 1 i. V. m. 7 Abs. 2 Satz 2 RuStAG, 5 FeuerbestG, 1546 Abs. 1 Satz 3 RVO, 9 Abs. 3 VfGKOV, 4 Abs. 2 NWPersonalAusweisAusfG, auf das 18. Lebensjahr §§ 14, 15 Abs. 1 StAngRegG von 1955, 9 Abs. 1 PersVG, 9 Abs. 1 Nr. 2 SelbstverwaltungsG, Art. 35 Abs. 1 Rh-PfVerf, Art. 137 Abs. 1 BayVerf, auf das 21. Lebensjahr Art. 38 Abs. 2 GG in Verbindung mit § 12 Abs. 1 Nr. 1 BWahlG. Weiterhin genannt werden können diejenigen öffentlichrechtlichen Gesetzesbestimmungen, welche wie die §§ 7 Abs. 2 lit b PassG, 6 Abs. 3 i. V. m. Abs. 1, Abs. 2, 19 Abs. 1, 25 Abs. 1 RuStAG eine Regelung für Minderjährige, also 7—21jährige treffen und diese einem Zustimmungserfordernis unterwerfen, den Volljährigen gleichachten oder sie vertreten werden lassen.

Außer der differenzierenden Vielfalt der Altersvorschriften fällt auf, daß auf den einzelnen Altersstufen das Maß der Geschäftsfähigkeit nicht einheitlich bestimmt ist. So ist etwa nach § 102 AO der 7jährige beschränkt geschäftsfähig, während ihm § 6 Abs. 3 RuStAG die volle Geschäftsfähigkeit gewährt. Nach §§ 8 Abs. 1 Nr. 1/7 Abs. 2 Satz 2 RuStAG ist der 16jährige beschränkt geschäftsfähig, dagegen nach § 5 FeuerbestG voll geschäftsfähig. Eine an das Lebensalter anknüpfende allgemeine verwaltungs-rechtliche Geschäftsfähigkeitsregelung kann daher aus dem öffentlichen Recht selbst nicht gewonnen werden. Liegt der Grund für die unterschiedliche Gewährung der Geschäftsfähigkeit darin beschlossen, daß die öffentlich-rechtlichen Normen gegenstandsbezogen sind[6], so macht ihre Fixierung auf ein bestimmtes Rechtsgebiet wie beispielsweise das der Staatsangehörigkeitssachen ihre Heranziehung für öffentlich-rechtliche Willensäußerungen von Privatpersonen aus anderen Rechtsmaterien zumindestens schwierig. Aber selbst wenn diese Schwie-

[3] So im Ergebnis von der *Groben-Knack*, § 129 Rd. Nr. 3.
[4] So im Ergebnis *Foerster*, § 126 Erl. 2.
[5] Vgl. *Grüter*, Soldat, S. 16 f., 24; *Schoenborn*, in: AöR 24/126, 143.
[6] s. *Wolff*, VR I, S. 186 f. (b).

rigkeiten überbrückt werden könnten, so müßte eine Selbstergänzung des öffentlichen Rechts scheitern. Denn die Regelung der Geschäftsfähigkeit ist schon für ein abgegrenztes Sachgebiet nicht in sich geschlossen, sondern widersprüchlich[7]. Die §§ 14, 15 Abs. 1 des 1. StAngRegG stellen die 18jährigen den Volljährigen gleich, während der Betreffende bis zur Erreichung dieser Altersgrenze von seinem gesetzlichen Vertreter vertreten wird. Demgegenüber sieht § 19 Abs. 1 RuStAG für den Minderjährigen ausnahmslos die gesetzliche Vertretung vor. §§ 8 Abs. 1 Nr. 1/7 Abs. 2 Satz 2 RuStAG ordnen die gesetzliche Vertretung bis zur Vollendung des 16. Lebensjahres an, danach unterliegt der Antragsteller einem Zustimmungserfordernis, ist also beschränkt geschäftsfähig, während das StAngRegG diesen Status nicht kennt, dafür aber an die Vollendung des 18. Lebensjahres die Geschäftsfähigkeit knüpft. Ebenso widersprechen einander § 5 Satz 1 RelKEG, der auf die Vollendung des 14. Lebensjahres abhebt, und Art. 137 Abs. 1 BayVerf, 35 Abs. 1 Rh-PfVerf, die erst den 18jährigen die Bestimmung über die Teilnahme am Religionsunterricht überlassen.

Nach allem können daher die bestehenden verwaltungs-rechtlichen Geschäftsfähigkeitsbestimmungen nicht zu einer allgemeinen, alle Willenserklärungen umfassenden Regelung ausgebaut werden. Andererseits sind sie jedoch auch für die ungeregelten Fälle nichtamtlicher publizistischer Willensäußerungen von Bedeutung. Innerhalb eines Sachgebietes kann eine Analogie in Betracht kommen. So sind die Vorschriften der §§ 14, 15 Abs. 1 StAngRegG von 1955 entsprechend anzuwenden auf die Anfechtungserklärung nach § 23 dieses Gesetzes[8]. Die durch die Verfassungswidrigkeit des § 18 RuStAG entstandene Lücke kann durch Heranziehung des § 6 Abs. 3 geschlossen werden[9].

Im übrigen ist aber die Zulässigkeit des Rückgriffs auf die §§ 104 ff. BGB zu prüfen, wobei insbesondere deren Grundgedanken den öffentlich-rechtlichen Prinzipien nicht widerstreiten dürfen.

B. Darstellung des Meinungsstandes zum Rückgriff auf das bürgerliche Recht

Vorweg zu behandeln sind diejenigen Ansichten, welche eine unmittelbare Geltung der §§ 104 ff. BGB befürworten bzw. eine stillschweigende Verweisung auf diese Normen annehmen.

---

[7] Zum folgenden vgl. *Makarov*, StAngRegG von 1955, § 14 Anm. II, § 15 Anm. II 1; *Lichter-Hoffmann*, § 8 RuStAG Rd. Nr. 9 (S. 89).

[8] s. *Makarov*, a. a. O., § 14 Anm. II.

[9] s. *Schätzel*, § 18 Anm. 3, 4.

Entgegen von *Köhler*[10] gelten die §§ 104 ff. BGB nicht direkt mit der Folge, daß sich die bestehenden öffentlich-rechtlichen Rechtssätze als Ausnahmebestimmungen darstellen. Denn *Grüter*[11] ist darin beizupflichten, daß zwar manche öffentlich-rechtliche Vorschriften wie Ausnahmen formuliert sind, so etwa wenn § 14 des 1. StAngRegG die 18jährigen, § 6 Abs. 3 RuStAG die Minderjährigen schlechthin den Volljährigen gleichstellt, aber andere Normen wie beispielsweise §§ 4 Abs. 2 NWPersonalAusweisAusfG, 7 Abs. 2 Satz 2 RuStAG sind es nicht. Gegen von Köhlers Meinung sprechen überdies methodische Gesichtspunkte[12]. Diese Bedenken kann *Schiedermair*[13] auch nicht durch den Hinweis ausräumen, bei den nichtamtlichen publizistischen Willenserklärungen bleibe die Person des Autors stets „rein privat". Die Ansicht könnte überhaupt nur zutreffen, wenn die Geschäftsfähigkeit zur Personenlehre gehören würde. Es wurde aber schon dargelegt[14], daß die Geschäftsfähigkeit Wirksamkeitserfordernis des — öffentlich-rechtlichen — Rechtsgeschäfts ist. Im übrigen wäre wohl auch bei Anerkennung der Geschäftsfähigkeit als Teil der Personenlehre gegen Schiedermair einzuwenden, daß die bürgerlich-rechtlichen Vorschriften Regeln nur für die Privatpersonen in ihren zivil-rechtlichen Rechtsbeziehungen aufstellen wollen.

Ebensowenig kann mit Walter *Jellinek*[15] angenommen werden, bei Willenserklärungen mit vermögens-rechtlichem Bezug werde stillschweigend auf die §§ 104 ff. BGB verwiesen[16]. Es bleibt daher die Heranziehung des bürgerlichen Rechts nur in der Form der analogen oder der Anwendung dem Rechtsgedanken nach.

I. Geltung der §§ 104 ff. BGB mangels besonderer öffentlich-rechtlicher Vorschriften

Nach der überwiegenden Ansicht[17] sind die §§ 104 ff. BGB insgesamt schon immer dann anwendbar, wenn das öffentliche Recht keine Sonderregelung bereithält. Gemeint ist damit eine sinngemäße Anwen-

---

10 a.a.O., S. 206 (III).

11 Soldat, S. 33—35.

12 s. oben, S. 69—72.

13 Verwaltungsakte auf Unterwerfung, S. 20.

14 s. oben, S. 39.

15 VR, S. 166.

16 s. dazu oben, S. 73 f.

17 So: EVRO Art. 31—23 i. V. m. Art. 16; *Herrnritt*, S. 128 f.; von *Turegg-Kraus*, S. 80 (1a); von *Rosen-Hoewel*, S. 67 (I 1, I 2); Bönninger, S. 21; Schwarzenbach, S. 69; *Bürger*, S. 21, 48 f., 52; *Gygi*, S. 30; *Gerber*, Gutachten, S. 22 und 19; *Jellinek*, Der fehlerhafte Staatsakt, S. 87; *Spanner*, in: Verh 43. DJT, I 2 A, S. 5, 26; *Palandt-Danckelmann*, Einleitung 2 vor § 104 BGB; *Hildebrandt-Demmler-Bachmann*, § 33 NW LBG Erl. 2.2; *Thordsen*, in: Polizei 1967/108 (m. Sp.).

dung[18]. Zur Begründung führt *Kormann*[19] an, die Rechtsregeln der §§ 104 ff. BGB folgten aus dem Wesen einer Willenserklärung und hätten daher unabhängig davon zu gelten, ob die Willensäußerung dem privaten oder dem öffentlichen Recht zuzuordnen ist. *Forsthoff*[20] stützt die Analogie zu den §§ 104 ff. BGB darauf, daß die natürlichen Tatsachen wie Alter und Besitz geistiger Kräfte, von denen die Zumessung der Geschäftsfähigkeit abhänge, gleichermaßen im öffentlichen und zivilen Recht relevant seien.

II. Einschränkende Ansichten

Andere Autoren sind bei der Heranziehung der §§ 104 ff. BGB vorsichtiger. *Staudinger-Coing*[21] meinen, es sei im Einzelfall zu prüfen, ob und inwieweit eine sinngemäße Anwendung der Geschäftsfähigkeitsregeln in Betracht komme.

1. Geltung der §§ 104 ff. BGB für Willenserklärungen mit vermögensrechtlichem Bezug

Eine Ansicht steht auf dem Standpunkt, die §§ 104 ff. BGB könnten nur dann verwendet werden, wenn das öffentlich-rechtliche und das privat-rechtliche Rechtsverhältnis einander sehr ähnlich seien. Das sei bei mit dem Vermögen zusammenhängenden Willensäußerungen anzunehmen[22]. So will *Peters*[23] die §§ 104 ff. BGB analog anwenden auf den Antrag einer gewerblichen Konzession, während ihm der Rückgriff bei dem Antrag für eine Theaterkonzession zweifelhaft erscheint.

2. Keine Dreiteilung der Geschäftsfähigkeit im öffentlichen Recht

Von *Wittern*[24] wird die Meinung vertreten, daß die Bestimmungen über die Geschäftsfähigkeit und die Geschäftsunfähigkeit aus dem Zivilrecht übernommen werden können, während sich die öffentlich-rechtliche Geschäftsfähigkeit der nach dem bürgerlichen Recht beschränkt Geschäftsfähigen nach der Einsichtsfähigkeit zu bemessen

[18] So ausdrücklich: *Landmann-Giers-Proksch*, S. 88 f.; *Bender*, S. 74 (2); *Kottke*, S. 73 (2) und S. 94 (c); *Kormann*, System, S. 294 (2 I), 295 (2), 296; *Meier-Branecke*, in: AöR NF 11/230, 268, 369; — für Mitwirkungshandlungen — *Siebecke*, S. 41 f.; *Gitzinger*, S. 53.

[19] In: AnnDR 1911/904, 910 (§ 9, 2, II 2).

[20] a.a.O., S. 174 f.; ebenso *Giacometti*, VR, S. 297 f.

[21] a.a.O., Vorbemerkung 7 vor §§ 104 ff. BGB; s. aber auch § 107 Rd. Nr. 10.

[22] So *Schwarz*, in: GemTag 1963/145; vgl. auch *Schoenborn*, in: AöR 24/126, 148.

[23] a.a.O., S. 134, Fußnote 1.

[24] a.a.O., S. 46 (2).

habe. Weiter geht *Schultzenstein*[25], der mangels besonderer Vorschriften die beschränkte Geschäftsfähigkeit entweder der vollen Geschäftsfähigkeit — so für die Willensfähigkeit der Beamten — oder der Geschäftsunfähigkeit zuschlagen will.

3. Unterscheidung nach Mündigkeit und persönlichen Fähigkeiten

Während die eben dargestellten Meinungen die Dreiteilung des bürgerlichen Rechts für das öffentliche Recht ablehnen, differenziert *Küchenhoff*[26] danach, ob die Gewährung der Geschäftsfähigkeit von der Erreichung eines bestimmten Alters oder von dem Besitz gewisser geistiger Kräfte abhängt. Hinsichtlich der persönlichen Fähigkeiten seien die allgemeinen Rechtsgedanken der §§ 104 ff. BGB auch im öffentlichen Recht anwendbar. Bezüglich der Mündigkeit sei aber zu unterscheiden. Während bei den Wirkungserklärungen[27] die Geschäftsfähigkeit mit der von ihm so benannten Wirkungsfähigkeit zusammenfalle, sei für die durch eine (tatbestandskräftige) Richtungserklärung[27] erfolgende Aufgabe einer Rechts- oder Funktionsstellung Volljährigkeit erforderlich, erstreben könne diesen Vorteil jedoch schon ein Minderjähriger, wobei es dem Staat überlassen bleibe, ob er dieses Vorgehen gutheiße[28]. Zur Begründung seines Standpunktes verweist *Küchenhoff* auf die nicht einheitlichen gesetzlichen Einstellungsvoraussetzungen in den beamtenrechtlichen Vorschriften[29].

III. Die Ansichten insbesondere von Schoenborn, Grüter und Kuhn

Nur wenige Schriftsteller versuchen anhand der bestehenden öffentlich-rechtlichen Geschäftsfähigkeitsvorschriften und des ihnen möglicherweise zugrundeliegenden Systems ihre Meinung zu begründen.

Schoenborn[30] kommt aufgrund einer Analyse zumeist überholter oder die Geschäftsfähigkeit nicht beinhaltender Bestimmungen zu dem Er-

---

[25] In: VA 22/196, 202; im Ergebnis ebenso *Scheerbarth*, Beamtenrecht, S. 121 (6).

[26] In: BayVBL 1958/325, 327 (IV 2 b); ihm folgen *Landmann-Giers-Proksch*, S. 144.

[27] Zur Terminologie s. S. 132 f.

[28] Ähnlich *Peters*, S. 158 Fußn. 2.

[29] §§ 5 Nr. 2, 51 Nr. 1 BayBG von 1946 verlangten Volljährigkeit des Beamten, anderenfalls die Einstellung nichtig war; §§ 6, 8 Abs. 2 Nr. 2 BRRG und §§ 9 Abs. 1 Nr. 2, 11 Abs. 2 Nr. 2 BBG nehmen Nichtigkeit nur bei Entmündigung an, nicht dagegen bei mangelnder Altersreife, bei der im übrigen auf das 27. Lebensjahr abgestellt wird; ebenso jetzt §§ 11 Abs. 1 Nr. 2, 14 Abs. 4 Nr. 2 BayBG von 1966; Übersicht über die Alterserfordernisse bei *Glasbrenner*, S. 132—138, 142—146; dabei handelt es sich nicht um Geschäftsfähigkeitsvorschriften, s. oben, S. 42—48.

[30] In: AöR 24/126, 136—146, 152—154.

gebnis, dem öffentlichen Recht läge kein System für die Geschäftsfähigkeit zugrunde. In den ungeregelten und zweifelhaften Fällen müsse der Gesetzgeber entscheiden.

Eingehend untersucht hat *Grüter*[31] die vorhandenen öffentlich-rechtlichen Geschäftsfähigkeitsregeln. Er meint, den bürgerlich-rechtlichen Rechtssätzen, insbesondere den §§ 106 ff. BGB wohnten keine allgemeinen Rechtsgedanken inne. Zwar könne als allgemeiner Rechtsgedanke ausgegeben werden, daß „der Mensch in jüngsten Jahren nicht, mit zunehmendem Alter in gewissem Umfang und von einem bestimmten Alter auch in vollem Umfang geschäftsfähig" sei. Die gesetzliche Ausprägung dieses Gedankens könne aber verschieden ausfallen. Anders als das bürgerliche Recht habe das öffentliche Recht unterschiedliche Regeln entwickelt, die jeweils auf einen bestimmten Sachbereich begrenzt seien. Im öffentlichen Recht richte sich daher die Geschäftsfähigkeit nach den Bedürfnissen des jeweiligen Sachgebietes und nach der in diesem gebotenen Schutzbedürftigkeit des Minderjährigen[32]. Damit sei zugleich nachgewiesen, daß eine Analogie zu den §§ 104 ff. BGB nicht generell gezogen werden könne, sondern vielmehr ihre Voraussetzungen im konkreten Einzelfall festzustellen seien[33].

Demgegenüber kommt *Kuhn*[34] zu dem Ergebnis, daß die Grundsätze des bürgerlichen Rechts im öffentlichen Recht auch hinsichtlich der beschränkten Geschäftsfähigkeit zu gelten haben, da sich die öffentlich-rechtlichen Geschäftsfähigkeitsbestimmungen in das System des Privatrechts einfügen ließen. So könne der Minderjährige nach dem Vorbild der §§ 104, 106 BGB im öffentlichen Recht die beabsichtigten Rechtswirkungen ebenfalls nicht (allein) herbeiführen, wie durch die Vorschriften der §§ 102 AO, 7 Abs. 2 lit. b PassG, 19 Abs. 1, 7 Abs. 2 Satz 2, 8 Abs. 1 Nr. 1, 25 Abs. 1 RuStAG und grundsätzlich auch durch § 15 Abs. 1 StAngRegG von 1955 belegt werde. Der gleichermaßen geltende Grund für diese Regelung sei die unterentwickelte Einsicht des Minderjährigen in die Folgen seiner Willensäußerung.

Ausnahmsweise könne aber die Reife schon vor der Volljährigkeit eintreten. Diese punktuelle Geschäftsfähigkeit werde dem Minderjährigen für Rechtsgeschäfte gewährt, die ihm keine Nachteile bringen und bei sochen höchstpersönlichen Charakters; das werde durch §§ 5 FeuerbestG, 5 Satz 1 RelKEG und grundsätzlich ebenfalls durch die Bestimmungen der §§ 14 des 1., 9 des 2. StAngRegG, 8 Abs. 1 Nr. 1/7 Abs. 2 Satz 2 RuStAG über die Optionsrechte ausgewiesen. Die gleiche Überlegung führe ebenfalls zu einer partiellen Geschäftsfähigkeit des Min-

---

31 Soldat, S. 35 f. i.V.m. S. 16—30.
32 s. *Grüter*, in: NJW 1967/716 (r. Sp. 1).
33 Soldat, S. 38.
34 a.a.O., S. 27 f., insbesondere Fußnoten 15, 18—20.

derjährigen, der in Lebensverhältnissen steht, in denen er „für voll genommen" werde. Das zeige die durch § 102 Abs. 1 AO angeordnete entsprechende Anwendung der §§ 112, 113 BGB und ebenso § 9 Abs. 1 Nr. 2 SelbstverwaltungsG und werde auch an der Wehrpflichtmündigkeit deutlich.

Soweit dagegen der Minderjährige nicht voll geschäftsfähig sei, könnten die meisten Rechtsgeschäfte durch den gesetzlichen Vertreter in Anlehnung an §§ 1629, 1793 BGB vorgenommen werden, was in den §§ 7 Abs. 2 lit b PassG, 8/7 Abs. 2 Satz 2, 19 Abs. 1 RuStAG, 5 FeuerbestG, 2, 3 RelKEG, 2 Abs. 1 NamÄndG zum Ausdruck komme.

Die vorgetragenen Ansichten spiegeln das breite Meinungsspektrum in der Literatur wider. Die Begründung einer eigenen Meinung, welche zugleich die Auseinandersetzung mit den Lehrmeinungen enthält, setzt eine Beschäftigung mit den Grundgedanken der privat-rechtlichen Geschäftsfähigkeitsregeln einerseits und denjenigen der öffentlich-rechtlichen Bestimmungen andererseits voraus.

C. Die Grundsätze der bürgerlich-rechtlichen und der öffentlich-rechtlichen Geschäftsfähigkeitsregeln — Übernahme der zivilrechtlichen Geschäftsfähigkeitsbestimmungen in das öffentliche Recht

I. Die den bürgerlich-rechtlichen Geschäftsfähigkeitsbestimmungen zugrunde liegenden Gedanken

1. Allgemeines

Da die Ausübung der Privatautonomie die Fähigkeit zur Selbstbestimmung voraussetzt, ist nur derjenige geschäftsfähig, der nach seiner Person in der Lage ist, die Bedeutung einer von ihm abgegebenen Willenserklärung einzusehen und nach dieser Ansicht zu handeln[35]. Erfordernis der Wirksamkeit einer Willensäußerung ist also die „Vernünftigkeit des Willens"[36]. Allerdings kann nicht in jedem Falle auf Bedeutungskenntnis und Einsichtstätigkeit im Zeitpunkt der Abgabe der Willenskundgebung abgestellt werden, da anderenfalls der Rechtsverkehr nicht funktionieren könnte[37].

2. Ausgestaltung und Abstufung der Geschäftsfähigkeit

Daher steht das Statusprinzip, das auf das Lebensalter (§§ 104 Nr. 1, 106 BGB) und auf das Fehlen geistiger Kräfte (§§ 104 Nr. 3, 114 BGB)

---

[35] Vgl. *Flume*, S. 182 (§ 13, 1) mit Hinweis auf § 2229 Abs. 4 BGB.
[36] s. *Collier*, S. 6 (1).
[37] Vgl. auch *Jentsch*, S. 58 f.

abhebt, im Vordergrund, wenn es auch durch die natürliche Geschäftsunfähigkeit (§§ 104 Nr. 2, 105 BGB) ergänzt wird. Die Geschäftsfähigkeitsregelung der §§ 104 ff. BGB hat mithin neben einer generell bestimmenden eine korrektive, individuell wertende Komponente[38].

Grundsätzlich wird der Schutz des nicht voll Geschäftsfähigen vor den Folgen seiner rechtsgeschäftlichen Erklärung höher bewertet als das ihm aufgrund der Rechtsbegegnung entgegengebrachte Vertrauen des Rechtsverkehrs. Insoweit erfüllen die §§ 104 ff. BGB eine Ordnungsfunktion und schließen den Schutz des guten Glaubens aus[39].

a) Geschäftsunfähigkeit

Die Regelung der Geschäftsunfähigkeit in den §§ 104 f. BGB beruht auf der Überzeugung, daß der Geschäftsunfähige rechtlich nicht wollen kann, da er zur Selbstbestimmung unfähig ist[40]. Sein Schutz ist daher auch gegenüber den Belangen des Rechtsverkehrs vorrangig[41].

b) Beschränkte Geschäftsfähigkeit

Die §§ 106 bis 115 BGB, welche die beschränkte Geschäftsfähigkeit zum Inhalt haben, verfolgen zwei sich ergänzende Zwecke. Zum einen ist der beschränkt Geschäftsfähige schutz- und erziehungsbedürftig wegen seiner unreifen Willensbildung aufgrund der noch nicht voll ausgebildeten Einsichtsfähigkeit[42, 43]. Dem Schutz und der Erziehung dient die gesetzliche Vertretung gem. §§ 1626 bis 1628, 1793 BGB[44].

Daneben will die Regelung der §§ 106 ff. BGB dem beschränkt Geschäftsfähigen eine gewisse Freiheit lassen, um ihn allmählich an die Anforderungen des Wirtschaftslebens zu gewöhnen[45]. Deshalb ermöglichen ihm die §§ 106 ff. BGB die eigene Vornahme mit Zustimmung seines gesetzlichen Vertreters. Noch weiter gesteckt ist der Spielraum in den folgenden Fällen.

aa) § 107 BGB

Der Minderjährige ist geschäftsfähig — in dem Sinne, daß er keinem Zustimmungserfordernis unterliegt — für Rechtsgeschäfte, die ihm

---

38 s. *Schwimann*, S. 65 f.
39 Vgl. etwa LGMannheim NJW 1969/239 (I 1); *Roth-Stielow*, in: ZBlJugR 1967/33.
40 Ebenso *Dittenberger*, S. 12 f. (II); *Drexelius*, S. 12.
41 s. *Collier*, S. 73 f.
42 s. *Kuhn*, S. 29; *Schoenborn*, in: AöR 24/126, 149; vgl. auch *Canaris*, S. 104 (§ 97).
43 Zur rechtspolitischen Kritik vgl. *Scholz*, S. 40 (a); *Jentsch*, S. 59 f., 61 bis 63, 107—112; *Schmidt*, in: SchlHAnz 1967/91 (l. Sp.); *Luther*, in: FamRZ 1969/113 ff.
44 s. *Kuhn*, S. 28; aber auch *Grüter*, Soldat, S. 50 f.
45 Vgl. *Erman-Westermann*, § 106 BGB Bem. 1.

lediglich einen rechtlichen Vorteil bringen bzw. indifferent sind, wie §§ 107, 165 i. V. m. 179 Abs. 3 Satz 2 BGB es zum Asudruck bringen. Nachteilig sind diejenigen Geschäfte, welche zugleich Verpflichtungen zur Folge haben[46]. Ungefährliche Erklärungen kann der beschränkt Geschäftsfähige mithin selbst abgeben[47].

bb) §§ 112, 113 BGB

In bestimmten Bereichen ist der Minderjährige für die rechtliche Gestaltung des betreffenden Lebenskreises geschäftsfähig zur Vorbereitung auf seine spätere allgemeine Geschäftsfähigkeit[48]. In diesem Rahmen ist das Vertretungsrecht des gesetzlichen Vertreters ausgeschlossen[49].

Den §§ 112, 113 BGB wohnt der Gedanke inne, daß demjenigen, der sich in bestimmten Lebensverhältnissen behaupten muß, die Gestaltung der daraus erwachsenden Beziehungen nicht versagt werden kann. Nur der Eintritt in dieses Lebensverhältnis hängt von der Ermächtigung des gesetzlichen Vertreters ab.

3. Geltungsbereich der §§ 104 ff. BGB, insbesondere Geschäftsfähigkeit für persönliche Rechtsgeschäfte

Zwar gilt die Regelung der § 104 ff. BGB grundsätzlich für den gesamten Bereich des Privatrechts, aber auf höchst-persönliche Rechtsgeschäfte werden Sonderregeln angewandt, die in Anlehnung an besondere Rechtssätze entwickelt worden sind[50]. Der gesetzliche Vertreter ist zur Eigenvornahme grundsätzlich nicht berechtigt[51]. Ist der Urheber der Willenserklärung geschäftsunfähig, so kann das Rechtsgeschäft in der Regel überhaupt nicht abgeschlossen werden[52], nur ausnahmsweise — insbesondere wenn ein Sachzwang für eine Entscheidung besteht — wird es von dem gesetzlichen Vertreter vorgenommen[53]. Die beschränkt geschäftsfähige Person ist für das betreffende Rechtsgeschäft je nach der

[46] Vgl. *Palandt-Danckelmann*, § 107 BGB Anm. 1,2.

[47] Vgl. *Jentsch*, S. 74.

[48] Vgl. OVG Münster NJW 1965/2420.

[49] Vgl. *Larenz*, AT, S. 155 f.; für § 113 BGB einschränkend *Flume*, S. 208 f.

[50] Zur theoretischen Begründung s. *Rosener*, S. 140—150.

[51] s. *Flume*, S. 211—213 (10); vgl. auch *Jentsch*, S. 130 f.

[52] So: §§ 1728 Abs. 1 für die Ehelichkeitserklärung; 1748 Abs. 2 Satz 1 für die Einwilligung in die Adoption; 2229 Abs. 3, Abs. 4 i.V.m. 2064 für die Testamentserrichtung (ebenso — § 2229 Abs. 1, Abs. 2 — vor Vollendung des 16. Lebensjahres); 2290 Abs. 2 Satz 1 und 2296 Abs. 1 Satz 1 für die Aufhebung des Erbvertrages und den Rücktritt vom Erbvertrag.

[53] s. §§ 1411 Abs. 2 für den Ehevertrag; 1595 Abs. 2 für die Ehelichkeitsanfechtung; 1728 Abs. 2 für die Einwilligung in die Ehelichkeitserklärung; 1751 Abs. 1 Satz 2 für den Adoptionsvertrag; § 2347 Abs. 2 Satz 2 für den Erbverzichtsvertrag.

Intensität des persönlichen Charakters entweder voll geschäftsfähig[54] oder sie unterliegt einem Zustimmungserfordernis[55], das ggf. durch das Vormundschaftsgericht ersetzt werden kann[56]. Ganz selten, nämlich bei nachhaltiger Bindung des Autors, beginnt die Geschäftsfähigkeit erst mit der allgemeinen unbeschränkten Geschäftsfähigkeit[57].

Anhand dieser Vorschriften wird deutlich, daß in Abkehr von den §§ 106 ff. BGB die gesetzlichen Gestaltungsmöglichkeiten in dem Bereich der höchst-persönlichen Rechtsgeschäfte größer sind als sonst. Auffallend ist zunächst, daß die gem. §§ 106 ff. BGB und 1626 bis 1628, 1793 BGB bestehenden zwei Handlungsmöglichkeiten der gesetzlichen Vertretung aufgegeben werden zugunsten der — unter Umständen, insbesondere bei geringerem persönlichen Charakter der Willenserklärung, einem Zustimmungserfordernis unterliegenden — Eigenvornahme des beschränkt Geschäftsfähigen[58]. Damit zeigt sich, daß die gesetzliche Vertretung des beschränkt Geschäftsfähigen nur auf vermögens-rechtlichem Gebiet gutzuheißen ist[59]. Zugleich macht sich eine Einschränkung des § 107 BGB bemerkbar[60]. Die Grenzen zwischen Personen- und Rechtsgeschäftslehre sind verwischt. Weiterhin ist die Besonderheit zu beachten, daß das starre Altersschema, welches den §§ 106 ff. BGB zugrunde liegt, teilweise abgelöst wird durch flexiblere Altersgrenzen, wie in den §§ 1728 Abs. 2 i. V. m. 1729 Abs. 2, 1751 Abs. 2 i. V. m. 1750 Abs. 1 Satz 2, 2229 BGB belegt ist. Im Unterschied zur Regelung des Adoptionsvertrages, bei dem bis zur Erreichung der Altersgrenze der Angenommene geschäftsunfähig ist und von seinem gesetzlichen Vertreter vertreten wird, während mit Vollendung des 14. Lebensjahres die beschränkte Geschäftsfähigkeit beginnt, fängt in § 2229 Abs. 1, Abs. 2 BGB die Testierfähigkeit mit Vollendung des 16. Lebensjahres an und ermöglicht die bis zu diesem Alter — auch durch den gesetzlichen Vertreter — ausgeschlossene Errichtung eines Testaments. Erkennbar wird mithin, daß im Rahmen höchst-persönlicher Rechtsgeschäfte nicht nur die Dreiteilung der §§ 104 ff. BGB häufig nicht durchgeführt wird, sondern

---

[54] §§ 2229 Abs. 1, Abs. 2 (mit 16 Jahren testierfähig); alle beschränkt Geschäftsfähigen sind geschäftsfähig für die Ehelichkeitsanfechtung (§ 1595 Abs. 1 Satz 2), die Einwilligung in die Adoption (§ 1748 Abs. 2 Satz 2), die Aufhebung des Erbvertrages und den Rücktritt vom Erbvertrag (§§ 2290 Abs. 2, Satz 2, 2296 Abs. 1 Satz 2), für den Erbverzichtsvertrag (2347 Abs. 2 Satz 1).

[55] §§ 1411 Abs. 1 (Ehevertrag); 1729 Abs. 1 (Antrag auf Ehelichkeitserklärung); 1729 Abs. 2 i.V.m. 1728 Abs. 2 (Einwilligung in Ehelichkeitserklärung — wenn über 14, aber noch nicht 21 Jahre alt); 2275 Abs. 2 (Erbvertrag mit Ehegatten).

[56] So § 3 Abs. 1, Abs. 2 EheG.

[57] § 2275 Abs. 1 i.V.m. 2274 für den Erbvertrag.

[58] s. auch *Reichel,* S. 99—101.

[59] Vgl. auch *Jentsch,* S. 56 f.

[60] Vgl. *Staudinger-Coing,* § 107 BGB Rd. Nr. 8; aber auch BGH NJW 1968/941.

daß auch damit zusammenhängend der Wechsel von einem Status in den anderen unterschiedlich geregelt ist. Schließlich ist auffallend, daß die in § 114 BGB bezeichneten Personen anders als nach der allgemeinen Regelung nicht notwendig mit den Minderjährigen gleichgestellt sind. Beginnt mit der Erreichung eines bestimmten Alters die volle Geschäftsfähigkeit, so sind die aus anderen Gründen als Minderjährigkeit beschränkt Geschäftsfähigen davon ausgenommen[61]. Nur wenn dem Minderjährigen schlechthin die volle oder beschränkte Geschäftsfähigkeit gewährt wird, bezieht sich dies auch auf die Personen des § 114 BGB[62].

Den dem bürgerlich-rechtlichen System zugrunde liegenden Gedanken sind nun diejenigen, welche den öffentlich-rechtlichen Bestimmungen innewohnen, gegenüberzustellen.

II. Die den öffentlich-rechtlichen Geschäftsfähigkeitsvorschriften zugrunde liegenden Prinzipien

1. Übersicht über die Zumessung der Geschäftsfähigkeit auf den einzelnen Altersstufen

Sie ergibt[63], daß vom vollendeten *7. Lebensjahr* an der Minderjährige in Steuersachen beschränkt geschäftsfähig ist (§ 102 Abs. 1 AO), ebenso die minderjährige Ehefrau bei der Ausstellung eines Reisepasses (§ 7 Abs. 2 lit b PassG), während die minderjährige Frau, die einen Deutschen heiratet, für den Erwerb der deutschen Staatsangehörigkeit voll geschäftsfähig ist (§ 6 Abs. 3 i. V. m. Abs. 1, Abs. 2 RuStAG).

Der *12jährige* ist für die Erklärung, durch welche er die Erziehung in einem anderen als dem bisherigen Bekenntnis ablehnt, geschäftsfähig (§ 5 Satz 2 RelKEG).

Vom vollendeten *14. Lebensjahr* an kann der Minderjährige selbständig über sein religiöses Bekenntnis entscheiden, ist also voll geschäftsfähig[64], während vorher die Entscheidung bei den Eltern als Aufgabe der tatsächlichen Personensorge liegt (§§ 1, 3 RelKEG).

Der *16jährige* Ausländer bedarf für seinen Einbürgerungsantrag der Zustimmung des gesetzlichen Vertreters, ist also beschränkt ge-

---

[61] Vgl. § 2229 Abs. 1, Abs. 2 einerseits und andererseits § 2229 Abs. 3 BGB; ebenso gewähren die §§ 1729 Abs. 2, 1751 Abs. 2 BGB nur dem 14jährigen Kinde die beschränkte Geschäftsfähigkeit, wie sich insbesondere aus dem Zusammenhang mit § 1728 Abs. 2 BGB ergibt; vgl. auch BVerwG MDR 1966/442.

[62] Vgl. §§ 1595 Abs. 1 Satz 2; 1748 Abs. 2 Satz 2; 2290 Abs. 2 Satz 2; 2296 Abs. 1 Satz 2; 2347 Abs. 2 Satz 1 und §§ 1411 Abs. 1, 2275 Abs. 2 BGB; 3 Abs. 1 EheG.

[63] Vgl. *Grüter*, Soldat, S. 18—23.

[64] s. *Jentsch*, S. 91 f.

schäftsfähig; bis zu diesem Alter ist er geschäftsunfähig und wird von seinem gesetzlichen Vertreter vertreten (§§ 8 Abs. 1 Nr. 1/7, Abs. 2 Satz 2 RuStAG). Nach §§ 2 Abs. 1, 5 FeuerbestG vollzieht sich mit der Vollendung des 16. Lebensjahres der Wechsel von der Geschäftsunfähigkeit — gesetzliche Vertretung — zur vollen Geschäftsfähigkeit für die Bestimmung der Bestattungsart. Der 16jährige ist nach den PersonalAusweisAusfG, etwa § 4 Abs. 2 NW in der Lage, den Antrag auf Ausstellung des Personalausweises selbst zu stellen. Er ist daher voll geschäftsfähig. Daran ändert auch die Tatsache nichts, daß der gesetzliche Vertreter zur Antragstellung verpflichtet ist, wenn der Jugendliche (16—18jährige) dies unterläßt. Hier wird der gesetzliche Vertreter nur hilfsweise tätig[65].

Der 16jährige kann nach § 9 Abs. 3 VfG KOV selbständig den Antrag auf Leistungen aus der Kriegsopferversorgung stellen, während er für die Zurücknahme der Zustimmung seines gesetzlichen Vertreters bedarf. In Anlehnung an § 107 BGB beginnt in diesem Falle die beschränkte Geschäftsfähigkeit mit 16 Jahren[66]. Dabei wird — wie § 9 Abs. 1 Satz 2, Abs. 2 VfG KOV zeigt — das Vertretungsrecht des gesetzlichen Vertreters nicht berührt[67]. Für diese Ansicht, Ablehnung der vollen Geschäftsfähigkeit, spricht, daß der Gesetzgeber in § 9 Abs. 3 die Worte „können" und „Befugnis" benutzt. Beginnt die beschränkte Geschäftsfähigkeit mit Vollendung des 16. Lebensjahres, so muß der Minderjährige vorher geschäftsunfähig sein und wird von seinem gesetzlichen Vertreter nach § 9 Abs. 1, Abs. 2 vertreten[68]. Diese Ausführungen gelten ebenso für den Antrag auf Leistungen aus der Unfallversicherung gem. § 1546 Abs. 1 Satz 3 RVO.

In die Vollendung des *18. Lebensjahres* fällt der Wechsel von der Geschäftsunfähigkeit zur Geschäftsfähigkeit für Erklärungen nach dem 1. und 2. StAngRegG (§§ 14, 15 Abs. 1 StAngRegG von 1955, 9 StAngRegG von 1956). Der geschäftsunfähige Minderjährige wird von seinem gesetzlichen Vertreter vertreten. §§ 9, Abs. 1 PersVG, 9 Abs. 1 Nr. 2 SelbstverwaltungsG gewähren dem 18jährigen ein Stimmrecht und Art 35 Abs. 1 Rh-PfVerf, 137 Abs. 1 BayVerf die Bestimmung über die Teilnahme am Religionsunterricht, die vorher bei den Eltern liegt.

Bis zur Vollendung des *21. Lebensjahres* ist die gesetzliche Vertretung vorgesehen in §§ 19 Abs. 1, 25 Abs. 1 RuStAG, 8 Abs. 2, Abs. 3 DVOz. NotaufnahmeG und in § 2 Abs. 1 NamÄndG. Für den Entlassungsantrag, den Antrag auf Aufenthaltserlaubnis und auf Änderung des Familien-

---

[65] s. *Rausch*, § 4 NWPersonalAusweisAusfG Anm. 2 (S. 46).
[66] Ebenso *Grüter*, Soldat, S. 20, 25, 26, 29.
[67] s. *Schönleiter-Hennig*, § 9 VfG KOV Erl. 7.
[68] Ebenso *Grüter*, Soldat, S. 20; anderer Meinung wohl *Schönleiter-Hennig*, § 9 VfG KOV Erl. 1.

namens beginnt die Geschäftsfähigkeit mit der Volljährigkeit und löst die vorher bestehende Geschäftsunfähigkeit ab. Art 38 Abs. 2 GG i. V. m. § 12 Abs. 1 Nr. 1 BWahlG, §§ 3 Nr. 2 HessVolksabstimmungsG, 3 Abs. 1 SchlHGKWG gewähren von diesem Alter an Stimmrechte.

Ebenso beendet das 21. Lebensjahr die vorher bestehende beschränkte Geschäftsfähigkeit des Minderjährigen in den Fällen der §§ 9 Abs. 3 VfG KOV, 1546 Abs. 1 Satz 3 RVO, 8 Abs. 1 Nr. 1/7 Abs. 2 Satz 2 RuStAG, 102 Abs. 1 AO[69].

2. *Prinzipien für die Zumessung der Geschäftsfähigkeit*

Zunächst werden die vorhandenen öffentlich-rechtlichen Geschäftsfähigkeitsbestimmungen daraufhin untersucht, welches Maß an Geschäftsfähigkeit sie in concreto den nach §§ 104 ff. BGB geschäftsunfähigen und beschränkt geschäftsfähigen Personen gewähren. Sodann wird versucht, sachliche Kriterien für die Zumessung der Geschäftsfähigkeit zu finden. Daran schließt sich an die Beantwortung der Frage, welches Recht auf die ungeregelten Fälle nichtamtlicher publizistischer Willenserklärungen anzuwenden ist. Dabei wird die Zulässigkeit des Rückgriffs auf die bürgerlich-rechtlichen Grundsätze von der Übereinstimmung der beiden Rechtsmaterien zugrunde liegenden Prinzipien abhängen.

a) Rechtliche Behandlung der geschäftsunfähigen und beschränkt geschäftsfähigen Personen im öffentlichen Recht

aa) Geschäftsunfähige Personen

Da ihre Willensäußerungen nichtig sein würden, sehen die öffentlich-rechtlichen Gesetzesvorschriften die gesetzliche Vertretung vor, wie in §§ 102 Abs. 1 AO, 9 Abs. 1, Abs. 2 VfG KOV, 8 Abs. 1 Nr. 1/7 Abs. 2 Satz 2, 19 Abs. 1, 25 Abs. 1 RuStAG, 15 Abs. 1 StAngRegG von 1955, 9 StAngRegG von 1956, 2 Abs. 1 NamÄndG, 5 FeuerbestG, 4 Abs. 3 NWPersonalAusweisAusfG zum Ausdruck kommt.

bb) Beschränkt geschäftsfähige Personen

Bei der Frage, ob und inwieweit ihnen in öffentlich-rechtlichen Rechtssätzen die Geschäftsfähigkeit gewährt wird, interessieren vor allem drei Problemkreise. Zum einen ist zu untersuchen, ob sich die in § 114 BGB angeordnete Gleichstellung der in dieser Norm bezeichneten Personen mit den Minderjährigen im öffentlichen Recht wieder findet. Zum anderen ist darauf einzugehen, welcher Grad der Geschäftsfähigkeit den Minderjährigen im Verwaltungsrecht zukommt. Damit wird

---

[69] Vgl. *Grüter*, a. zul. a. O., S. 23 und S. 17.

zugleich schon auf die Regelung der gesetzlichen Vertretung im öffentlichen Recht näher hingewiesen.

aaa) Scheidung nach Minderjährigen und den Personen des § 114 BGB

Auffallend ist, daß die verwaltungs-rechtlichen Geschäftsfähigkeitsvorschriften Regelungen grundsätzlich nur zugunsten Minderjähriger, nicht auch der in § 114 BGB bezeichneten Personen enthalten. Die Normen der §§ 6 Abs. 3 RuStAG, 5 FeuerbestG, 5 RelKEG, 14 StAngRegG, 4 Abs. 2 NWPersonalAusweisAusfG, 7 Abs. 2 lit b PassG lassen dem Minderjährigen schlechthin oder von einem bestimmten Alter an die volle oder beschränkte Geschäftsfähigkeit zukommen, während für die in § 114 BGB aufgeführten Personen die gesetzliche Vertretung ohne die Möglichkeit der zustimmungsbedürftigen Eigenvornahme angeordnet ist (§§ 4 Abs. 3 NWPersonalAusweisAusfG, 15 Abs. 1 des 1. StAngRegG). Diese sind also geschäftsunfähig. Werden dagegen Minderjährige — überhaupt oder bis zu einem bestimmten Alter — von ihrem gesetzlichen Vertreter vertreten, also für geschäftsunfähig erklärt, so gilt gleiches für die Personen des § 114 BGB, wie es in §§ 19 Abs. 1, 25 Abs. 1 RuStAG, 15 Abs. 1 StAngRegG von 1955, 2 Abs. 1 NamÄndG der Fall ist. Von dem Grundsatz, daß Minderjährige und die wegen Geistesschwäche, Verschwendungs- oder Trunksucht Entmündigten oder nach § 1906 BGB unter vorläufige Vormundschaft Gestellten nur bei Anordnung der Geschäftsunfähigkeit gleich behandelt werden, ansonsten sich aber Rechtsregeln nur zugunsten Minderjähriger finden, weicht § 102 Abs. 1 AO ab. In dieser Vorschrift, die hinsichtlich der Geschäftsfähigkeit in Steuersachen auf das bürgerliche Recht verweist, wird der in § 114 BGB festgelegten Gleichbehandlung gefolgt und beiden Personengruppen die beschränkte Geschäftsfähigkeit gewährt. Gleiches gilt für § 9 VfG KOV. Auch bei Stellung des Antrages auf Leistungen aus der Kriegsopferversorgung sind die Personen des § 114 BGB beschränkt geschäftsfähig gem. § 9 Abs. 1, ebenso wie die Minderjährigen mit Vollendung des 16. Lebensjahres. Dabei wird die Altersgrenze auch für die aus anderen Gründen als Minderjährigkeit beschränkt geschäftsfähigen Personen zu gelten haben, da anderenfalls beispielsweise ein Entmündigter schon mit Vollendung des 7. Lebensjahres, ein Minderjähriger aber erst als 16jähriger den Antrag stellen könnte. Zudem wird dieser Weg durch §§ 8 Abs. 1 Nr. 1/7 Abs. 2 Satz 2 RuStAG gewiesen, indem 16jährige Minderjährige und unter Vormundschaft Stehende, also die in § 114 BGB bezeichneten Personen[70], beschränkt geschäftsfähig sind.

Es läßt sich der Satz aufstellen, daß im öffentlichen Recht die Personen des § 114 BGB grundsätzlich geschäftsunfähig sind, während die

[70] s. *Makarov*, § 7 RuStAG Anm. II 1 und 2 b.

Minderjährigen geschäftsunfähig, beschränkt oder voll geschäftsfähig sein können[71].

bbb) Regelung der Geschäftsfähigkeit für Minderjährige

Außer in den schon behandelten Fällen, in denen Minderjährige schlechthin oder von einem bestimmten Alter an für geschäftsfähig erklärt werden, sind diese Personen nach öffentlich-rechtlichen Rechtssätzen entweder geschäftsunfähig oder beschränkt geschäftsfähig. Geschäftsunfähig sind sie dann, wenn wie in §§ 8 Abs. 2, Abs. 3 DVO z. NotaufnahmeG, 19 Abs. 1, 25 Abs. 1 RuStAG, 2 Abs. 1 NamÄndG, 15 Abs. 1 des 1. StAngRegG, 8 Abs. 1 Nr. 1/7 Abs. 2 Satz 2 RuStAG, 9 Abs. 3 i. V. m. Abs. 1, Abs. 2 VfGKOV angeordnet ist, daß sie — unter Umständen nur bis zu einer bestimmten Altersgrenze — von ihrem gesetzlichen Vertreter vertreten werden. Damit ist die nach §§ 106 ff. BGB die beschränkte Geschäftsfähigkeit kennzeichnende Möglichkeit, daß der Minderjährige das Rechtsgeschäft selbst vornimmt und nur einem Zustimmungserfordernis unterliegt, ausgeschlossen. Dagegen sind die Minderjährigen — von einem bestimmten Alter an — beschränkt geschäftsfähig, wenn die Wirksamkeit ihrer Willenserklärung von der Zustimmung des gesetzlichen Vertreters abhängt. Eine derartige Regelung enthalten §§ 7 Abs. 2 lit b PassG, 8 Abs. 1 Nr. 1 i. V. m. 7 Abs. 2 Satz 2 RuStAG.

Es ist also die Besonderheit zu beobachten, daß das öffentliche Recht in Abkehr von den durch §§ 106 ff. und 1626 bis 1628, 1793 BGB eröffneten zwei Handlungsmöglichkeiten in aller Regel die gesetzliche Vertretung für den Einzelfall normiert und entweder die Vornahme durch den gesetzlichen Vertreter oder den von dessen Zustimmung abhängenden Abschluß des Rechtsgeschäfts durch den Minderjährigen bestimmt[72].

ccc) Regelung der gesetzlichen Vertretung

Aus den vorstehenden Ausführungen ergeben sich folgende Grundsätze für die Ausgestaltung der gesetzlichen Vertretung in öffentlich-rechtlichen Gesetzesbestimmungen. Vertreten werden und damit geschäftsunfähig sind die Personen des § 114 BGB in §§ 15 Abs. 1 StAngRegG von 1955, 19 Abs. 1, 25 Abs. 1 RuStAG, 2 Abs. 1 NamÄndG, 4 Abs. 3 NWPersonalAusweisAusfG; nach §§ 8 Abs. 1 Nr. 1 i. V. m. 7 Abs. 2 Satz 2 RuStAG jedoch nur, wenn sie das 16. Lebensjahr noch nicht vollendet haben, danach sind sie beschränkt geschäftsfähig und bedarf ihr Einbürgerungsantrag nur der Zustimmung.

Vertreten werden die Minderjährigen schlechthin oder bis zu einem bestimmten Alter in §§ 8 Abs. 2, Abs. 3 DVO z. NotaufnahmeG, 19,

---

[71] Vgl. auch *Grüter*, Soldat, S. 1 f.

[72] s. *Grüter*, Soldat, S. 48—50; *Makarov*, § 7 Anm. II 1, § 19 Anm. II 1 (RuStAG), § 15 des 1. StAngRegG Anm. II 1, 3.

Abs. 1, 25 Abs. 1 RuStAG, 2 Abs. 1 NamÄndG, 8 Abs. 1 Nr. 1/7 Abs. 2 Satz 2 RuStAG, 15 Abs. 1 des 1. StAngRegG. Sie sind geschäftsunfähig, während in § 7 Abs. 2 lit b PassG für alle Minderjährigen, in §§ 8 Abs. 1 Nr. 1/7 Abs. 2 Satz 2 RuStAG für die 16jährigen die beschränkte Geschäftsfähigkeit vorgesehen ist.

Wie im bürgerlichen Recht bestehen dagegen zwei Handlungsmöglichkeiten, und zwar gleichermaßen für Minderjährige und die Personen des § 114 BGB, in § 102 Abs. 1 AO und — mit Vollendung des 16. Lebensjahres — in §§ 9 VfG KOV, 1546 Abs. 1 Satz 3 RVO. In § 102 Abs. 2 AO wird auf das bürgerliche Recht hinsichtlich der gesetzlichen Vertretung verwiesen, ergänzend gilt § 103 AO[73].

Festzuhalten bleibt daher, daß in aller Regel das öffentliche Recht die gesetzliche Vertretung nicht als Folge der beschränkten Geschäftsfähigkeit regelt, sondern vielmehr über die Gestaltung der gesetzlichen Vertretung das Maß der Geschäftsfähigkeit bestimmt.

Im folgenden soll nun versucht werden, die der rechtlichen Behandlung von insbesondere nach bürgerlichem Recht beschränkt Geschäftsfähigen zugrunde liegenden Gedanken aufzudecken.

b) Sachliche Kriterien für die Zumessung der Geschäftsfähigkeit

aa) Selbstverantwortliche Gestaltung von bestimmten Lebensverhältnissen wegen Pflichtigkeit

In §§ 112, 113 BGB ist der Minderjährige geschäftsfähig für Rechtshandlungen im Rahmen von Lebensverhältnissen, in denen er „für voll genommen" wird. Eine ähnliche Überlegung führt zu einer partiellen Geschäftsfähigkeit gem. §§ 9 Abs. 1, 23 Abs. 2 PersVG, 9 Abs. 1 Nr. 2 SelbstverwaltungsG, 4 Abs. 2 NWPersonalAusweisAusfG, 102 Abs. 1 AO[74]. Unter diesem Gesichtspunkt können auch die politischen Mitwirkungsrechte nach Art. 38 Abs. 2 GG i. V. m. § 12 Abs. 1 Nr. 1 BWahlG, § 3 Nr. 2 HessVolksabstimmungsG, die dem 21jährigen zufallen, betrachtet werden. Dem Betreffenden wird ein selbständiges Mitordnungsrecht eingeräumt, da er deswegen für voll genommen werden kann, weil von diesem Alter an eine vernünftige Erfüllung der politischen Pflicht erwartet werden kann[75].

Die genannten Vorschriften gewähren die Geschäftsfähigkeit entweder aufgrund einer Ermächtigung durch den gesetzlichen Vertreter oder unmittelbar kraft Gesetzes. Die Unterscheidung hängt von dem Charakter des Lebensverhältnisses ab.

---

[73] Ebenso in Art. 16 EVRO.

[74] Vgl. *Kuhn*, S. 28, Fußn. 19.

[75] Vgl. auch *Grüter*, Soldat, S. 30, der aber den Zusammenhang zwischen Pflichtigkeit und Geschäftsfähigkeit übersieht.

Knüpft eine persönliche Rechtspflicht an ein bestimmtes Alter an wie gem. § 1 Abs. 1 NWPersonalAusweisAusfG die Ausweispflicht, so kann der Minderjährige von diesem Alter an der Pflicht selbst nachkommen und nach § 4 Abs. 2 NWPersonalAusweisAusfG den Antrag auf Ausstellung des Personalausweises selbständig stellen[76]. Der gleiche Gedanke findet sich in § 19 Abs. 5 WehrpflG i. V. m. Art. 73 Nr. 1 GG, 1 Abs. 1 WehrpflG wieder. Der Inanspruchnahme durch den Staat muß eine punktuelle Geschäftsfähigkeit des Minderjährigen entsprechen[77]. Ebenso entspringen die Mitwirkungsrechte — politischen — Pflichten.

Dieser Grundsatz findet eine Einschränkung hinsichtlich derjenigen Pflichten, welche die Abgabe von Willenserklärungen mit vermögensrechtlichem Bezug notwendig machen. So entspricht der Steuerpflichtigkeit des Minderjährigen keine partielle öffentlich-rechtliche Geschäftsfähigkeit. Hier ergibt sich die punktuelle Geschäftsfähigkeit beispielsweise für die Abgabe von Umsatzsteuererklärungen aus der in § 102 Abs. 1 AO angeordneten Anwendung des § 112 BGB, hängt also von der Ermächtigung durch den gesetzlichen Vertreter und nicht bloß von der Pflichtigkeit ab[78].

Es läßt sich daher der Satz aufstellen, daß bestimmte Lebensverhältnisse die Geschäftsfähigkeit des Minderjährigen zur Folge haben und daß bei Willenskundgebungen, die keinen Einfluß auf das Vermögen haben, die Gewährung der Geschäftsfähigkeit nur die Pflichtigkeit des Minderjährigen zur Voraussetzung hat, also die Ermächtigung quasi ersetzt wird [79].

In den Fällen, in denen aufgrund einer Ermächtigung oder kraft unmittelbarer gesetzlicher Anordnung dem Minderjährigen die selbständige rechtliche Gestaltung überlassen ist, wird die gesetzliche Vertretung verdrängt. Knüpft die Geschäftsfähigkeit an eine — politische oder gesetzliche — Pflicht an, so kann es den Status der Geschäftsunfähigkeit mit der Folge der gesetzlichen Vertretung auch vor Erreichen der normierten Altersgrenze nicht geben. Demgegenüber läßt die Rücknahme der Ermächtigung den alten Status wieder aufleben.

bb) Vermögens- und Nichtvermögensgeschäfte

Für mit dem (Steuer)*Vermögen* zusammenhängende Willensäußerungen ordnet § 102 Abs. 1 AO die Geltung der §§ 104 ff. BGB an. Für *Geschäftsunfähige* ist daher die Vertretung durch den gesetzlichen

---

[76] Vgl. *Rausch*, § 4 NWPersonalAusweisAusfG Anm. 2 (S. 46).

[77] s. *Grüter*, Soldat, S. 39—44 und, in: NJW 1967/716 (r. Sp., 1); *Kuhn*, S. 28, Fußn. 19 i.V.m. S. 86 f.; *Hahnenfeld*, § 19 WehrpflG Note 3.

[78] s. *Mattern-Messmer*, Tz. 582 (§ 102 AO, 2 A, S. 178); *Tipke-Kruse*, § 102 AO Anm. 3; *Moser*, S. 14—16.

[79] Nicht dagegen wird das Zustimmungserfordernis ersetzt, so aber *Scherer-Krekeler*, § 19 WehrpflG Anm. X 1.

Vertreter vorgesehen, während bei *beschränkt Geschäftsfähigen* — also den Minderjährigen und den Personen des § 114 BGB — die zwei Handlungsmöglichkeiten nach dem Zivilrecht bestehen gem. §§ 102 Abs. 2, 103 AO.

Die Geschäftsfähigkeit im Hinblick auf höchstpersönliche oder jedenfalls Rechtsgeschäfte mit *persönlichem Charakter,* also hinsichtlich Willenserklärungen ohne vermögens-rechtlichen Bezug, regeln §§ 5 FeuerbestG, 5 RelKEG, 14, 15 Abs. 1 des 1., 9 des 2. StAngRegG, 6 Abs. 3, 8 Abs. 1 Nr. 1/7 Abs. 2 Satz 2, 19 Abs. 1, 25 Abs. 1 RuStAG, 8 Abs. 2, Abs. 3 DVO z. NotaufnahmeG, 2 Abs. 1 NamÄndG, 7 Abs. 2 lit b PassG[80]. Genannt werden können ebenfalls die sub aa) behandelten Vorschriften der Art. 38 Abs. 2 GG, §§ 12 Abs. 1 Nr. 1 BWahlG, 3 Nr. 2 HessVolksabstimmungsG, 4 Abs. 2, Abs. 3 NWPersonalAusweis-AusfG, 19 Abs. 5 WehrpflG.

Für nach den §§ 104 f. BGB *geschäftsunfähige Personen* ist die gesetzliche Vertretung bzw. Entscheidung des gesetzlichen Vertreters im Rahmen der tatsächlichen Personensorge vorgesehen in §§ 2 Abs. 1 NamÄndG, 5 FeuerbestG, 19 Abs. 1, 25 Abs. 1 RuStAG, 15 Abs. 1 StAngRegG von 1955, 4 Abs. 3 NWPersonalAuswAusfG. Dagegen scheidet sie aus bei den Wahlrechten. Der Grundsatz wird erkennbar, daß die Vertretung der geschäftsunfähigen Personen immer nur dann bestimmt wird, wenn eine Entscheidung getroffen werden muß — so hinsichtlich der Wahl der Bestattungsart — oder der Zweck verfolgt wird, eine möglichst einheitliche Entscheidung für die Familie zu treffen, wie bei der Namensänderung und in Staatsangehörigkeitssachen. Ebenso verhält es sich, wenn eine Rechtspflicht wie die Beantragung des Personalausweises erfüllt werden muß.

Die *nach § 114 BGB beschränkt geschäftsfähigen Personen* werden bei Willenserklärungen mit persönlichem Charakter vertreten in den Fällen der §§ 15 Abs. 1 des 1. StAngRegG, 4 Abs. 3 NWPersonalAusweisAusfG, 19 Abs. 1, 25 Abs. 1 RuStAG, 2 Abs. 1 NamÄndG. Ausnahmsweise gilt dieses in §§ 8 Abs. 1 Nr. 1/7 Abs. 2 Satz 2 RuStAG nur für die unter 16 Jahre alten Personen des § 114 BGB, während sie mit Vollendung des 16. Lebensjahres beschränkt geschäftsfähig werden. Den zitierten Vorschriften läßt sich der Grundsatz entnehmen, daß die wegen Geistesschwäche, Verschwendung oder Trunksucht Entmündigten oder nach § 1906 BGB unter vorläufiger Vormundschaft Gestellten hinsichtlich die persönliche Sphäre berührenden Willensäußerungen geschäftsunfähig sind und nur in einem gesetzlich normierten Falle von der Regelung zugunsten Minderjähriger erfaßt werden. Dabei handelt es sich um eine im Hinblick auf die neuere,

---

[80] Vgl. *Kuhn,* S. 28 Fußn. 18; *Grüter,* Soldat, S. 28, 29.

in §§ 14, 15 Abs. 1 StAngRegG von 1955 niedergelegte Gesetzgebung regelwidrige Ausnahme.

Die *Minderjährigen* sind schlechthin oder von einem bestimmten Alter an entweder geschäftsfähig — §§ 4 Abs. 2 NWPersonalAusweis-AusfG, 6 Abs. 3 RuStAG, 5 FeuerbestG, 5 RelKEG, 14 des 1., 9 des 2. StAngRegG[81] — oder beschränkt geschäftsfähig, so gem. §§ 8 Abs. 1 Nr. 1/7 Abs. 2 Satz 2 RuStAG, 7 Abs. 2 lit b PassG. In wenigen Ausnahmefälllen[82] sind die Minderjährigen geschäftsunfähig und werden vertreten (§§ 19 Abs. 1, 25 Abs. 1 RuStAG, 2 Abs. 1 NamÄndG, 8 Abs. 2, Abs. 3 DVO z. NotaufnahmG). Diese Abweichungen sind dadurch gerechtfertigt, daß es sich um einschneidende Rechtsgeschäfte handelt, die im Interesse der Familieneinheit vom gesetzlichen Vertreter vorgenommen werden sollen.

Vor Erreichung der Altersgrenze ist die Vertretung oder die Bestimmung im Rahmen der tatsächlichen Personensorge[83] durch den gesetzlichen Vertreter angeordnet in §§ 8 Abs. 1 Nr. 1/7 Abs. 2 Satz 2 RuStAG, 5 FeuerbestG, 1, 3 RelKEG, 15 Abs. 1 des 1., 9 des 2. StAngRegG[84]. Sie scheidet aus bei den Mitwirkungsrechten, die einer politischen oder betrieblichen Pflicht entspringen. Vor Beginn der Rechtspflicht, etwa nach § 1 Abs. 1 NWPersonalAusweisG, ist ein Status nicht begründet und kann es daher eine die Vertretung nach sich ziehende Geschäftsunfähigkeit nicht geben.

Aus diesen Vorschriften läßt sich der Satz ableiten, daß die gesetzliche Vertretung in der Regel auf die Vornahme vermögens-rechtlicher Geschäft beschränkt bleibt[85]. Weiter ist das Prinzip zu erkennen, daß dem Minderjährigen in einem sehr jungen Alter die volle Geschäftsfähigkeit zukommt, wenn es sich um höchstpersönliche Rechtsgeschäfte wie die in §§ 5 RelKEG, 5 FeuerbestG umschriebenen handelt. Die Altersabstufungen entsprechen in etwa der Intensität des persönlichen Charakters der Willensäußerung. Auffallend ist, daß es die beschränkte Geschäftsfähigkeit nur bei wenigen persönlichen Willenserklärungen gibt wie beispielsweise im Falle des § 7 Abs. 2 lit b PassG. Bei nicht so stark persönlichen Willenskundgebungen schlägt also der Minder-

---

[81] Ergänzend können §§ 59 FGG, 65 Abs. 4 JWG, 7 Abs. 2 FreiheitentziehungsG herangezogen werden, welche selbständige Beschwerderechte verleihen; § 71 Abs. 2 Satz 1 SGG statuiert die Prozeßfähigkeit in eigenen Sachen.

[82] s. *Ficker*, S. 141 (2) zu § 2 Abs. 1 NamÄndG.

[83] Vgl. *Palandt-Lauterbach*, § 1626 BGB Anm. 4 a, b — ob das eine oder das andere anzunehmen ist, kann offenbleiben, da auch bei gesetzlicher Vertretung (im Gegensatz zur gewillkürten) ein Fall echter Fremdgestaltung vorliegt, vgl. dazu *Müller-Freienfels*, S. 359—378.

[84] s. auch *Kuhn*, S. 28 Fußn. 20; z. T. abweichend wohl *Jellinek*, VR, S. 166 (c); von *Turegg-Kraus*, S. 80 f.

[85] Vgl. auch *Forsthoff*, S. 176; *Wolff*, VR I, S. 216 f. (II a, c).

jährigenschutz stärker durch. Richtet sich die Erklärung des Minderjährigen „an die Gemeinschaft" — etwa bei den Erklärungen und Anträgen nach den Staatsangehörigkeitsregelungsgesetzen —, so bedeutet der Schutz seiner selbst zugleich den Schutz der Gemeinschaft vor übereilten Willensäußerungen; die Willenserklärung ist also nicht so intensiv der persönlichen Sphäre verbunden. Daher ist die Einsichtsfähigkeit zumeist an ein höheres Alter geknüpft (§ 14 des 1. StAngRegG) oder die Wirksamkeit an die Zustimmung gebunden — §§ 8 Abs. 1 Nr. 1/7 Abs. 2 Satz 2 RuStAG. Die in § 6 Abs. 3 RuStAG enthaltene Ausnahme findet ihre Rechtfertigung darin, daß eine einheitliche Staatsangehörigkeit von Eheleuten anzustreben ist[86].

Zwischen den Rechtssätzen hinsichtlich der Geschäftsfähigkeit für Willenserklärungen, die mit Vermögens- oder Nichtvermögensrechten zusammenhängen, stehen die Vorschriften der §§ 9 VfG KOV, 1546 Abs. 1 Satz 3 RVO. Die dort geltend zu machenden Geldansprüche haben einen *persönlichen Einschlag,* weswegen in Abkehr von §§ 2, 106 BGB wie auch sonst bei Willenserklärungen in der persönlichen Sphäre auf ein bestimmtes Alter abgehoben wird[87]. Da die Anträge aber in erster Linie mit dem Vermögen zusammenhängen, eröffnet die gewährte beschränkte Geschäftsfähigkeit auch hinsichtlich der Personen des §§ 114 BGB für den gesetzlichen Vertreter die beiden Handlungsmöglichkeiten des bürgerlichen Rechts[88].

Zusammenfassend kann gesagt werden, daß die öffentlich-rechtlichen Vorschriften dem System der §§ 104 ff. BGB nur dann folgen, wenn es um die Wirksamkeit der Willenserklärungen mit vermögens-rechtlichem Bezug geht. Bei den persönlichen Willensäußerungen ist dagegen insbesondere hinsichtlich der beschränkten Geschäftsfähigkeit eine Differenzierung nach minderjährigen und gem. § 114 BGB beschränkt geschäftsfähigen Personen zu beobachten. Während letztere fast ausnahmslos geschäftsunfähig sind, trifft dies bei den Minderjährigen nur selten zu. Zumeist dient bei ihnen die Regelung der gesetzlichen Vertretung dazu, den Grad der Geschäftsfähigkeit — volle oder beschränkte — zu bestimmen.

Die Zuordnung der Willenserklärung zum Vermögen oder in die persönliche Sphäre erklärt somit die oben unter a) dargestellten Grundsätze des öffentlichen Rechts über die Behandlung der nach §§ 104 ff. BGB geschäftsunfähigen oder beschränkt geschäftsfähigen Personen.

---

[86] Vgl. *Grüter,* Soldat, S. 31.

[87] Der von *Grüter* a.a.O., S. 30, 31 f. in den Vordergrund gestellte Schutz der Behörden vor unüberlegten Anträgen müßte bei allen Anträgen zum Tragen kommen, was ausweislich des § 6 Abs. 3 RuStAG nicht der Fall ist.

[88] Vgl. auch *Grüter,* a. a. O., S. 29.

Den Zugang zu dieser Begründung versperrt sich *Grüter*[89], indem er anknüpfend an die Feststellung, im öffentlichen Recht sei eine bestimmte Altersstufe für die Geschäftsfähigkeit Minderjähriger nicht entscheidend, sondern vielmehr werde die Geschäftsfähigkeit immer nur für einen bestimmten Wirkungskreis zugemessen, den Wirkungsbereich einer Willenserklärung als Kriterium für den Grad der Geschäftsfähigkeit aufzudecken versucht. Zunächst untersucht Grüter die Wirkungen, die eine Willensäußerung auf den Autor selber haben kann und kommt zu dem Ergebnis, daß im Unterschied zu § 107 BGB der rechtliche Vorteil nicht allein bestimmend für das Maß der Geschäftsfähigkeit und daß dieses Merkmal etwa bei der Bestimmung des religiösen Bekenntnisses überhaupt nicht verwertbar sei. Nach den obigen Ausführungen überrascht dieses Beobachtung nicht, denn das Vorteilskriterium ist bei Willenskundgebungen mit Auswirkungen in der persönlichen Sphäre nicht vorrangig anwendbar, sondern kann nur mitursächlich für die konkrete Festlegung der Altersgrenze sein. Statt die Frontstellung der den öffentlich-rechtlichen Normen zugrunde liegenden Prinzipien gegenüber den, den §§ 106 ff. BGB innewohnenden Grundgedanken zu betonen, hätte Grüter nach seiner auf einige wenige Beispiele beschränkten Unterscheidung hinsichtlich des betroffenen Rechtsgutes des Minderjährigen — sehr persönlich, weniger persönlich, Vermögen —, die im wesentlichen zu den gleichen wie den oben dargelegten Ergebnissen führt, durchgehend alle Vorschriften prüfen müssen.

Dabei wäre auch der Grund für die auf den ersten Blick verwirrende Vielfalt der Altersstufen im öffentlichen Recht ersichtlich geworden. Bei den Abstufungen wäre dann die von Grüter unter dem — durch den Charakter des öffentlichen Rechts als ein Gemeinschaftsrecht indizierten — Gesichtspunkt der Wirkung einer Willenserklärung auf die Umwelt aufgefundenen, die Geschäftsfähigkeit bestimmenden Faktoren der „Außenwirkung“ und der „Tendenzen der Umwelt“ teilweise heranzuziehen. Ihre Mitursächlichkeit für die Zumessung der Geschäftsfähigkeit hinsichtlich nichtvermögensrechtlicher Willensäußerungen liegt in der bei persönlichen Rechtsgeschäften herrschenden größeren Gestaltungsfreiheit begründet, bei deren Ausübung andere Umstände als die des Minderjährigenschutzes, also auch öffentlich-rechtliche zum Tragen kommen.

Demgegenüber hindert die an dem jeweiligen Wirkungsbereich orientierte und daher nicht umfassende Betrachtungsweise die Auffindung des überordneten, *allen* öffentlich-rechtlichen Geschäftsfähigkeitsvorschriften gemeinsamen Prinzips und bringt eine Vielzahl ne-

[89] a.a.O., S. 25—33.

beneinanderstehender, nicht einmal für die Geschäftsfähigkeit aller Willenserklärungen innerhalb eines Wirkungsbereiches[90] relevanter Kriterien hervor, die es als sehr zweifelhaft erscheinen lassen, ob dem öffentlichen Recht ein durchdachtes System zugrunde liegt[91]. Zudem bringt es die Gegenüberstellung der öffentlich-rechtlichen Bestimmungen allein den §§ 104 ff., 106 ff. BGB mit sich, daß eine Übereinstimmung der beiden Rechtsmaterien zugrunde liegenden Prinzipien nicht hergestellt werden kann[92]. Erst die Unterscheidung nach vermögens-rechtlichen und nichtvermögens-rechtlichen Willensäußerungen in *beiden* Rechtsgebieten eröffnet die Möglichkeit, eine Übernahme der zivil-rechtlichen Grundsätze bzw. eine Heranziehung von Vorschriften aus beiden Rechtsmaterien zu erwägen.

III. Übernahme der bürgerlich-rechtlichen Geschäftsfähigkeitsbestimmungen unter Wahrung der öffentlich-rechtlichen Prinzipien

1. *Dreiteilung der Geschäftsfähigkeit auch im öffentlichen Recht*

Die Begriffe, welche die drei Grade der Geschäftsfähigkeit bezeichnen, kennt das öffentliche Recht ebenfalls. §§ 2 NamÄndG, 9 Abs. 2 VfG KOV, 15 Abs. 11. StAngRegG erwähnen die geschäftsunfähigen und die beschränkt geschäftfähigen Personen, §§ 8 Abs. 1 Nr. 1 RuStAG, 2 Abs. 2 HessElternmitbestimmsG die Geschäftsfähigen und in §§ 7 Abs. 2 Satz 2, 19 Abs. 1 RuStAG ist von „elterlicher Gewalt oder Vormundschaft" die Rede, in § 4 Abs. 3 NWPersonalAusweisAusfG von der Entmündigung.

Ebenso ist der Begriff des Minderjährigen und des Volljährigen dem Verwaltungsrecht ausweislich der §§ 8 Abs. 2, Abs. 3 DVO z. NotaufnahmeG, 6 Abs. 3 RuStAG, 14 StAngRegG von 1955, 7 Abs. 2 lit b PassG, 1546 Abs. 1 Satz 3 RVO, 9 Abs. 3 VfG KOV geläufig. Allerdings bestimmen die verwaltungs-rechtlichen Normen die für den Minderjährigen geltenden Altersgrenzen nicht selbst[93], so daß eine Verweis auf die in §§ 106, 104 Nr. 1, 2 BGB niedergelegte Begriffsdeutung angenommen werden muß. Danach ist minderjährig auch im öffentlichen Recht ein Mensch zwischen 7 und 21 Jahren. Die Übereinstimmung in der Terminologie bedeutet aber noch nicht, daß im Verwaltungsrecht die drei Grade der Geschäftsfähigkeit *materiell* von Bedeutung sind.

---

[90] So vermag *Grüter*, Soldat, S. 32 die in § 102 AO enthaltene Ausnahme von der Erfüllbarkeit gesetzlicher Pflichten nicht zu begründen, da er die Geltung dieses Grundsatzes nicht auf persönliche Willenserklärungen beschränkt.
[91] So das Resümee von *Grüter*, a.a.O., S. 33.
[92] s. oben, S. 151.
[93] Vgl. *Schoenborn*, in: AöR 24/126, 135.

a) Beschränkte Geschäftsfähigkeit und Statusprinzip

Es wäre beispielsweise denkbar, den Status der beschränkten Geschäftsfähigkeit im öffentlichen Recht überhaupt nicht anzuerkennen. So weist *Grüter*[94] darauf hin, daß nur wenige öffentlich-rechtliche Rechtssätze die beschränkte Geschäftsfähigkeit gewähren, während im übrigen die Geschäftsfähigkeit den Status der Geschäftsunfähigkeit unter Auslassung der beschränkten Geschäftsfähigkeit ablöse.

Allerdins kennen nur die §§ 102 Abs. 1 AO, 126 Abs. 1, 129 i. V. m. 77 Nr. 2 SchlHLVwG, 9 VfG KOV, 1546 Abs. 1 Satz 3 RVO, 8 Abs. 1 Nr. 1/7 Abs. 2 Satz 2 RuStAG, 7 Abs. 2 lit b PassG die beschränkte Geschäftsfähigkeit. Dieser Umstand ist aber dadurch begründet, daß die Regelungen der Geschäftsfähigkeit hinsichtlich persönlicher Willensererklärungen in beiden Rechtsgebieten zumeist nur die volle Geschäftsfähigkeit oder die Geschäftsunfähigkeit anordnen. Aus ihm kann daher kein Einwand gegen die grundsätzliche Anerkennung der beschränkten Geschäftsfähigkeit im Verwaltungsrecht hergeleitet werden. In jedem Falle findet sich aber das auf das Fehlen geistiger Kräfte (§ 114 BGB) oder das Lebensalter (§§ 106, 2 BGB) abstellende Statusprinzip bei der rechtlichen Behandlung der nach den §§ 106 ff. BGB beschränkt Geschäftsfähigen im öffentlichen Recht wieder. An die Stelle dieser im Interesse der Rechtssicherheit durchgeführten Schematisierung kann die Einsichtsfähigkeit nicht als Geschäftsfähigkeitskriterium treten. Insbesondere würde ein derartiges Vorgehen gerade den Intentionen jener öffentlich-rechtlichen Bestimmungen zuwiderlaufen, welche bezüglich persönlicher Willensäußerungen statt auf die starren Altersgrenzen der §§ 106, 2 BGB auf flexiblere Altersstufen zurückzugreifen. Denn diese Vorschriften verfeinern die Typisierung der Geschäftsfähigkeit und enthalten damit eine sowohl den Interessen des Minderjährigen als auch denen des Rechtsverkehrs in hohem Maße nachkommende rechtliche Beurteilung. Mit diesem Grundgedanken verträgt es sich ebensowenig, wenn die Geschäftsfähigkeit des Minderjährigen der — die Schutzgedanken der §§ 107 ff. BGB berücksichtigenden — Entscheidung des Staates als Empfänger der Willensäußerung überlassen bleiben würde. Denn mittels des den beiden Rechtsgebieten gemeinsamen, nur hinsichtlich vermögenswerter und nichtvermögenswerter Willenserklärungen abgestuften Statusprinzips soll die Geschäftsfähigkeit der Minderjährigen und der Personen des § 114 BGB nicht im Einzelfall nach zudem jedenfalls teilweise subjektiven Kriterien festgestellt werden, sondern abstrakt nach objektiven Faktoren. Diese können je nach dem Charakter der Willenskundgebung außer den Altersgrenzen und -stufen sowie der persönli-

---

[94] a.a.O., S. 25.

chen Fähigkeit der Gesichtspunkt des Vorteils und der Intensität des persönlichen Einschlags sein und entscheiden entweder über das Zustimmungserfordernis (§ 107 BGB) oder über den Grad der Geschäftsfähigkeit der gem. §§ 106, 2, 114 BGB beschränkt geschäftsfähigen Personen.

b) Geschäftsunfähigkeit und volle Geschäftsfähigkeit

Ebenso sind das auf das Lebensalter oder das Fehlen geistiger Kräfte abhebende, in §§ 104 Nr. 1, 3 und §§ 106, 2 BGB niedergelegte Statusprinzip und die hinsichtlich der Geschäftsunfähigkeit in §§ 104 Nr. 2, 105 BGB enthaltenen Ergänzungen dem bürgerlichen und öffentlichen Recht gemeinsam.

In bezug auf die persönliche Unfähigkeit des Urhebers einer Willenserklärung gehen die öffentlich-rechtlichen Vorschriften wie die bürgerlich-rechtlichen von der Nichtigkeit aus. Überdies gibt es keine verwaltungsrechtliche Gesetzesbestimmung, die *vor* Vollendung des 7. Lebensjahres einen anderen Status als den der Geschäftsunfähigkeit begründet, vielmehr wird die beschränkte oder volle Geschäftsfähigkeit erst in einem späteren Alter gewährt. Allein die weitere Folge der wegen Geschäftsunfähigkeit nichtigen Äußerung — die gesetzliche Vertretung — kann nach dem Charakter der Willensäußerung verschieden sein. Bestätigen die öffentlich-rechtlichen Normen daher die Regelung der §§ 104 f. BGB in ihrem Geltungsbereich, so liegt der Grund für die Übernahme dieser bürgerlich-rechtlichen Rechtsregeln darin beschlossen, daß dem Geschäftsunfähigen für Rechtshandlungen in beiden Rechtsgebieten die Fähigkeit zur Selbstbestimmung fehlt. Allerdings fällt nicht notwendig in die Vollendung des 7. Lebensjahres ein Statuswechsel im Hinblick auf die Geschäftsfähigkeit für persönliche Wellenserklärungen.

Wie dem vollendeten 7. Lebensjahr, so kommt dem 21. Lebensjahr im öffentlichen Recht ebenfalls eine besondere Bedeutung zu[95]. Bis auf wenige außer acht zu lassende Ausnahmen[96] hören *spätestens*

---

[95] Vgl. auch *Schoenborn*, in: AöR 24/126, 143.

[96] Die auf das vollendete 25. Lebensjahr bezüglich gewisser Stimmrechte, also persönlicher Willenserklärungen abhebenden Art. 4 Abs. 1 BadOrtskirchenG, 24 Abs. 1 Satz 2 BadStiftungsG können aus mehreren Gründen außer Betracht bleiben. Da es um Rückgriffsfragen geht, ist nicht entscheidend, ob der *Gesetzgeber* die Geschäftsfähigkeit hinsichtlich besonderer Willenserklärungen an ein höheres als das 21. Lebensjahr knüpfen kann, sondern ob im System der vorhandenen Vorschriften dem vollendeten 21. Lebensjahr eine überragende Bedeutung auch im öffentlichen Recht zukommt. Im übrigen geht es in beiden zitierten Vorschriften um die Geschäftsfähigkeit für die Ausübung von Stimmrechten. Normen, welche Stimmrechte verleihen, werden immer den Beginn der politischen Pflicht bestimmende Altersregelungen enthalten, so daß selbst in diesem Sachbereich die Frage des Rückgriffs auf die bestehenden Stimmrechtsvorschriften nicht auftauchen wird; im Ergebnis ebenso *Grüter*, Soldat, S. 15, 17, 23 f., 24.

mit diesem Alter die Beschränkungen in der Geschäftsfähigkeit auf bzw. wird die Fähigkeit zur Abgabe bestimmter Willenserklärungen zuerkannt. Darin liegt ein Hinweis auf die altersbedingte Geschäftsfähigkeitsregelung des Bürgerlichen Gesetzbuches. Das kommt ebenfalls zum Ausdruck, wenn die beschränkte Geschäftsfähigkeit nur für Minderjährige geregelt ist; denn da der Begriff des Minderjährigen im öffentlichen Recht mit dem des Privatrechts übereinstimmt, sollen offenbar die Rechtsfolgen für die 21-jährigen andere sein als für die Minderjährigen[97]. Für diese Ansicht können auch diejenigen Vorschriften angeführt werden, welche wie §§ 6 Abs. 3 RuStAG, 14 StAngRegG von 1955 den Minderjährigen — unter Umständen von einem bestimmten Alter an — dem Volljährigen gleichstellen und dadurch mittelbar anerkennen, daß die bürgerlich-rechtliche Regelung für die Volljährigkeit im öffentlichen Recht gilt. Es läßt sich mithin der Grundsatz aufstellen, daß von vereinzelten und nicht ausdehnungsfähigen Ausnahmen abgesehen spätestens mit Vollendung des 21. Lebensjahres die öffentlich-rechtliche Geschäftsfähigkeit beginnt. Allerdings kann dieser Zeitpunkt im Einzelfall vorgelegt sein, wie es in vielen öffentlich-rechtlichen Normen angeordnet ist. Ob dies auch für die hinsichtlich der Geschäftsfähigkeit ungeregelten publizistischen Willenserklärungen Privater Geltung beanspruchen kann, wird — ebenso wie die Frage, ob die Geschäftsunfähigkeit später als mit dem vollendeten 7. Lebensjahr aufhören kann — im Zusammenhang mit den Rechtsregeln für die nach §§ 106, 2 BGB beschränkt Geschäftsfähigen behandelt.

Streitig ist, ob die untere Grenze der Geschäftsfähigkeit — mit Ausnahme der schon erwähnten Fälle — immer in die Vollendung des 21. Lebensjahres fällt[98] oder die Volljährigkeitserklärung gem. §§ 3 bis 5 BGB auch im öffentlichen Recht anzuerkennen ist[99]. Der zweit genannten Ansicht ist für die Fälle beizupflichten, in denen öffentlich-rechtlichen Vorschriften zu entnehmen ist, daß die Volljährigkeit wie im bürgerlichen Recht verstanden werden soll[100]. Daher wirkt sich die Volljährigkeitserklärung im öffentlichen Recht aus, wenn aus dessen Normen nicht — wie etwa bei § 12 Abs. 1 Nr. 1 BWahlG[101] — das Gegenteil gefolgert werden kann, indem auf das vollendete 21. Lebensjahr anstatt auf die Volljährigkeit abgehoben wird[102].

---

[97] s. auch oben, S. 157 f.

[98] So *Grüter*, Soldat, S. 2 f., Fußn. 1; *Schiedermair-Blenke*, § 2 ApothG Erl. 8.

[99] So *Landmann-Giers-Proksch*, S. 88; *Michel*, § 6 GaststG Anm. III 2 (S. 140); *Fuhr*, § 46 GewO Anm. 3,2.

[100] Ebenso *Landmann-Rohmer-Eyerman-Fröhler*, § 46 GewO Rd. Nr. 17.

[101] s. *Seifert*, § 12 BWahlG, Rd. Nr. 4.

[102] Vgl. § 3 Abs. 2 BGB und *Palandt-Danckelmann*, §§ 3—5 BGB Anm. 4.

Zusammenfassend kann festgestellt werden, daß sich die im bürgerlichen Recht kodifizierte und der natürlichen Entwicklung eines Menschen entsprechende Dreiteilung der Geschäftsfähigkeit im öffentlichen Recht wieder findet. Insbesondere kommt den Altersgrenzen von 7 und 21 Jahren eine vorzügliche Bedeutung zu und außerhalb dieser Grenzen ist der Status der Geschäftsunfähigkeit bzw. der Geschäftsfähigkeit wie nach den §§ 104 ff. BGB begründet.

2. *Rechtliche Ausgestaltung der Dreiteilung*

Die bisherigen Ausführungen haben ergeben, daß bei der Geschäftsfähigkeit zwischen Willenserklärungen im vermögens-rechtlichen und im persönlichen Bereich zu unterscheiden ist, da das Vorteilskriterium des § 107 BGB auf persönliche Willensäußerungen nicht anwendbar ist[103].

a) Geschäftsfähigkeit hinsichtlich vermögenswerter Willenserklärungen

Bei diesen Willensäußerungen sind die §§ 104 ff. BGB gänzlich zu übernehmen, da ihre Schutzgedanken gleichermaßen im öffentlichen Recht zutreffen. Insbesondere sind das an der Rechtssicherheit orientierte Statusprinzip und die Dreiteilung der Geschäftsfähigkeit ebenfalls für die verwaltungs-rechtliche Geschäftsfähigkeit bestimmund. Einen positiven Hinweis darauf enthält § 102 Abs. 1 AO.

Die bürgerlich-rechtliche Regelung der Geschäftsunfähigkeit — Nichtigkeit der Willenserklärung gem. §§ 104 f. BGB, dafür Vornahme durch den gesetzlichen Vertreter — wird durch öffentlich-rechtliche Vorschriften bestätigt und entspricht dem schon herausgearbeiteten allgemeinen Rechtsgedanken[104].

Ebenso sind die in §§ 106 bis 115 BGB niedergelegten privat-rechtlichen Rechtssätze über die beschränkte Geschäftsfähigkeit im öffentlichen Recht anwendbar. Es handelt sich dabei um die für beide Rechtsgebiete zutreffende rechtliche Bewertung eines zwischen dem beschränkt Geschäftsfähigen und seinem Rechtspartner bestehenden Interessenkonfliktes, der grundsätzlich zugunsten des beschränkt Geschäftsfähigen wegen dessen Schutzbedürftigkeit entschieden wird. Da die Ausrichtung der beschränkten Geschäftsfähigkeit an objektiven Kriterien im öffentlichen Recht ebenfalls verbindlich ist, beanspruchen die diesem Erfordernis genügenden §§ 106 ff. BGB Geltung im Hinblick auf publizistische Willensäußerungen von Privatpersonen. Den

---

[103] Vgl. auch noch zu Willenserklärungen im Zusammenhang mit der Wehrpflicht: BVerwGE 18/160, 161; *Grüter*, Soldat, S. 42 und, in: NJW 1967/716 (r. Sp., 1); anderer Meinung wohl *Bachof*, Rechtsprechungsberichte II, S. 292.

[104] Vgl. *Wolff*, VR I, S. 210 (VII); *Landmann-Giers-Proksch*, S. 88.

für den Minderjährigen bestehenden Altersgrenzen von 7 und 21 Jahren stehen verwaltungs-rechtliche Normen nicht entgegen, da sich die Sondervorschriften auf persönliche Willenserklärungen beziehen. Ebenso widerstreiten die Bestimmungen der §§ 9 Abs. 3 VfG KOV, 1546 Abs. 1 Satz 3 RVO dieser Annahme nicht, da die besondere Altersstufe auf den persönlichen Charakter der Anträge zurückgeht.

Daher bestehen bei beschränkt Geschäftsfähigen, also Minderjährigen und den auf vermögens-rechtlichem Gebiet gleich zu behandelnden Personen des § 114 BGB, zwei Handlungsmöglichkeiten, nämlich die Abgabe durch den gesetzlichen Vertreter und die Eigenvornahme durch den beschränkt Geschäftsfähigen[105], § 102 Abs. 1 AO und eingeschränkt § 9 Abs. 1, Abs. 2 VfG KOV entsprechen diesen Grundsätzen. Der beschränkt Geschäftsfähige bedarf also für vorteilhafte Willenserklärungen wie etwa die Annahme des Erlasses einer öffentlich-rechtlichen Forderung nicht der Zustimmung des gesetzlichen Vertreters[106]. Dagegen hängt die Wirksamkeit einer nachteiligen Willensäußerung von der Zustimmung des gesetzlichen Vertreters ab. Dieses Erfordernis besteht beispielsweise für die von einem Minderjährigen oder einer Person des § 114 BGB erteilte Widmungszustimmungserklärung[107]. Denn die — verdinglichte — Zustimmungserklärung belastet das Grundstück[108]. Wegen der in ihr liegenden Verfügung sind zudem die Vorschriften der §§ 1821 Abs. 1 Nr. 1, 1643 Abs. 1 BGB anwendbar.

Die Verzichtserklärungen unterliegen gleichfalls nicht nur der Anwendung der §§ 104 f. BGB[109], sondern wegen der von ihnen bewirkten Rechtsaufgabe auch grundsätzlich der §§ 106 ff. BGB[110]. Jedoch gilt dies nur, wenn es sich um einen vermögens-rechtlichen Nachteil handelt. Ist dagegen das verzichtbare Recht der persönlichen Sphäre seines Inhabers zugeordnet, so gelten ausweislich der sich auf Verzichte in Staatsangehörigkeitssachen beziehenden §§ 14, 15 Abs. 1 des 1., 9 Abs. 1 des 2. StAngRegG die sub b) darzustellenden Rechtsregeln.

Der Autor einer vermögenswerten öffentlich-rechtlichen Willenserklärung wird geschäftsfähig mit der Vollendung des 21. oder — bei Volljährigkeitserklärung gem. §§ 3 bis 5 BGB — des 18. Lebensjahres.

---

[105] Anderer Meinung für den Bauantrag: *Mang-Simon,* Art. 86 BayBO Rd. Nr. 1.
[106] Beispiel im EVRO, HB, S. 145 (a).
[107] Ebenso im Ergebnis *Küchenhoff,* in: BayVBl 1958/327 (IV 2 b).
[108] Vgl. *Schallenberg,* S. 72; *Lassar,* Grundbegriffe, S. 78; *Forsthoff,* S. 356.
[109] s. *Schoenborn,* Verzicht, S. 31; *Daniels-Bulling,* § 9 BÄO Rd. Nr. 14; *Seifert,* § 46 BWahlG Rd. Nr. 8.
[110] Vgl. auch *Apelt,* S. 71.

b) Geschäftsfähigkeit hinsichtlich persönlicher Willenserklärungen

Bei ihnen sind die §§ 104 ff. BGB nicht vollständig zu übernehmen, sondern durch in privat-rechtlichen und öffentlich-rechtlichen Vorschriften zum Ausdruck kommende Grundsätze zu ergänzen.

Zwar gilt der allgemeine Rechtsgedanke der §§ 104 f. BGB auch für nichtvermögensrechtliche Kundgebungen, aber nicht immer ist die Abgabe der Willensäußerung durch den gesetzlichen Vertreter möglich. Im bürgerlichen Recht scheidet die gesetzliche Vertretung grundsätzlich aus, während sie im öffentlichen Recht häufiger vorkommt. Jedoch besteht Übereinstimmung in der Begründung für die Zulässigkeit der gesetzlichen Vertretung. Es handelt sich dabei um Fälle, in denen ein Sachzwang für die durch die Willenserklärung zu treffende Entscheidung besteht. Im öffentlichen Recht können allerdings zusätzliche Gesichtspunkte den Ausschlag zugunsten der Eigenvornahme durch den gesetzlichen Vertreter geben, etwa um eine für die Familie einheitliche Regelung in Wirkung zu setzen oder um einer den Geschäftsunfähigen treffenden Rechtspflicht nachzukommen.

Es läßt sich die Rechtsregel aufstellen, daß die von einem *Geschäftsunfähigen* abgegebene persönliche öffentlich-rechtliche Willenserklärung nichtig ist. Eine gesetzliche Vertretung findet nur in den, den beschriebenen entsprechenden Ausnahmefällen statt.

Die Feststellung, daß eine Rechtsperson vor Vollendung des 7. Lebensjahres geschäftsunfähig ist, läßt die Frage unbeantwortet, ob dieses Alter notwendig einen Statuswechsel auslöst. Die vorhandenen öffentlich-rechtlichen Altersvorschriften, die sich in den Grenzen von 7 und 21 Jahren halten, gehen ja nur von der Geschäftsunfähigkeit bzw. Geschäftsfähigkeit außerhalb dieser beiden Altersstufen aus, während innerhalb dieser Grenzen alle Grade der Geschäftsfähigkeit vorkommen.

Es ist daher nicht ausgeschlossen, auch in ungeregelten Fällen unter Umständen die Geschäftsunfähigkeit über das vollendete 7. Lebensjahr hinaus auszudehnen bzw. den Eintritt der Geschäftsfähigkeit gegenüber dem vollendeten 21. Lebensjahr vorzulegen. Damit ist die Frage angeschnitten, welche Rechtsregeln hinsichtlich der Geschäftsfähigkeit der nach den §§ 106, 114 BGB beschränkt geschäftsfähigen Personen zu gelten haben.

Wie die Analyse sowohl der bürgerlich-rechtlichen als auch der öffentlich-rechtlichen Normen ergeben hat, sind die Regelungen der Geschäftsfähigkeit des Autors einer nichtvermögensrechtlichen Willenserklärung dadurch gekennzeichnet, daß sie flexiblere Altersstufen kennen, welche teilweise die Dreiteilung durchbrechen, so daß der Statuswechsel unterschiedlich ausfallen kann. Das Maß der Geschäftsfähigkeit wird ergänzend bestimmt durch die Regelung der gesetzlichen Vertretung.

Diese auf dem Gebiet der persönlichen Willensäußerungen größere Freiheit zur Gestaltung der Geschäftsfähigkeit kann im Hinblick auf die ungeregelten publizistischen Willenserklärungen Privater nicht dadurch verwirklicht werden, indem auf differenzierte Altersabstufungen abgestellt wird. Denn es hat sich gezeigt, daß die *gegenstandsbezogenen* Normen in diesem Sinne nicht verallgemeinerungsfähig sind, insbesondere das öffentliche Recht nicht selbst ergänzt werden kann. Nur bei einer Kodifikation wäre die Gestaltungsfreiheit auch in dieser Richtung auszuüben[111]. Der Rechtsanwender kann sich dagegen ihrer nicht in vollem Umfang bedienen. Dennoch ist der Appell an den Gesetzgeber nicht der einzige Ausweg, da der Rückgriff auf die gleichfalls das Statusprinzip fördernden Altersgrenzen bleibt, wie sie in §§ 106, 104 Nr. 1, 2 ff. BGB enthalten sind. Dieses Vorgehen läßt sich darauf stützen, daß im öffentlichen Recht den Altersstufen von 7 bis 21 Jahren eine gegenüber den anderen überragende Bedeutung zukommt. Auch im bürgerlichen Recht, das ebenfalls besondere Altersabstufungen kennt, kann in ungeregelten Fällen nur auf die allgemein für Minderjährige geltenden Grenzen zurückgegriffen werden. Innerhalb dieser Grenzen können dann Überlegungen angestellt werden, ob dem Minderjährigen für das persönliche Rechtsgeschäft die volle oder beschränkte Geschäftsfähigkeit zuerkennen ist, wobei die beschränkte Geschäftsfähigkeit nur ein Zustimmungserfordernis, nicht aber die gesetzliche Vertretung zur Folge haben kann. So verhält es sich etwa bei dem Verlöbnis[112].

Die Altersgrenzen von 7 und 21 Jahren erweisen sich mithin als die allgemeinsten Altersstufen in unserer Rechtsordnung. Sie stellen eine Gemeinsamkeit für alle bestehenden Altersvorschriften her. Insoweit kommt den Bestimmungen der §§ 106, 104 Nr. 1, 2 ff. BGB die Funktion von Leitgesetzen zu. Zwar brauchen sie nicht notwendig für die Normierung neuer Sachverhalte gänzlich herangezogen zu werden, sondern es kann eine abgestufte altersmäßige Differenzierung angebracht sein. Aber die Normierung einer besonderen Altersbestimmung stellt sich nur als spezielle Ausprägung des in den bürgerlich-rechtlichen Vorschriften in allgemeiner Weise niedergelegten Statusprinzips lichen Vorschriften in allgemeiner Weise niedergelegten Status-

[111] Eine allgemeine, den §§ 104 ff. BGB entsprechende verwaltungs-rechtliche Regelung stünde daher unter vielen Vorbehalten, da im öffentlichen Recht die persönlichen Willenserklärungen zahlreich sind — im bürgerlichen Recht gibt es dagegen weniger Vorbehalte, da persönliche Willensäußerungen nicht so häufig vorkommen; vgl. auch *Baring,* in: Staatsbürger und Staatsgewalt, II, S. 31, 50 Fußn. 46.

[112] Vgl. *Flume,* S. 212; *Staudinger-Coing,* § 107 BGB Rd. Nr. 7.

prinzips dar. Fehlt es an einem besonderen Rechtssatz, so muß auf das allgemeine Prinzip zurückgegriffen werden. Eine intensive Prüfung der Interessengleichheit braucht nicht vorgenommen zu werden, weil mit der Übernahme der zivil-rechtlichen Bestimmungen nicht der Grad der Geschäftsfähigkeit festgelegt wird. Vielmehr können die objektiven Faktoren, welche den Grund für den Statuswechsel auf einer bestimmten Altersstufe bilden, soweit wie möglich berücksichtigt werden bei der Zumessung der Geschäftsfähigkeit eines 7 bis 21jährigen. So können die — begrenzten — Möglichkeiten des Rechtsanwenders völlig ausgeschöpft werden.

Die Grundsätze des Privatrechts über die Geschäftsfähigkeit Minderjähriger für die Abgabe einer Willenserklärung finden sich im öffentlichen Recht wieder. Auch im Verwaltungsrecht hängt das Maß der Geschäftsfähigkeit von der Intensität des persönlichen Charakters der Willensäußerung ab. Allerdings wird der Grad im Unterschied zum Zivilrecht zumeist von dem Erreichen einer bestimmten Altersgrenze abhängig gemacht. Eine Rechtsperson ist in um so jüngeren Jahren geschäftsfähig, je persönlicher die Willenserklärung ist, wählren bei weniger persönlichen, insbesondere gemeinschaftsgerichteten Willensäußerungen grundsätzlich auf ein höheres Alter abgestellt oder das Zustimmungserfordernis eingeführt wird. Der Rückgriff auf die allgemeinen Altersstufen der §§ 106, 104 Nr. 1, 2 ff. BGB hat zur Folge, daß die beiden Rechtsgebieten gemeinsamen Prinzipien allgemein auch im öffentlichen Recht zu gelten haben. Dagegen spricht nicht, daß dann die Geschäftsfähigkeit in den Grenzen von 7 und 21 Jahren einheitlich bestimmt wird, während das Abheben auf eine spezielle Altersstufe einen Statuswechsel innerhalb der allgemeinen Altersgrenze mit sich bringt. In den in der Nähe des vollendeten 7. Lebensjahres angesiedelten Geschäftsfähigkeitsbestimmungen kommt der Gedanke zum Ausdruck, dem Minderjährigen die selbständige Abgabe höchstpersönlicher Willenserklärungen zu ermöglichen. Die zwar auf ein höheres Alter abstellenden, aber den Statuswechsel von der Geschäftsunfähigkeit zur vollen Geschäftsfähigkeit markierenden Vorschriften und diejenigen, welche die beschränkte Geschäftsfähigkeit gewähren, lassen die Intention des Gesetzgebers erkennen, dem Minderjährigen die Vornahme der betreffenden, minderpersönlichen Rechtshandlung wenigstens zu erleichtern[113]. Daher entspricht es ihrem Grundgedanken in seiner allgemeinesten Form, bei nicht so stark persönlichen Willensäußerungen den Minderjährigen einem Zustimmungserfordernis zu unterwerfen. Das geschieht aufgrund einer Abwägung des die nichtvermögenswerten Willenserklärungen beherrschenden Ge-

---

[113] s. *Grüter*, Soldat, S. 31.

dankens der Selbstgestaltung und des für weniger persönliche Willensäußerungen stärker durchschlagenden Prinzips des Minderjährigen-Schutzes. Eine differenziertere Geschäftsfähigkeitsregelung könnte allein der Gesetzgeber aufstellen; das gilt ebenso für privat-rechtliche Willenserklärungen. So könnte mangels der besonderen Vorschrift des § 1751 BGB die Geschäftsfähigkeit des Angenommenen nur einheitlich für alle 7 bis 21jährigen festgelegt werden. Denkbar wäre entsprechend der Auffassung von der Adoption eine volle oder beschränkte Geschäftsfähigkeit.

Die bisher gefundene Rechtsregel bedarf noch zweier Einschränkungen. Ausnahmsweise wird auch bei minderpersönlichen Willenserklärungen § 6 Abs. 3 RuStAG folgend die volle Geschäftsfähigkeit gewährt, nämlich wenn es darum geht, für eine rechtlich in besonderer Weise geschützte Personenverbindung wie etwa die Ehe eine gleichartige Regelung zu ermöglichen. Hier nimmt der Minderjährige quasi an der Geschäftsfähigkeit des Partners teil. Die Geschäftsunfähigkeit des Minderjährigen ist nach dem, dem Privatrecht und dem Verwaltungsrecht im wesentlichen gemeinsamen Grundsatz nur dann anzunehmen, wenn die Willensäußerung sich einschneidend auf die Rechtsstellung ihres Autors auswirkt und deshalb dem gesetzlichen Vertreter im Interesse der Familiengemeinschaft das Ordnungsrecht überlassen bleiben soll. In diesen Fällen weicht das Selbstgestaltungsrecht der elterlichen Gewalt.

Nach allem gilt für die Geschäftsfähigkeit *Minderjähriger* die aus dem bürgerlichen und öffentlichen Recht entwickelte Rechtsregel, nach der er je nach Intensität des persönlichen Charakters voll geschäftsfähig ist oder die Wirksamkeit seiner Willensäußerung von der Zustimmung des gesetzlichen Vertreters abhängt. Ausnahmsweise kann das Erziehungsrecht des gesetzlichen Vertreters die Geschäftsunfähigkeit des Minderjährigen bedingen, wie auch dessen beschränkte Geschäftsfähigkeit zur vollen erstarkt aufgrund einer mit einer anderen Person eingegangenen, der elterlichen Gewalt entrückten besonderen Beziehung. Mit Vollendung des 21. Lebensjahres, unter Umständen mit Volljährigkeitserklärung gem. §§ 3 bis 5 BGB tritt in jedem Falle die Geschäftsfähigkeit ein.

Hinsichtlich der Personen des § 114 BGB enthalten die öffentlich-rechtlichen Normen andere Prinzipien als die bürgerlich-rechtlichen Vorschriften. Im Zivilrecht läßt sich der Grundsatz aufstellen, daß die nach § 114 BGB beschränkt Geschäftsfähigen hinsichtlich persönlicher Willenserklärungen wie die Minderjährigen voll oder beschränkt geschäftsfähig sind. Nur bei auf ein spezielles Alter abstellenden Rechtssätzen gilt dies nicht. Demgegenüber ist den öffentlich-rechtlichen Gesetzesbestimmung das — durch die in §§ 8 Abs. 1 Nr. 1/7 Abs. 2

Satz 2 RuStAG enthaltene regel- und überdies systemwidrige Ausnahme nicht in Frage gestellte — Prinzip entnehmbar, nach dem die aus anderen Gründen als wegen Minderjährigkeit beschränkt Geschäftsfähigen persönliche Willenserklärungen nicht wirksam abgeben können und daher vertreten werden. Sie sind in jedem Falle von der Minderjährigenregelung ausgenommen, einerlei ob der Status dem Minderjährigen schlechthin oder von einem bestimmten Alter an gewährt wird. Die in § 114 BGB angeordnete Gleichstellung mit den Minderjährigen, die das 7. Lebensjahr vollendet haben, wird bei persönlichen öffentlich-rechtlichen Willenskundgebungen nicht durchgeführt. Das an dem Lebensalter ausgerichtete allgemeine oder verfeinerte Statusprinzip hat also andere rechtliche Folgen als das in § 114 BGB niedergelegte Statusprinzip.

Für die publizistischen Willenserklärungen Privater mit persönlichem Bezug gilt daher die Rechtsregel, daß die *Personen des § 114 BGB* für die Abgabe geschäftsunfähig sind und von ihrem gesetzlichen Vertreter vertreten werden.

Die vorgenannten Grundsätze sind einschränkend auch auf die *vermögenswerten Willenserklärungen mit persönlichem Einschlag* anzuwenden. Gemeint sind Ansprüche, die einem Verhältnis entspringen, wie es beispielsweise in §§ 9 VfG KOV, 1546 RVO umschrieben wird. Bei diesen Willensäußerungen führt der Rückgriff auf §§ 106, 104 Nr. 1, 2 ff. BGB dazu, daß wie bei den allein vermögens-rechtlichen Willensäußerungen die Minderjährigen und die Personen des § 114 BGB beschränkt geschäftsfähig sind im Sinne der §§ 106 f. BGB.

Im folgenden wird untersucht, ob die für einseitige Willenserklärungen geltende Vorschrift des § 111 BGB auch auf öffentlich-rechtliche Willenserklärungen von Privatpersonen anwendbar ist. Diese Frage taucht auf, wenn der Autor einer öffentlich-rechtlichen Willenserklärung beschränkt geschäftsfähig ist, also bei Abgabe einer nachteiligen vermögens-rechtlichen Willenserklärung durch einen Minderjährigen oder einen ihm nach § 114 BGB Gleichgestellten und bei Abgabe einer weniger persönlichen Willenskundgebung durch einen Minderjährigen.

c) Die „Zustimmung" zu Willenserklärungen beschränkt Geschäftsfähiger

Nach § 111 BGB sind einseitige empfangsbedürftige Willensäußerungen ohne die erforderliche Einwilligung unwirksam. Die Einwilligung muß schriftlich vorgelegt oder vom gesetzlichen Vertreter dem Gegner mitgeteilt werden, anderenfalls der Empfänger das Rechtsgeschäft aus diesem Grunde unverzüglich zurückweisen und damit unwirksam machen kann. Die Vorschrift bezweckt den Schutz des Partners, da dieser sich der Vornahme eines einseitigen Rechtsgeschäfts nicht entziehen kann und die Möglichkeit einer nachträglichen Zustimmung ihn in Ungewißheit über den Eintritt der Rechtsfolgen lassen würde[114].

Im verwaltungs-rechtlichen Schrifttum ist es streitig, ob §§ 111 BGB für publizistische Willenserklärungen Privater, insbesondere für die Anträge heranzuziehen ist. Nach der vorherrschenden, die Anwendbarkeit dieser Norm bejahenden Lehrmeinung[115] trifft der dem § 111 BGB innewohnende Gedanke im öffentlichen Recht ebenfalls zu. Demgegenüber wird von anderen Schriftstellern[116] die Ansicht vertreten, daß die Anwendung des § 111 BGB auf die empfangsbedürftigen Willensäußerungen des öffentlichen Rechts unbillig wäre. Ebenso enthält der Entwurf einer Verwaltungsrechtsordnung für Württemberg hinsichtlich der gegenüber einer Behörde als Vertreter der öffentlichen Gewatlt abzugebenden Willensäußerungen in Art. 23 Abs. 2 eine Einschränkung, die abweichend von § 111 BGB eine im wesentlichen dem § 108 BGB entsprechende Regelung vorsieht[117]. Dritte[118] wiederum wollen § 111 für Anträge (= Zustimmungen im Sinne von *Wolff*) heranziehen, da die Schutzbedürftigkeit der Behörde aus deren Erledigungspflicht folge. Auf die Unterwerfungserklärung sei dagegen § 108 BGB anwendbar.

Die einschränkenden Ansichten tendieren mit gleichem Ergebnis entweder zu einer Begrezung des § 111 BGB oder zu einer Erweiterung der für Verträge geltenden Regelung der §§ 108, 109 BGB. Beiden Gesichtspunkten wird Rechnung zu tragen sein.

Aus dem Geltungsbereich des § 111 BGB sind die persönlichen Willenserklärungen herauszunehmen. Das ist positiv den §§ 1729 Abs. 1, Abs. 2 BGB, 7 Abs. 2 lit b PassG, 7 Abs. 2 Satz 2 RuStAG zu entnehmen. Die angeführten Vorschriften machen die Wirksamkeit einer von einem beschränkt Geschäftsfähigen abgegebenen empfangsbedürftigen, nichtvermögensrechtlichen Willenserklärung von der Zustimmung des gesetzlichen Vertreters abhängig. Nach der Legaldefinition der §§ 182, 183, 184 Abs. 1 BGB sind damit sowohl die Einwilligung als auch die Genehmigung gemeint. Dieser in Normen beider Rechtsgebiete manifestierte Gedanke findet seine Rechtfertigung darin, daß bei persönlichen Willensäußerungen das Interesse des Autors an

---

114 s. *Staudinger-Coing*, § 111 BGB Rd. Nr. 4.

115 s. *Bürger*, S. 48 f.; *Forsthoff*, S. 175; *Mitzschke-Schäfer*, § 16 BjagdG Anm. 1; *Lasch-Heilmann*, § 9 USG Erl. II.

116 Wie etwa *Landmann-Giers-Proksch*, S. 89.

117 s. EVRO, HB, S. 146 f., 147 f.

118 s. *Meier-Branecke*, in: AöR NF 11/230, 269 f.

einer wirksamen Setzung der Rechtsfolgen größer ist als das Schutzinteresse des Gegners, zu dessen Schutz ohnehin in erster Linie die Ungewißheit über den Eintritt *nachteiliger* Rechtsfolgen vermieden werden soll.

Dagegen ist § 111 BGB auf vermögensrechtliche Kundgebungen grundsätzlich anwendbar, wie auch in § 102 Abs. 1 AO zum Ausdruck kommt[119]. Der Grundsatz bedarf jedoch Einschränkungen in zwei Richtungen.

Zum einen ist die in der Zivilrechtsdoktrin[120] angenommene Geltung der §§ 108 f. BGB anstatt des § 111 BGB, wenn der Empfänger mit der Vornahme des Rechtsgeschäfts durch den beschränkt Geschäftsfähigen einverstanden war und daher ein vertragsähnliches Verhältnis geschaffen wird, auch im öffentlichen Recht anzunehmen. So kann davon ausgegangen werden, daß die Behörde von dem ihr durch § 111 BGB eingeräumten Schutz keinen Gebrauch macht und daher ihr Einverständnis mit der Vornahme erklärt, wenn der Urheber der Willenserklärung hauptsächlich für sich nachteilige, also für den Empfänger vorteilhafte oder wenigstens indiffernte Rechtsfolgen setzt. Dafür spricht auch § 9 Abs. 3 Satz 2 VfG KOV, nach dem die Rücknahme des Antrags der Zustimmung des gesetzlichen Vertreters bedarf. Dieser Gedanke eröffnet hinsichtlich der Unterwerfungserklärung die Möglichkeit, die Wirksamkeit der Willensäußerung durch die nachträgliche, zurückwirkende Zustimmung herbeizuführen. Damit wird der Verwaltungsakt rechtsmäßig, ebenso wie auch die Unterwerfung selbst nachträglich vorgenommen werden kann und den fehlerhaften behördlichen Akt heilt[121].

Zum anderen sind die §§ 108, 109 BGB auf die Mitwirkungshandlung bei den zustimmungsbedürftigen Verwaltungsakten anwendbar. Denn diesen Verwaltungsakten ist zumindestens ein vertragsähnliches Element zu eigen[122]. Sie könnten ebensogut durch den öffentlichrechtlichen Vertrag ersetzt werden[123]. Da die begriffliche Einordnung nicht ursächlich für die anzuwendenden Rechtsregeln sein kann, ist der Rückgriff auf §§ 108 f. BGB geboten[124]. Eine unverträgliche Rechtsunsicherheit kommt dadurch nicht auf, zumal der Antrag selbst gem. § 114 Abs. 1 Nr. 1 SchlHLVwG nachgeholt werden kann und den zu-

---

[119] Vgl. *Kühn*, § 102 AO Anm. 1 a.

[120] s. *Jentsch*, S. 54, 68.

[121] s. z. B. *Wolff*, VR I, S. 323 (III a).

[122] s. RGZ 63/430, 432; *Schilling*, in: JR 1968/87, 91 (r. Sp.) zur Ernennung; vgl. auch *Merk*, S. 802 f.; *Fleiner*, Institutionen, S. 192.

[123] s. *Thieme*, in: Festschrift für Schack, S. 157, 159 f. (III 3).

[124] Umgekehrt können Verwaltungsakt-Regeln auf den öffentlich-rechtlichen Vertrag anwendbar sein, so gem. § 126 Abs. 3 SchlHLVwG hinsichtlich der Unwirksamkeitsgründe.

stimmungsbedürftigen Verwaltungsakt heilt[125]. Es ist also festzustellen, daß der sich ohnehin nur auf vermögensrechtliche Willensäußerungen beziehende § 111 BGB der allgemeinen Regelung Platz machen muß, wenn die Willenserklärung auf ein vertragsähnliches Verhältnis gerichtet ist. Dies kann sich aus ihrem Charakter ergeben oder folgt aus dem durch Einverständnis erklärten Verzicht auf den durch § 111 BGB eingeräumten Schutz.

Während bisher die Geschäftsfähigkeit als Wirksamkeitsvoraussetzung für alle Willenskundgebungen untersucht wurde, soll im weiteren der Frage nachgegangen werden, ob anknüpfend an §§ 112, 113 BGB und öffentlich-rechtliche Vorschriften eine partielle Geschäftsfähigkeit für Willensäußerungen anzuerkennen ist, welche einem besonderen Lebensverhältnis entspringen.

d) Partielle Geschäftsfähigkeit

Sie kann überhaupt immer nur dann in Betracht kommen, wenn ohne den Rückgriff auf §§ 112, 113 BGB die beschränkte Geschäftsfähigkeit bestehen würde. Daher bedarf es bei persönlicher — nicht dagegen bei vermögensrechtlicher — Pflichtigkeit keiner Ermächtigung.

Die Hinweise in § 102 Abs. 1 AO und in §§ 129, 77 Nr. 2 SchlHLVwG[126] ergeben, daß §§ 112, 113 im Verwaltungsrecht anzuwenden sind. Diese Normen stimmen mit öffentlich-rechtlichen Vorschriften in dem Grundgedanken überein, daß bestimmte Lebensverhältnisse mit der Selbstordnungsbefugnis des Minderjährigen verbunden sein müssen[127].

Daher ist der Minderjährige gem. § 112 bzw. § 113 BGB bei entsprechender Ermächtigung geschäftsfähig für die mit der in den Rechtssätzen umschriebenen Tätigkeit zusammenhängenden vermögensrechtlichen Willenserklärungen, wie beispielsweise die Umsatzsteuererklärung — § 102 Abs. 1 AO — und den Konzessionsantrag[128]. § 113 BGB ist ausweislich des § 102 Abs. 1 AO (Steuerpflichtigkeit) auch dann anwendbar, wenn die Abgabe der Willenserklärung einer Verpflichtung entspringt, wie etwa der Zwangsmitgliederschaft bei einer öffentlichen Krankenkasse[129].

Insbesondere ist § 113 BGB aber nicht nur auf öffentlich-rechtliche Willenserklärungen anwendbar, die eine privat-rechtliche Tätigkeit mit

---

[125] Vgl. von der *Groeben-Knack*, § 114 SchlHLVwG Rd. Nr. 2.1.
[126] Vgl. *Foerster*, § 77 SchlHLVwG Erl. 2 a.
[127] s. *Kuhn*, S. 27 Fußn. 19.
[128] Ebenso *Gitzinger*, S. 175; *Siebecke*, S. 42; *Meier-Branecke*, in: AöR NF 11/230, 270.
[129] s. VGH Braunschweig Reger 28/67, 68 f.; *Gefaeller*, S. 88 f.; *Forsthoff*, S. 175.

sich bringt, sondern auch auf solche, die im Zusammenhang mit einem öffentlich-rechtlichen Dienstverhältnis stehen[130].

Das können sein Willensäußerungen mit vermögensrechtlichem Bezug wie z. B. der Kauf von Fachbüchern durch einen Beamten[131]. Ebenso kommen aber in Betracht in erster Linie in der persönlichen Sphäre wurzelnde Willenskundgebungen, also der Entlassungsantrag eines Beamten[132], Verpflichtungserklärung (Festsetzung der Dienstzeit), Erklärung der Weiterverpflichtung (Verlängerung der Dienstzeit) eines aufgrund freiwilliger Verpflichtung gem. §§ 44 Abs. 1 Nr. 1, 1 Abs. 3 SoldG zum Soldaten Ernannten und der Entlassungsantrag gem. §§ 46 Abs. 3, 55 Abs. 3 SoldG[133]. Zu Unrecht wird das von *Grüter*[134] verneint, nach dem die Ermächtigung zum Eingehen des Dienstverhältnisses nicht die selbständige Erklärung der Weiterverpflichtung und des Entlassungsantrages deckt. Zu diesem Ergebnis gelangt *Grüter*, indem er davon ausgeht, daß § 113 BGB eine sonst durchgreifende Beschränkung der Geschäftsfähigkeit voraussetzt. Im öffentlichen Recht sei aber die Minderjährige nicht allgemein beschränkt geschäftsfähig, vielmehr sei der Grad seiner Geschäftsfähigkeit im Einzelfall zu bestimmen. Im Wehrrecht seien die Verpflichtungserklärung, die Zustimmung zur Festsetzung der Dienstzeit und der Entlassungsantrag zustimmungsbedürftig[135]. Der Sinn dieser beschränkten Geschäftsfähigkeit — die Überprüfung der Entscheidungen des Minderjährigen — würde bei Anwendung des § 113 BGB auf derartige Willensäußerungen hinfällig werden. Andererseits würde eine im voraus erteilte allgemeine und jederzeit widerrufliche Zustimmung ihren Zweck verfehlen, da der Erklärungsempfänger genötigt wäre, das Vorliegen der Zustimmung bei Abgabe der Willenserklärung nachzuprüfen. Nach Ansicht *Grüters* bleibt es daher bei der Zustimmungsbedürftigkeit jeder einzelnen Rechtshandlung.

Den Ausführungen von *Grüter* ist nicht beizupflichten, da der Grundgedanke des § 113 BGB auf die untersuchten Willenserklärungen ebenfalls zutrifft. Bei entsprechender Ermächtigung verschafft der gesetz-

---

[130] Vgl. EVRO, HB, S. 147 (e).
[131] s. *Thordsoen*, in: Polizei 1967/108, 109.
[132] s. *Thordsen*, a. zul. a. O., S. 110.
[133] s. OVG Münster, NJW 1962/758 Nr. 32; NJW 1965/2420; *Schmidt*, in: SchlHAnz 1967/91, 93 (l. Sp.).
[134] a.a.O., S. 134—137, 163 f.
[135] s. im einzelnen *Grüter*, Soldat, S. 125—130; für den Ernennungsantrag des Beamten verlangen *Jellinek*, VR, S. 166; *Maneck-Schirrmacher-Kissel*, § 2 HBG Erl. 24; *Fischbach*, in: DV 1938/18 f. Geschäftsfähigkeit, *Wolff*, VR II, S. 409 (II b 1) und *Thordsen*, in: Polizei 1967/108, 109 die Zustimmung des gesetzlichen Vertreters, während *Peters*, S. 158 Fußn. 2 und *Scheerbarth*, Beamtenrecht, S. 121 (6) die Minderjährigkeit genügen lassen. Für den Entlassungsantrag verlangt die überwiegende Ansicht Geschäftsfähigkeit, s. etwa *Fischbach*, BBG, § 30 Anm. I 3 (S. 302); *Distel-Selge*, § 30 BBG Erl. 2 (S. 189).

liche Vertreter dem Minderjährigen eine punktuelle Geschäftsfähigkeit und begibt sich, aber nicht vollends, der Möglichkeit, seine im Interesse des Minderjährigenschutzes liegenden Kontrollrechte auszuüben. Es steht daher in seinem Belieben, den Minderjährigen in ein Lebensverhältnis zu entlassen, in dem dieser für voll genommen wird. Kommt der gesetzliche Vertreter zu der Überzeugung, daß die Entscheidungen des Minderjährigen nicht vernünftig sind, so wird er durch Widerruf oder Einschränkung seiner Ermächtigung nach § 113 Abs. 2 BGB die beschränkte Geschäftsfähigkeit (teilweise) wieder aufleben lassen[136].

Den §§ 112, 113 BGB kommt daher im öffentlichen Recht eine große Bedeutung zu.

3. Zusammenfassung und Methodik der Übernahme

Die Beschäftigung mit den sowohl den bürgerlich-rechtlichen als auch den öffentlich-rechtlichen Vorschriften zugrunde liegenden Gedanken hat ergeben, daß einerseits die §§ 104 ff. BGB nicht schon mangels besonderer verwaltungs-rechtlicher Rechtssätze anwendbar sind und andererseits der Geltungsbereich der §§ 104 ff. BGB nicht schlechthin auf vermögenswerte Willenserklärungen beschränkt ist. Vielmehr wurde festgestellt, daß auf die §§ 104 ff. BGB hinsichtlich vermögenswerter Willensäußerungen zurückgegriffen werden kann, während die Übernahme dieser Gesetzesbestimmungen im Bereich der persönlichen Willenskundgebungen starken Einschränkungen unterliegt. Die sich nach §§ 104 f. BGB ergebende Geschäftsunfähigkeit führt nicht notwendig zur gesetzlichen Vertretung und die Regelung der beschränkten Geschäftsfähigkeit in den §§ 106 ff. BGB kann nur hinsichtlich der Altersgrenzen verwendet werden, während die Zumessung der Geschäftsfähigkeit anderen, auf die Intensität des persönlichen Charakters abstellenden Grundsätzen folgt.

Muß die vollständige Heranziehung der §§ 104 ff. BGB verneint werden, so bleibt aber der Rückgriff auf die dem Privat- und öffentlichen Recht weitgehend gemeinsamen Prinzipien, falls nicht öffentlich-rechtliche Sondervorschriften als spezielle Ausprägungen dieser Prinzipien vorhanden sind. Daraus folgt, daß es wie im bürgerlichen so auch im öffentlichen Recht zwar keine für alle Willenserklärungen gültige Geschäftsfähigkeit gibt, diese aber nach einheitlichen Grundsätzen zu bestimmen ist. In diesem Sinne gibt es eine allgemeine verwaltungsrechtliche Geschäftsfähigkeit[137].

---

[136] s. OVG Münster, NJW 1965/2420, 2421.

[137] Bei dem Streit um eine allgemeine Verwaltungsfähigkeit geht es nicht nur um die Wirksamkeitsvoraussetzung für die Abgabe von Willenserklärungen, vgl. z. B. *Jellinek*, VR, S. 167.

Methodisch gesehen handelt es sich teilweise um die Übernahme bürgerlich-rechtlicher Vorschriften ihrem Rechtsgedanken nach, teilweise aber auch um eine Rechtsanalogie zu privat- und öffentlich-rechtlichen Normen. Eine Selbstergänzung des öffentlichen Rechts scheidet aus, da die öffentlich-rechtlichen Normen entweder nur ein Einzelgebiet regeln wie z. B. § 102 Abs. 1 AO oder wegen ihrer Gegenstandsbezogenheit einen zu speziellen Zuschnitt haben.

Hinsichtlich der vermögensrechtlichen Willenserklärungen sind die §§ 104 ff. BGB als Ausdruck eines allgemeinen Rechtsgedankens anwendbar. Bezüglich der persönlichen Willensäußerungen kann von einem allgemeinen Rechtsgedanken der §§ 104 ff. BGB — bis auf den der §§ 104 f. BGB und dem in §§ 106, 114 BGB niedergelegten Statusprinzip — nicht die Rede sein. Ebenfalls können die bestehenden, von §§ 106 ff. BGB abweichenden verwaltungs-rechtlichen und zivil-rechtlichen Normen nicht ihrem Rechtsgedanken nach angewendet werden, da sie auf ihren Regelungsstand bezogen sind und daher eine Anwendung auf eine unbestimmte Vielzahl von Fällen nicht zulassen[138]. Eine anderweite Konkretisierung ist nicht möglich, insbesondere verhindert es der spezielle Zuschnitt der Bestimmungen, die gefundenen Rechtsregeln als konkretisierten allgemeinen, auf den Vorschriften beider Rechtsgebiete beruhenden Rechtsgedanken auszugeben. Vielmehr werden diese Grundsätze mittels Rechtsanalogie zu den vorhandenen privat-rechtlichen und öffentlich-rechtlichen Rechtssätzen in Verbindung mit §§ 106, 114 BGB gewonnen. Sie beruht auf einer nicht so intensiven Prüfung der Interessengleichheit und verdrängt die speziellen Altersstufen zugunsten der allgemeinen Altersgrenzen. Da die Grundgedanken beider Rechtsmaterien zumeist übereinstimmen, stützt sich die Rechtsanalogie sowohl auf bürgerlich-rechtliche als auch auf verwaltungs-rechtliche Normen. Im Einzelfall können aber abweichende öffentlich-rechtliche Gedanken den Vorzug verdienen, wie es insbesondere hinsichtlich der Geschäftsfähigkeit der Personen des § 114 BGB festgestellt wurde.

---

[138] s. oben, S. 88 f., 90.

Ergebnisse zu den Rechtsregeln

1. Wirksamwerden und Widerruflichkeit

Auf nichtamtliche publizistische Willenserklärungen ist *§ 130 Abs. 3, Abs. 1 BGB* seinem *allgemeinen Rechtsgedanken* nach anwendbar, da der Entäußerung des rechtsgeschäftlichen Willens die Möglichkeit der Kenntnisnahme durch den Erklärungsempfänger entsprechen muß. Mithin werden die öffentlich-rechtlichen Willensäußerungen Privater mit ihrem Zugang oder — erfolgen sie mündlich — mit ihrer Vernehmung durch den Gegner wirksam, wenn sie nicht mindestens gleichzeitig widerrufen werden. Von diesen Regeln enthalten § 23 Abs. 2 Satz 2 SeelotG, der das Wirksamwerden des Bestallungsverzichts mit Zugang von der Zustimmung der Aufsichtsbehörde abhängig macht, und § 12 Abs. 2 ZHKG, der den Widerruf des Bestallungsverzichts über den Zugang hinaus mit Genehmigung zuläßt, nur scheinbare Ausnahmen. Denn es handelt sich im ersten Fall um eine Einschränkung der einseitigen Verzichtsbefugnis, im zweiten Fall um eine vereinfachte Neubestallung.

Die *Anträge* werden nach Maßgabe des § 130 BGB wirksam, d. h. das Recht wird angemeldet bzw. die Rechtsgrundlage wird verschafft. Da die Zustimmung den Verwaltungsakt rechtswirksam macht und der Unterwerfende die durch den behördlichen Akt erfolgende Änderung der Rechts- und Pflichtenlage in seinen Willen aufnimmt, die gewollten Gesamtwirkungen also erst mit dem rechtswirksamen Erlaß des Verwaltungsaktes eintreten, gilt für den Widerruf *§ 183 BGB*. Die Anträge können deshalb bis zum Zugang des mitwirkungsbedürftigen Verwaltungsaktes zurückgenommen werden. Die Zulässigkeit eines späteren Widerrufs würde dem Wesen dieser Befugnis widersprechen. Die einseitige Beseitigung der eingetretenen Rechtswirkungen ist anderen Gestaltungsrechten vorbehalten, deren Ausübung wie bei der Anfechtung erst durch das Vorliegen bestimmter Gründe zulässig wird. Im übrigen würde ein weitergehender Widerruf einer Unterwerfung mit Art. 20 Abs. 3 GG kollidieren, während die Zurücknahme von Zustimmungen nach Zugang des Verwaltungsaktes neben dem einseitigen Verzicht überflüssig wäre und darüber hinaus gegen die Vorschriften, die einen zustimmungsbedürftigen Verzicht verlangen (§§ 14 Abs. 1 Nr. 5 BRAO, 30 BBG), verstieße.

Da der Widerruf nicht schon geäußerte Rechtswirkungen beseitigt, sondern nur ihren Eintritt verhindert, kann ein auf die geschaffene Rechtslage bezogener *Vertrauenstatbestand* zugunsten der Allgemeinheit nicht gesetzt sein und mithin auch nicht dem Widerruf entgegenstehen. Denkbar ist allein ein Verzicht auf das Widerrufsrecht.

In Entsprechung zu § 183 BGB können sich Ausnahmen von der freien Widerruflichkeit aus der durch den mitwirkungsbedürftigen Verwaltungsakt zu regelnden Rechtsbeziehung ergeben. Daher ist die Rücknahme des Antrags auf Entlassung aus einem (freiwilligen) besonderen Gewaltverhältnis nach dem Vorbild des *§ 30 Abs. 1 Satz 3 BBG* zustimmungsbedürftig. Diese Vorschrift schützt die personelle Dispositionsfreiheit der Behörde.

Der Widerruf bedarf nicht der *Form* des Antrages; anders verhält es sich bei den Unterwerfungserklärungen. Bei ihnen hat die Behörde ein Interesse an der sicheren Kenntnis vom Bestehen der Ermächtigungsgrundlage.

2. *Anfechtbarkeit*

§§ 119 ff. BGB sind als Ausdruck eines *allgemeinen Rechtsgedankens* anwendbar. Sie bewerten einen beiden Rechtsgebieten gemeinsamen Interessenkonflikt gemäß der Verantwortlichkeit für die jeweilige Motivsituation. Von der Übernahme kann *§ 122 BGB* nicht ausgenommen werden, da diese Vorschrift sich als „Ausgleich für § 119" integrierend in die Irrtumsregelung einfügt. Außerdem zeitigt § 122 im wesentlichen Folgen, die sich ohnehin schon aus den Ländergebührengesetzen (wie z. B. § 2 Abs. 1 HambGebG) ergeben: Der Private hat die bereits erbrachten Verwaltungsarbeiten zu vergüten.

Wird die Unwiderruflichkeit gesetzlich statuiert — wie in manchen Verzichtsvorschriften —, obwohl sie sich bereits aus allgemeinen Grundsätzen ergibt, so ist damit die Unanfechtbarkeit nicht gemeint. Eine Einschränkung der Anfechtung kann sich nur aus der *Beachtlichkeit öffentlicher Belange* ergeben. So wirkt die Anfechtung des Mandatsverzichts (§ 46 Abs. 1 Nr. 5 BWahlG) nach dem Vorbild gesellschafts-rechtlicher Prinzipien nur ex nunc, da anderenfall die bisherige Zusammensetzung des Bundestages als Beschlußorgan berührt werden würde.

Das Anfechtungsrecht ist in jedem Falle innerhalb der zivil-rechtlichen Ausschlußfristen *unverzüglich* auszuüben. Denn Verwaltungsrechtsverhältnisse vertragen eine so lange Schwebezeit nicht, wie sie in § 124 Abs. 1 BGB vorgesehen ist.

Die *Anträge* sind ebenfalls nach den §§ 119 ff. BGB anfechtbar, und zwar vom Zeitpunkt der Bindung des Autors an, da der Widerruf den einfacheren Weg weist. Hier schlagen die Gründe, die gegen einen Widerruf über den Zugang des Verwaltungsaktes hinaus sprechen, nicht durch. Denn die Fehlvorstellungen legimitieren den Äußerer zur Geltendmachung dieses Gestaltungsrechts. Bei der Anfechtung von Unterwerfungen wird gegen Art. 20 Abs. 3 GG nicht verstoßen und § 122 BGB schützt die Behörde vor der Geltendmachung von Schadensersatzansprüchen wegen ihres nunmehr rechtswidrigen Eingriffs. Die Anfechtung einer auf einen begünstigenden Verwaltungsakt gerichteten Zustimmung tritt bei entsprechender Willensrichtung des Urhebers neben den ex nunc-wirkenden Verzicht, bei pflichtenbelastenden Verwaltungsakten kann der Antragsteller ein berechtigtes Interesse an der rückwirkenden Beseitigung der Belastung haben, und die Normen, welche einen zustimmungsbedürftigen Verzicht beinhalten, werden durch das von bestimmten Motivationslagen abhängende Anfechtungsrecht nicht umgangen.

Im Interesse der Allgemeinheit ist die *Anfechtbarkeit* insbesondere der Anträge *nach Tatbestand und Wirkung zu begrenzen.* Bei den Erklärungen, welche auf die Schaffung einer dauerhaften, durch den mitwirkungsbedürftigen Verwaltungsakt verliehenen Funktionsstellung angelegt sind, die zu Rechtshandlungen gegenüber der Allgemeinheit berechtigt (Betätigungserklärungen), ist deren Vertrauen in die Gültigkeit der Handlungen auch nach Anfechtung schützenswert; das zeigt § 14 Satz 1 BBG. Daher wirkt die Anfechtung nur ex nunc in Anlehnung an gesellschaftsrechtliche Grundsätze und an diejenigen, die zur Lehre vom Widerruf solcher Verwaltungsakte entwickelt wurden, welche Dauerprivatrechtsverhältnisse hervorbringen.

Bei den Wirkungserklärungen, also solchen, welche wie die Widmungszustimmungserklärung Rechte für die Allgemeinheit begründen, verlangen die den Interessen des Eigentümers entgegengesetzten Schutzinteressen der Allgemeinheit den Rechtsfortbestand auch für die Zukunft. Dementsprechend ist nach den Anfechtungstatbeständen zu differenzieren. Arglistige Täuschung und widerrechtliche Drohung berechtigen zur Anfechtung gemäß der Wertung des § 123 BGB, ein Irrtum dagegen nach dem Gedanken des § 122 Abs. 2 BGB nur, wenn er schuldhaft von der Behörde — von ihr leitet sich das Vertrauen der Allgemeinheit ab — verursacht worden ist.

Aus dem *Verhältnis zum Verzicht* (ist er einseitig möglich, so stellt er das einfachere Mittel dar, äußert aber nur ex nunc-Wirkung) folgt, daß bei Zustimmungserklärungen der einseitige — nicht der zustimmungsbedürftige — Verzicht einer ex nunc-wirkenden Anfechtung vorgeht. Demgegenüber ist die Anfechtung mit ex tunc-Wirkung vorrangig.

Die Anfechtung von Anträgen ist nicht im Rechtsmittelverfahren *geltend zu machen,* da die Mangelhaftigkeit der Mitwirkung keinen Fehler des Verwaltungsaktes darstellt. Ist der Verwaltungsakt nach

Vernichtung der Unterwerfungserklärung rechtswidrig, so ist die bürgerlich-rechtliche Anfechtung (der Unterwerfungserklärung) mit der verwaltungs-rechtlichen Anfechtungsklage (hinsichtlich des Verwaltungsaktes) zu verbinden. Ebenso sind Zustimmungserklärungen nur bis zur Unanfechtbarkeit des Verwaltungsaktes anfechtbar, da anderenfalls die Anfechtung der Willenserklärung den Bestand des Verwaltungsaktes angreifen würde. Nach Ablauf der verwaltungs-rechtlichen Rechtsmittelfrist bleibt nur noch der — unter Umständen zustimmungsbedürftige — Verzicht.

3. Geschäftsfähigkeit

In Übereinstimmung mit bürgerlich-rechtlichen und öffentlich-rechtlichen Prinzipien ist zwischen der Geschäftsfähigkeit des Autors einer vermögenswerten Willenserklärung und derjenigen des Urhebers einer persönlichen Willensäußerung zu unterscheiden. Diese Aufspaltung entwirrt die Vielfalt der Altersvorschriften und ermöglicht eine Ergänzung des Statusprinzips (Lebensalter, Besitz geistiger Kräfte) durch weitere, für die Bestimmung des Geschäftsfähigkeitsgrades objektive Faktoren: Vorteil bzw. Intensität des persönlichen Charakters.

Hinsichtlich *vermögens-rechtlicher Kundgebungen* sind *§§ 104 ff. BGB* als *allgemeine Rechtsgedanken* anwendbar.

Bezüglich *persönlicher Willenserklärungen* ist eine *Rechtsanalogie zu §§ 104 ff. BGB, zivil-rechtlichen und verwaltungs-rechtlichen Sondervorschriften* zu ziehen. Danach bestimmt sich die *volle Geschäftsfähigkeit* nach den allgemeinen privat-rechtlichen Bestimmungen und für die *Geschäftsunfähigkeit* gelten §§ 104 f. BGB, wobei allerdings eine gesetzliche Vertretung nur in Ausnahmefällen stattfinden kann (Sachzwang: Bestimmung der Bestattungsart; einheitliche Entscheidung für einen Personenverband: Namensänderungen, Staatsangehörigkeit; Erfüllung von Rechtspflichten: Ausweispflicht).

Der *Minderjährige* ist je nach Intensität des persönlichen Charakters seiner Willensäußerung und damit je nach dem Überwiegen des Selbstgestaltungsprinzips oder des Minderjährigenschutzes voll oder beschränkt geschäftsfähig in dem Sinne, daß er der Zustimmung seines gesetzlichen Vertreters bedarf. Nur ausnahmsweise folgt aus der elterlichen Gewalt die Geschäftsunfähigkeit; es muß sich dabei um Bereiche handeln, in denen bei einschneidenden Veränderungen das Ordnungsrecht des gesetzlichen Vertreters den Vorzug verdient, etwa im Interesse der Familieneinheit.

Für die Geschäftsfähigkeit des Minderjährigen sind die §§ 106 ff. BGB also nur hinsichtlich der Altersgrenzen zu übernehmen, während die Bestimmung des Status' nach den Gedanken besonderer Normen geschieht. Wegen ihrer Gegenstandsbezogenheit können allerdings die —

flexibleren — Altersstufen nicht adaptiert werden. Der Rückgriff auf die allgemeinsten Altersstufen, also auf das Statusprinzip in seiner allgemeinsten Form hindert aber eben nicht daran, das Maß der innerhalb dieser Grenzen einheitlichen Geschäftsfähigkeit nach den gleichen Kriterien festzulegen, die den Grund für den Status(wechsel) auf einer speziellen Altersstufe abgeben. So lassen die besonderen Vorschriften den Minderjährigen schlechthin oder von einem frühen Alter an geschäftsfähig sein für die Abgabe höchstpersönlicher Willenserklärungen, während sie bei minderpersönlichen Willenskundgebungen ein Zustimmungserfordernis aufstellen oder die Geschäftsfähigkeit in einem späteren Alter beginnen lassen.

Die *Personen des § 114 BGB* sind nach dem Vorbild verwaltungsrechtlicher Sondervorschriften geschäftsunfähig und werden vertreten.

Eine *partielle,* auf ein bestimmtes Lebensverhältnis beschränkte *Geschäftsfähigkeit* ist gem. §§ 112, 113 BGB anzuerkennen. Bei persönlicher Pflichtigkeit bedarf es aber keiner Ermächtigung; sie hat nämlich unmittelbar die Geschäftsfähigkeit zur Folge.

§ 111 BGB gilt ausweislich bürgerlich-rechtlicher und öffentlich-rechtlicher Vorschriften nicht für die beschränkte Geschäftsfähigkeit bei Abgabe (minder)persönlicher Willenserklärungen: Die nachträgliche Zustimmung bleibt möglich. Der Anwendungsbereich beschränkt sich daher auf den beschränkt geschäftsfähigen Autor einer vermögens-rechtlichen Willensäußerung. § 111 hat aber auch hier der allgemeinen Regelung der §§ 108 f. BGB zu weichen, wenn ein vertragsähnliches Verhältnis besteht. Dies kann wie im Zivilrecht durch Einverständnis des Erklärungsempfängers geschaffen werden (insbesondere bei den Unterwerfungserklärungen) oder aus dem Charakter der Willenskundgebung folgen (so bei den Zustimmungen).

Literaturverzeichnis

Achilles-Greif: BGB, 21. Aufl., Berlin 1958.

Anders, Claus: Verwaltungsrecht und allgemeine Rechtsgrundsätze, in: ZfS 1954/155 f.

Apelt, Willibalt: Der verwaltungsrechtliche Vertrag. Ein Beitrag zur Lehre von der rechtswirksamen Handlung im öffentlichen Recht, Leipzig 1920.

Bachof, Otto: Die verwaltungsgerichtliche Klage auf Vornahme einer Amtshandlung. Zugleich eine Untersuchung über den öffentlich-rechtlichen Folgenbeseitigungsanspruch nach Aufhebung eines rechtswidrigen Verwaltungsaktes, 2., unveränderte Aufl., Tübingen 1968.
zitiert: *Bachof,* Verwaltungsgerichtliche Klage.

— Verfassungsrecht, Verwaltungsrecht, Verfahrensrecht in der Rechtsprechung des Bundesverwaltungsgerichts, Bd. II BVerwGE 13—19 Ergänzte Ausgabe des Rechtsprechungsberichts aus der Juristen-Zeitung 1966, Tübingen 1967.
zitiert: *Bachof,* Rechtsprechungsberichte II.

— Beitrag in der Aussprache der VVDStRL 17/228.

Backeberg, Hans-Albrecht: Rechtsgeschäft und Rechtshandlung im Verwaltungsrecht. Ein Beitrag zum System der Verwaltungsakte, Hamburger Dissertation, Hamburg 1933.

Badura, Peter: Der mitwirkungsbedürftige Verwaltungsakt mit belastender Auflage — BVerwGE 11/18, in: JuS 1964/103 ff.

Baring, Martin: Die allgemeinen Lehren des Verwaltungsrechts als Aufgabe, in: Staatsbürger und Staatsgewalt (Verwaltungsrecht und Verwaltungsgerichtsbarkeit in Geschichte und Gegenwart. Jubiläumsschrift zum 100-jährigen Bestehen der deutschen Verwaltungsgerichtsbarkeit und zum 10-jährigen Bestehen des Bundesverwaltungsgerichts. Im Auftrage der Vereinigung der Präsidenten herausgegeben von Helmut R. Külz, Professor Dr. Richard Naumann, Bd. I und II, Karlsruhe 1963), Bd. II, S. 31 ff.
zitiert: *Baring,* in: Staatsbürger und Staatsgewalt, Bd. II, S. 31 ff.

Bartholomeyczik, Horst: Die Kunst der Gesetzesauslegung. Eine wissenschaftliche Hilfe zur praktischen Rechtsanwendung, 3., unveränderte Aufl., Frankfurt/M. 1965.
zitiert: *Bartholomeyczik,* Gesetzesauslegung.

— Die subjektiven Merkmale der Willenserklärung, in: Festschrift für Ficker (Festschrift für Hans G. Ficker zum 70. Geburtstag am 20. Juli 1967. Herausgegeben von Murad Ferid, Frankfurt, Berlin 1967), S. 51 ff.
zitiert: *Bartholomeyczik,* in: Festschrift für Ficker, S. 51 ff.

Bauch, Botho: Das Recht der Beamten, Herne. Berlin 1966.

Baumann, Joachim: Absolute Grenzen der Anwendbarkeit des Grundsatzes von Treu und Glauben im Verwaltungsrecht, Hamburger Dissertation, Hamburg 1955.
zitiert: *Baumann,* Absolute Grenzen.

Baumann, Jürgen: Einführung in die Rechtswissenschaft. Ein Studienbuch, München 1967.
zitiert: *Baumann*, Einführung.

Baur, Fritz: Neue Verbindungslinien zwischen Privatrecht und öffentlichem Recht, in: JZ 1963/41 ff.

Becker, Erich: Verwaltung und Verwaltungsrechtsprechung, in: VVDStRL 14/96 ff.

Behnke, Kurt: Bundesdisziplinarordnung (BDO) in der vom 1. September 1953 geltenden Fassung, Stuttgart und Köln 1954.

Beinhardt, Gerd: Der öffentlich-rechtliche Vertrag als Regelungsbefugnis der öffentlichen Verwaltung im deutschen, französischen und spanischen Recht, Münchener Dissertation, o. O. 1960.
zitiert: *Beinhardt*, Vertrag.

— Der öffentlich-rechtliche Vertrag im deutschen und französischen Recht — Eine rechtsvergleichende Betrachtung —, in: VA 55/151 ff. und 210 ff.

Bender, Bernd: Allgemeines Verwaltungsrecht mit einem Abriß der neueren deutschen Verfassungs- und Verwaltungsrechtsgeschichte, 3. Aufl., Freiburg/i. Brsg. 1956.

Bengel, Manfred: Der privatrechtsgestaltende Verwaltungsakt, Würzburger Dissertation, o.O. 1968.

Bernard, Hans und *Hoffmann*, Reimund: Landesbeamtengesetz für Baden-Württemberg, Berlin 1964.

Bettinger, Heinz: Unterhaltssicherung, Berlin-Spandau. Neuwied 1962.

Bierling, Ernst Rudolf: Juristische Prinzipienlehre, Vierter Band, Neudruck der im Verlag J. C. B. Mohr (Paul Siebeck) erschienenen Auflage von 1894 bis 1917, Aalen 1961.

Blume, Joachim: Schuldrechtsähnliche Sonderverbindungen im öffentlichen Recht, Göttinger Dissertation, Göttingen 1967.

Bochalli, Alfred: Bundesbeamtengesetz. Handkommentar, München und Berlin 1954.
zitiert: *Bochalli*, BBG.

Böhm, Anton: Rechtlich — öffentliche und tatsächliche — öffentliche Wege, in: DAR 1966/169 ff.

Boehmer, Gustav: Grundlagen der Bürgerlichen Rechtsordnung, 2. Buch 1. Abteilung Dogmengeschichtliche Grundlagen des bürgerlichen Rechts, Tübingen 1951.

Bönninger, Karl und *Hochbaum*, Hans-Ulrich und *Lekschas*, Eva und *Schulze*, Gerhard: Das Verwaltungsrecht der Deutschen Demokratischen Republik, Allgemeiner Teil, Berlin 1957.

Boldt, Gerhard und *Steffens*, Heinz: Gewerbeordnung. Kommentar mit einer Einführung in das Gewerberecht, Münster/Westf. 1955.

Brand, Arthur: Das Deutsche Beamtengesetz (DBG), 4. Aufl., Berlin 1942.

Brennhausen, Rüdiger: Geschäftsführung ohne Auftrag im öffentlichen Recht, Gießener Dissertation, Berlin 1934.

Brintzinger, Ottobert Ludwig: Das Allgemeine Verwaltungsgesetz für das Land Schleswig-Holstein, in: DÖV 1968/16 ff.

Brüggemann, Thomas: Der Verzicht von Zivilpersonen im Verwaltungsrecht, Münsteraner Dissertation, o.O. 1965.

Bülow, Arthur: Bundesrechtsanwaltsordnung vom 1. August 1959. Erläuterungsbuch für die Praxis, Berlin-Lichterfelde und Frankfurt/M. 1959.

Bürger, Otto: Die Verpflichtung durch einseitiges Rechtsgeschäft im Verwaltungsrecht, Leipzig 1927 (Leipziger rechtswissenschaftliche Studien — Heft Nr. 25).

Bulling, Manfred: Zur Frage des mangelnden Antrags bei antragsbedürftigen begünstigenden Verwaltungsakten, in: DÖV 1962/378 f.

Bullinger, Martin: Vertrag und Verwaltungsakt. Zu den Handlungsformen und Handlungsprinzipien der öffentlichen Verwaltung nach deutschem und englischem Recht, Heidelberger Habilitationsschrift, Stuttgart 1962 (res publica Band 9).
zitiert: *Bullinger*, Vertrag und Verwaltungsakt.

— Öffentliches Recht und Privatrecht. Studien über Sinn und Funktionen der Unterscheidung, Stuttgart Berlin Köln Mainz 1968 (res publica Band 17).
zitiert: *Bullinger*, Öffentliches Recht und Privatrecht.

— Die behördliche Genehmigung privater Rechtsgeschäfte und ihre Versagung, in: DÖV 1957/761 ff.

Bunjes, Johann: Die systematische Stellung des Grundsatzes von Treu und Glauben in der Steuerrechtsordnung, in: DStR 1965/479 ff.

Burchardi, Friedrich: Die Haftung des Staates für Zufallsschädigungen. Ein Beitrag zur Diskussion um die sogenannte „öffentlich-rechtliche Gefährdungshaftung", Hamburger Dissertation, o.O. 1966.

Burckhardt, Walther: Der Vertrag im Privatrecht und im öffentlichen Recht, Bern o. J.
zitiert: *Burckhardt*, Vertrag.

Busch, Joachim: Öffentlichrechtliche Verwahrungsverhältnisse. Ein Beitrag zum Problem der Umbildung zivilrechtlicher Institute durch das öffentliche Recht, Hamburger Dissertation, Hamburg 1939.

Canaris, Claus-Wilhelm: Die Feststellung von Lücken im Gesetz. Eine methodologische Studie über die Voraussetzungen und Grenzen der richterlichen Rechtsfortbildung praeter legem, Berlin 1964 (Schriften zur Rechtstheorie Heft Nr. 3).

— Systemdenken und Systembegriff in der Jurisprudenz, entwickelt am Beispiel des deutschen Privatrechts, Berlin 1969 (Schriften zur Rechtstheorie Heft 14).
zitiert: *Canaris*, Systemdenken.

Cerutti, K. E.: Der Allgemeine Teil des Verwaltungsrechts und die Verwaltungsrechtsprechung. Entwurf eines Gesetzes, Leipzig 1940.

Clasen, Heinrich: Das mit Zivil- und Verwaltungsrecht gemischte Rechtsverhältnis, in: DÖV 1959/281 ff.

Coing, Helmut: Zur Geschichte des Privatrechtsystems, Frankfurt/M. 1962.

Collasius, Hans-Jürgen: Ausfüllung von Lücken im Normensystem des Verwaltungsrechts durch Rückgriff auf Vorschriften des Bürgerlichen Gesetzbuches. Untersuchung auf der Grundlage der Nachkriegs-Rechtsprechung und -Literatur, Hamburger Dissertation, Hamburg 1957.

Collier, Dieter: Nichtigkeit und Unwirksamkeit im System der bürgerlichen Rechtsordnung, Hamburger Dissertation, Hamburg 1967.

Cramer, Rudolf: Probleme des öffentlich-rechtlichen Vertrages. Eine Untersuchung unter besonderer Berücksichtigung der höchstrichterlichen Rechtsprechung, Hamburger Dissertation, Hamburg 1952.

Crisolli, Julius und *Schwarz*, Martin: Hessisches Beamtengesetz. Kommentar, 1962, Stand: 41. Ergänzungslieferung vom 13. 3. 68.

Däubler, Wolfgang: Das fehlerhafte Ausscheiden eines Gesellschafters aus der offenen Handelsgesellschaft, in: BB 1966/1292 ff.

Daniels, Josef und *Bulling*, Manfred: Bundesärzteordnung, Berlin o.J.

Denker und *Täglich* und *Wiesner:* Der Verkehr mit Sprengstoffen. Das Sprengstoffrecht in der Bundesrepublik Deutschland nach dem Stande von 1. Januar 1966, 16. Aufl., neubearbeitet von Dr. B. Wiesner, Köln-Berlin-Bonn-München 1966.

Distel, Josef und *Selge,* Bodo: Bundesbeamtengesetz. Kommentar, Köln-Deutz 1954.

Dittenberger, Heinrich: Der Schutz des Kindes gegen die Folgen eigener Handlungen im Bürgerlichen Gesetzbuch für das Deutsche Reich, Berlin 1903.

Dölle, Hans: Familienrecht. Darstellung des deutschen Familienrechts mit rechtsvergleichenden Hinweisen, Band II, Karlsruhe 1965.

Dohrn, Max-Jürgen: Die Verwirkung im öffentlichen Recht, Hamburger Dissertation, Hamburg 1951.

Dreier, Ralf: Zum Begriff der „Natur der Sache", Berlin 1965 (Münsterische Beiträge zur Rechts- und Staatswissenschaft 9).

Drexelius, Matthias: Irrtum und Risiko (rechtsvergleichende Untersuchungen und Reformvorschläge zum Recht der Irrtumsanfechtung), Hamburger Dissertation, Hamburg 1964. Zugleich erschienen als Bd. 22 der Arbeiten zur Rechtsvergleichung, Frankfurt/M., Berlin 1964.

Dürig, Günter: Beitrag in der Aussprache der VVDStRL 17/228.

Eckert, Lutz: Leistungsstörungen in verwaltungsrechtlichen Schuldverhältnissen, in: DVBl. 1962/11 ff.

Eltzbacher, Paul: Die Handlungsfähigkeit nach deutschem bürgerlichem Recht. Erster Band Das rechtswirksame Verhalten, Berlin 1903.

Elze, Hans: Lücken im Gesetz. Begriff und Ausfüllung. Ein Beitrag zur Methodologie des Rechts, München und Leipzig 1916 (Abhandlungen zur Rechtswissenschaft und zu ihrer Methode zweites Heft).

Engisch, Karl: Die Einheit der Rechtsordnung, Heidelberg 1935 (Heidelberger Rechtswissenschaftliche Abhandlungen 20).
zitiert: *Engisch,* Einheit der Rechtsordnung.

— Einführung in das juristische Denken, 3. Aufl., Stuttgart 1964 (Urban-Bücher 20).
zitiert: *Engisch,* Einführung.

Enneccerus, Ludwig und *Nipperdey,* Hans Carl: Allgemeiner Teil des Bürgerlichen Rechts, 15., neubearbeitete Aufl. von Hans Carl Nipperdey, Erster Halbband, Tübingen 1959, Zweiter Halbband, Tübingen 1960.

Erichsen, Hans-Uwe: Zum Entwurf eines Allgemeinen Verwaltungsgesetzes für das Land Schleswig-Holstein, in: SchlHAnz 1966/197 ff.

Erman, Walter: Handkommentar zum Bürgerlichen Gesetzbuch in zwei Bänden, 4. Aufl., 1. Bd., Münster/Westf. 1967.

Esser, Josef: Grundsatz und Norm in der richterlichen Fortbildung des Privatrechts. Rechtsvergleichende Beiträge zur Rechtsquellen- und Interpretationslehre, 2., unveränderte Aufl., Tübingen 1964 (Untersuchungen zur vergleichenden Allgemeinen Rechtslehre und zur Methodik der Rechtsvergleichung. Herausgegeben von der Gesellschaft für Rechtsvergleichung (Fachgruppe für Grundlagenforschung) 1).

Etmer, Friedrich und *Bolck,* Jürgen: Bundesärzteordnung mit Kassenarztrecht, Berufs-, Bestallungs- und Zulassungsordnungen, München, Stand: Juni 1965.

Eulitz, Wolfgang von: Ungültigkeit von Verwaltungsakten wegen Irrtums, Leipziger Dissertation, Leipzig 1933.

Eyermann, Erich und *Fröhler,* Ludwig: Verwaltungsgerichtsordnung. Kommentar, 4. Aufl., München und Berlin 1965.

Ficker, Hans G.: Das Recht des bürgerlichen Namens, Frankfurt/M. 1950 (Kleine Fachbibliothek für Verwaltung und Recht Band IV).

Fielitz, Karl Heinrich und *Meier*, Hans und *Montigel*, Eberhard: Personenbeförderungsgesetz, Frankfurt/M. 1967 (Der Wirtschafts-Kommentator C IX, 2 b).

Fischbach, Oskar Georg: Deutsches Beamtengesetz nebst dem Bundespersonalgesetz Band I, Abschnitte I bis VI (§§ 1—49), Bd. II Abschnitte VII XIV bis (§§ 50—184), Detmold-Köln-Berlin-München 1951 (Deutsches Beamtenrecht Nr. 1).
zitiert: *Fischbach*, DBG.

— Bundesbeamtengesetz i. d. F. des Gesetzes v. 1. 10. 1961, 1. Halbband, 3. Aufl., Köln-Berlin-Bonn-München 1964 (Deutsches Beamtenrecht Nr. 4)
zitiert: *Fischbach*, BBG.

— Die Begründung und die Beendigung des Beamtenverhältnisses nach dem Deutschen Beamtengesetz, in: DV 1938/18 ff.

Fleiner, Fritz: Über die Umbildung zivilrechtlicher Institute durch das öffentliche Recht. Akademische Antrittsrede, Tübingen 1906.
zitiert: *Fleiner*, Umbildung.

— Institutionen des Deutschen Verwaltungsrechts. Neudruck der 8., neubearbeiteten Auflage bei J. C. B. Mohr, Tübingen 1928, Aalen 1960.

Fliegauf, Harald: Inwieweit ist nach geltendem Recht die Anordnung der Abschiebungshaft durch die Verwaltungsbehörden noch zulässig?, in: DVBl 1961/270 ff.

Floegel, Johannes und *Hartung*, Fritz: Straßenverkehrsrecht. 17., neubearbeitete Auflage von Dr. iur. Heinrich Jagusch, München 1968.

Flückinger, Paul: Das Zivilrecht als Rechtsquelle des Verwaltungsrechts, in: Rechtsquellenprobleme im Schweizerischen Recht (Festgabe der Rechts- und Wirtschaftswissenschaftlichen Fakultät der Universität Bern, Jahresversammlung 1955), S. 137 ff.
zitiert: *Flückinger*, in: Festgabe für den Schweizerischen Juristenverein, S. 137 ff.

Flume, Werner: Allgemeiner Teil des Bürgerlichen Rechts. Zweiter Band Das Rechtsgeschäft, Berlin-Heidelberg-New York 1965.

Foerster, Germann: Allgemeines Verwaltungsgesetz für das Land Schleswig-Holstein (LandesverwaltungsG-LVwG-) v. 18. April 1967 (GVOBl, S. 131 — GS Schl-H. GL Nr. 20). Kommentar, Wiesbaden 1968.

Forsthoff, Ernst: Lehrbuch des Verwaltungsrechts 1. Band Allgemeiner Teil, 9. Aufl., München und Berlin 1966.

Friedrichs, Karl: Der Allgemeine Teil des Rechts. Eine Darstellung der gemeinsamen Lehren des öffentlichen und des privaten Rechts, Berlin und Leipzig 1927.
zitiert: *Friedrichs*, Allgemeiner Teil des Rechts.

— Der allgemeine Teil des Rechts, in: AnnDR 1917/385 ff.

Fritsch, Georg und *Golz*, Gerhard und *Wicher*, Hans: Straßengesetz des Landes Nordrhein-Westfalen. Kommentar, 2., vollständig neubearbeitete und erweiterte Auflage von Dr. Hans Wicher, Köln-Berlin-Bonn-München 1966.

Fülster, Hans: Grundriß des Verwaltungsrechts. Band I Allgemeiner Teil. Verwaltungsorganisation Materielles Verwaltungsrecht Verwaltungsverfahren, Gießen 1929 (Grundriß des gesamten Rechts Band 17).

Fuhr, Eberhard: Kommentar zur Gewerbeordnung mit einer systematischen Darstellung des Grundrechts der Berufsfreiheit (Art. 12 GG) und allgemeiner gewerberechtlicher Fragen — ohne arbeitsrechtliche Vorschriften —, Stand: Ergänzungslieferung 33 vom 30. 11. 1967.

Fuss: Beitrag in der Aussprache der VVDStRL 21/236 f. und 238.

Gefaeller, Wolfgang: Entstehung und Bedeutungswandel der Arbeitsmündigkeit (113 BGB), Berlin 1968 (Schriftenreihe des Instituts für Rechtssoziologie und Rechtstatsachenforschung der Freien Universität Berlin Band 10).

von Gehe: Zur Frage der Anwendung der sog. Privatrechtstitel im öffentlichen Rechte, in: FischersZ 34/134 ff.

Gerber, Hans: Gutachten über die Frage der gewollten Tarifunfähigkeit von Arbeitgeberorganisationen, Hamburg 1926.
zitiert: *Gerber,* Gutachten.

— Die Grundsätze eines allgemeinen Teils des öffentlichen Rechts in der jüngsten Rechtsprechung des preußischen Oberverwaltungsgerichts, in: VA 36/1 ff.

Gerhardt, Kurt: Kommentar zum Straßengesetz für Baden-Württemberg mit ergänzenden landesrechtlichen und bundesrechtlichen Vorschriften, Stuttgart 1967.

Germann, Oscar Adolf: Probleme und Methoden der Rechtsfindung, Bern 1965.

Germershausen, A. und *Seydel,* G.: A. Germershausen Wegerecht und Wegeverwaltung in Preußen. Vierte, vollständig neubearbeitete Auflage von G. Seydel, Erster Band, Berlin 1932 (Handbücher des Preußischen Verwaltungsrechts I).

Giacometti, Z.: Allgemeine Lehren des rechtsstaatlichen Verwaltungsrechts (Allgemeines Verwaltungsrecht des Rechtsstaates), 1. Bd., Zürich 1960.
zitiert: *Giacometti,* VR.

— Über die Grenzziehung zwischen Zivilrechts- und Verwaltungsrechtsinstituten in der Judikatur des schweizerischen Bundesgerichts, Tübingen 1924.
zitiert: *Giacometti,* Grenzziehung.

Giese, Friedrich: Welche Maßnahmen empfehlen sich, um dem Grundsatz von Treu und Glauben und dem Verbot sittenwidrigen Handelns auf dem Gebiete des öffentlichen Rechts Geltung zu verschaffen?, Prag o. J. (Sonderdruck aus dem Gutachtenband des 6. DJT in der Tschechoslowakei, Karlsbad 1933).
zitiert: *Giese,* Gutachten.

Gitzinger, Hans-Lutwin: Verwaltungsakt auf Unterwerfung. Antragsbedingter Verwaltungsakt oder öffentlich-rechtlicher Vertrag. Ein Beitrag zur Systematik mitwirkungsbedürftiger Staatsakte, Saarbrückener Dissertation, o. O., o. J.

Glasbrenner, Maximilian: Alterserfordernis und Altersgrenze im öffentlichen und im privaten Dienstrecht, Würzburger Dissertation, Würzburg 1967.

Gowa, Ferdinand: Die Rechtsnorm von Treu und Glauben im Verwaltungs recht, Hamburger Dissertation, o. O. 1933.

Grabendorff, Walter und *Arend,* Paul: Landesbeamtengesetz Rheinland-Pfalz, 2. Aufl., Siegburg, Grundlieferung 1967.

Gradenwitz, Otto: Anfechtung und Reurecht beim Irrthum, Berlin 1902.

Greif, Wolfgang: Personenbeförderungsgesetz. Kommentar, München und Berlin 1961.

Groeben, Klaus von der: Über die Notwendigkeit eines allgemeinen Verwaltungsgesetzes unter besonderer Berücksichtigung des Entwurfs eines Allgemeinen Verwaltungsgesetzes für das Land Schleswig-Holstein, in: DVBl 1966/289 ff.

Groeben, Klaus von der: Empfiehlt es sich, den Allgemeinen Teil des Verwaltungsrechts zu kodifizieren? In: Verh. 43. DJT II D 2, D 5 ff. (Referat).

Groeben, Klaus von der und *Knack*, Hans Joachim: Allgemeines Verwaltungsgesetz für das Land Schleswig-Holstein (Landesverwaltungsgesetz). Kommentar, Köln-Berlin-Bonn-München 1968.

Grüter, Stephan Bernward: Der minderjährige Soldat. Ein Beitrag zum Recht des Minderjährigen, Kölner Dissertation, o. O., o. J.
zitiert: *Grüter*, Soldat.

— Zur Wehrpflicht des Minderjährigen, in: NJW 1967/716 f.

— Anmerkung zu VG Kassel in NJW 1967/1339 f.

Gygi, Fritz: Verwaltungsrecht und Privatrecht. Über die Bedeutung des Privatrechts für die öffentliche Verwaltung und seine Beziehungen zum Verwaltungsrecht, Bern 1956 (Abhandlungen zum schweizerischen Recht NF Heft 317).

Hägele, Walter: Der Umfang des Gemeingebrauchs der Anlieger an der Straße, Jenaer Dissertation, Zeulenroda-Thür. 1936.

Hahnenfeld, Günter: Wehrpflichtgesetz. Kommentar, München, Stand: 1. September 1967.

Hamann, Andreas: Die öffentlich-rechtliche Geschäftsführung ohne Auftrag, in: NJW 1955/481 ff.

Hans: Der Vergleich vor dem Verwaltungsgericht, in DVBl 1951/721 ff.

Hantke, Gottfried: Die öffentlichrechtliche Beseitigungsklage, Hamburger Dissertation, Hamburg 1966.

Hartmann: Für die Zulässigkeit gegenseitiger Aufrechnung öffentlich-rechtlicher und privatrechtlicher Forderungen, in: VA 25/389 ff.

Hartz, Wilhelm: Steuerrecht und allgemeines Verwaltungsrecht. Gedanken über Möglichkeiten einer Rechtsvereinfachung durch Rechtsvereinheitlichung, in: Staatsbürger und Staatsgewalt (siehe bei *Baring*), Bd. I, S. 239 ff.

Hatschek, Julius: Lehrbuch des deutschen und preußischen Verwaltungsrechts, Siebente und achte, veränderte Auflage von Dr. Paul Kurtzig, Leipzig 1931 (Nachtrag 1932).

Haueisen, Fritz: Erstattungsansprüche im öffentlichen Recht, in: NJW 1954/977 ff.

Heck, Philipp: Das Problem der Rechtsgewinnung, 2. Aufl., Tübingen 1932.
zitiert: *Heck*, Rechtsgewinnung.

Hedemann, Justus Wilhelm: Die Flucht in die Generalklauseln. Eine Gefahr für Recht und Staat, Tübingen 1933.

Heller, Theodor: Logik und Axiologie der analogen Rechtsanwendung, Berlin 1961 (Neue Kölner rechtswissenschaftliche Abhandlungen Heft 16).

Herbsleb, Hartmut: Die Aufrechnung im Verwaltungsrecht, Münsteraner Dissertation, o. O. 1968.

Herrnritt, Rudolf Hermann: Grundlehren des Verwaltungsrechts. Mit vorzugsweiser Berücksichtigung der in Österreich (Nachfolgestaaten) geltenden Rechtsordnung und Praxis dargestellt, Tübingen 1921.

Hildebrandt, Werner und *Demmler*, Herbert und *Bachmann*, Hans Georg: Kommentar zum Beamtengesetz für das Land Nordrhein-Westfalen, Darmstadt 1963 (Stand: 17. Ergänzungslieferung vom 2. 1. 1968).

Hipp, Wolfgang: Die Aufrechnung im öffentlichen Recht, Hamburger Dissertation, Hamburg 1935.

Hoche, Werner: Waffengesetz nebst Durchführungsverordnung, Ausführungsbestimmungen und amtlicher Begründung, Berlin 1938.

Hofacker, Wilhelm: Die Staatsverwaltung und die Strafrechtsreform, Berlin, Stuttgart, Leipzig 1919.
zitiert: *Hofacker*, Staatsverwaltung und Strafrechtsreform.

— Verwaltungsrechtsordnung für Württemberg. Entwurf eines Gesetzes mit Begründung. Besprochen von Dr. W. Hofacker, Stuttgart 1931.
zitiert: *Hofacker*, Besprechung des EVRO.

Hoffmann, Heinrich: Gesetz über das Apothekenwesen. Kommentar, München und Berlin 1961.

Hofmann, Max: Die Zurücknahme der Genehmigung im Güterkraftverkehrsgesetz, Bad Godesberg 1960 (Schriftenreihe der Arbeitsgemeinschaft Güterfernverkehr im Bundesgebiet e. V. Heft 12)
zitiert: *Hofmann*, Zurücknahme.

Hoke, Rudolf: Willensmängel beim VA, in: DÖV 1962/281 ff.

Holling, Werner: Verwaltung und Verwaltungsrecht, Berlin 1947.

Huber, Ernst Rudolf: Wirtschaftsverwaltungsrecht, 2. Aufl. Erster Band, Tübingen 1953, Zweiter Band Tübingen 1954.
zitiert: *Huber*, Wirtschaftsverwaltungsrecht, Bd. I, II.

Huber-Krebs, Hanns Walter: Untersuchung einer Konformität zwischen Steuerrecht und Privatrecht unter besonderer Berücksichtigung des Mißbrauchstatbestandes, in: StuW 1968 Sp. 97 ff.

Hübschmann und *Hepp* und *Spitaler*: Kommentar zur Reichsabgabenordnung Finanzgerichtsordnung und Nebengesetzen I, III, 1.—5. Aufl., Köln 1951/68.

Hundertmark, Friedrich W.: Führt die Rückgabe des Führerscheins zur Entziehung der Fahrerlaubnis oder erlischt diese durch Verzicht?, in: MDR 1964/561 f.

Imboden, Max: Der nichtige Staatsakt. Eine verwaltungsrechtliche Studie, Zürich 1944.
zitiert: *Imboden*, Der nichtige Staatsakt.

— Der verwaltungsrechtliche Vertrag, Basel 1958 (Basler Studien zur Rechtswissenschaft Heft 48).
zitiert: *Imboden*, Vertrag.

Ipsen, Hans Peter: Das Verbot des Massengütertransports im Straßenverkehr. Rechtsgutachten. Zum Regierungsentwurf eines Straßenentlastungsgesetzes der Arbeitsgemeinschaft Güterfernverkehr im Bundesgebiet e. V. Frankfurt/M., o.O. Juni 1954.
zitiert: *Ipsen*, Rechtsgutachten.

Jaschkowitz: Zur Frage des Verzichts auf vermögensrechtliche Ansprüche der Beamten, in: JW 1927/2843 f.

Jellinek, Georg: System der subjektiven Öffentlichen Rechte, Zweite Auflage (Anastatischer Neudruck der Ausgabe von 1905), Tübingen 1919.
zitiert: G. *Jellinek*, System.

Jellinek, Walter: Verwaltungsrecht, Dritte Auflage, unveränderter Neudruck 1948, Offenburg und Nachtrag 1950.
zitiert: *Jellinek*, VR.

— Der fehlerhafte Staatsakt und seine Wirkungen. Eine verwaltungs- und prozeßrechtliche Studie, Tübingen 1908.
zitiert: *Jellinek*, Der fehlerhafte Staatsakt.

— Gesetz, Gesetzesanwendung und Zweckmäßigkeitserwägung. Zugleich ein System der Ungültigkeitsgründe von Polizeiverordnungen und -verfü-

gungen. Eine staats- und verwaltungsrechtliche Untersuchung, Tübingen 1913.
zitiert: *Jellinek*, Gesetz.

Jellinek, Walter: Zum Entwurf einer Verwaltungsrechtsordnung für Württemberg, in: AöR NF 21/1 ff.

— Zweiseitiger Verwaltungsakt und Verwaltungsakt auf Unterwerfung, in: Verwaltungsrechtliche Abhandlungen (Festgabe zur Feier des fünfzigjährigen Bestehens des Preußischen Oberverwaltungsgerichts 1875* 20. November *1925. Im Auftrage des Verlages herausgegeben von Dr. Heinrich Triepel, Berlin 1925), S. 84 ff.
zitiert: *Jellinek*, in: Festgabe für das pr. OVG, S. 84 ff.

Jentsch, Gero: Die Geschäftsfähigkeit Minderjähriger im deutschen, österreichischen, schweizerischen, französischen und englischen Recht, Bonner Dissertation, Bonn 1967.

Jesch, Dietrich: Der Gemeingebrauch, in: JuS 1963/213 ff. (Korreferat).

Kalsbach, Werner: Bundesrechtsanwaltsordnung und Richtlinien für die Ausübung des Rechtsanwaltsberufs. Kommentar, Köln 1960.

Kaufmann, Arthur: Analogie und „Natur der Sache". Zugleich ein Beitrag zur Lehre vom Typus. Vortrag gehalten vor der Juristischen Studiengesellschaft in Karlsruhe am 22. April 1964, Karlsruhe 1965 (Juristische Studiengesellschaft Karlsruhe Schriftenreihe Heft 65/66).

Kempfler, Herbert: Ist 130 BGB im öffentlichen Recht anwendbar?, in: NJW 1965/1951 f.

Kieckebusch, Klaus: Die öffentlich-rechtliche Genehmigung privater Rechtsgeschäfte, in: VA 57/17 ff.

Klug, Ulrich: Rechtslücke und Rechtsgeltung, in: Festschrift für Hans Carl Nipperdey (zum 70. Geburtstag 21. Januar 1969. Herausgegeben von Rolf Dietz und Heinz Hübner Bd. I, München und Berlin 1965), S. 71 ff.
zitiert: *Klug*, in: Festschrift für Nipperdey, S. 71 ff.

Kniesch, Joachim: Zur Neuordnung der Rechtsquellen im Verwaltungsrecht, in: Gedächtnisschrift Hans Peters (Herausgegeben von H. Conrad, H. Jahreiß, P. Mikat, H. Mosler, H. C. Nipperdey, J. Salzwedel, Berlin-Heidelberg-New York 1967), S. 187 ff.
zitiert: *Kniesch*, in: Gedächtnisschrift für Peters, S. 187 ff.

— Soll man den allgemeinen Teil des Verwaltungsrechts kodifizieren?, in: NJW 1960/1696 ff.

Koch, Friedrich: Das Berufsrecht der Zahnärzte, Berlin-Bielefeld-München 1955.

Koch, Norbert: Die öffentlich-rechtliche Verwahrung, Hamburger Dissertation, Hamburg 1952.
zitiert: *Koch*, Verwahrung.

Kodal, Kurt: Straßenrecht. Alphabetisch geordnetes Handbuch für die Praxis mit den Straßen- und Wegegesetzen des Bundes und der Länder, 2. Aufl., München und Berlin 1964.

Köhler, Ludwig von: Grundlehren des Deutschen Verwaltungsrechts, Stuttgart-Berlin 1935.

Koellreuter, Otto: Grundfragen des Verwaltungsrechts, Köln-Berlin 1955.

Kormann, Karl: System der rechtsgeschäftlichen Staatsakte. Verwaltungs- und prozeßrechtliche Untersuchungen zum allgemeinen Teil des öffentlichen Rechts, Berlin 1910 (Manuldruck 1925).
zitiert: *Kormann*, System.

Kormann, Karl: Grundzüge eines allgemeinen Teils des öffentlichen Rechts, in: AnnDR 1911/850 ff., 904 ff.; 1912/36 ff., 114 ff., 195 ff.

Korte, Gunther: Der Gemeingebrauch im heutigen Recht, vorwiegend nach Reichs- und preußischem Recht untersucht, Erlangener Dissertation, Coburg 1934.

Kottke, Joachim: System des subordinationsrechtlichen Verwaltungsvertrages, Hamburger Dissertation, Hamburg 1966.

Krämer, Klaus: Die Verwirkung von Rechten unter besonderer Berücksichtigung des Steuerrechts, Würzburger Dissertation, o.O. 1964.

Krause, Klaus-Dieter: Der Gemeingebrauch an öffentlichen Straßen im neueren Verwaltungsrecht, Kölner Dissertation, o.O. o.J.

Kriele, Martin: Theorie der Rechtsgewinnung entwickelt am Problem der Verfassungsinterpretation, Münsteraner Habilitationsschrift, Berlin 1967 (Schriften zum öffentlichen Recht, Bd. 41).

Krüger, Herbert: Allgemeine Staatslehre, 2. Aufl., Stuttgart Berlin Köln Mainz 1966.
zitiert: *Krüger,* Staatslehre.

Küchenhoff, Günther: Die öffentlich-rechtliche Willenserklärung der Privatperson, in: Festschrift für Laforet (Veröffentlichungen des Institutes für Staatslehre und Politik e. V. Mainz, Bd. 3. Verfassung und Verwaltung in Theorie und Wirklichkeit. Festschrift für Herrn Geheimrat Professor Dr. Wilhelm Laforet, München 1952), S. 317 ff.
zitiert: *Küchenhoff,* in: Festschrift für Laforet, S. 317 ff.

— Die öffentlichrechtliche Willenserklärung nicht hoheitlicher Art, in: BayVBl 1958/325 ff.

— Faktische Vertragsverhältnisse und faktische Arbeitsverhältnisse, in: RdA 1958/121 ff.

Kühn, Rolf: Abgabenordnung. Finanzgerichtsordnung, 10. Aufl., Stuttgart 1966.

Kümmel, Wilhelm: Kommentar zum Niedersächsischen Beamtengesetz (NBG), Hannover-Döhren 1965, 11. Ergänzungslieferung Dezember 67.

Kuhn, Gustav: Grundrechte und Minderjährigkeit. Die Einwirkung der Verfassung auf die Rechtsstellung des jungen Menschen, Berlin 1965 (Jugend im Blickpunkt. Eine Schriftenreihe für Jugenderziehung, Jugendpflege und Jugendschutz, für Jugendfürsorge und Jugendkriminalrecht).

Kwiatkowski, Gotthard: Die Entstehung des öffentlichen Weges, Breslauer Dissertation, Breslau 1929.

Landmann und *Giers* und *Proksch:* Allgemeines Verwaltungsrecht, 3. Aufl., 1964.

Landmann und *Rohmer* und *Eyermann* und *Fröhler:* Gewerbeordnung. Kommentar, neubearbeitet von Erich Eyermann und Ludwig Fröhler, 12. Aufl., Erste bis dritte Lieferung, Titel I bis V, München und Berlin, Stand: 3. Ergänzungslieferung Juli 64.

Larenz, Karl: Allgemeiner Teil des Deutschen Bürgerlichen Rechts, München 1967.
zitiert: *Larenz,* AT.

— Methodenlehre der Rechtswissenschaft, 2. Aufl., Berlin-Göttingen-Heidelberg 1969.

Larenz, Karl: Richterliche Rechtsfortbildung als methodisches Problem, in: NJW 1965/1 ff.

Lasch, Werner und *Heilmann*, Heinrich: Gesetz über die Sicherung des Unterhalts für Angehörige der zum Wehrdienst einberufenen Wehrpflichtigen (Unterhaltssicherungsgesetz), Berlin und Frankfurt/M. 1957.

Lassaly, Oswald: Die Anwendbarkeit von Normen des bürgerlichen Rechts im öffentlichen Recht, in: FischersZ 59/153 ff.

Lassar, Gerhard: Grundbegriffe des preußischen Wegerechts, Berlin 1919. zitiert: *Lassar*, Grundbegriffe.

— Der Erstattungsanspruch im Verwaltungs- und Finanzrecht, Berlin 1921 (Öffentlich-rechtliche Abhandlungen Heft 2). zitiert: *Lassar*, Erstattungsanspruch.

Lautmann, Rüdiger: Freie Rechtsfindung und Methodik der Rechtsanwendung, Würzburger Dissertation, München 1967.

Lehmann, Heinrich und *Hübner*, Heinz: Allgemeiner Teil des Bürgerlichen Gesetzbuchs, 15. Aufl., neubearbeitet von Heinz Hübner, Berlin 1966.

Leippert, Max: Der Verzicht auf subjektive öffentliche Rechte mit besonderer Berücksichtigung des Verzichts auf Leistungen der Sozialversicherung, Freiburger Dissertation, o.O. 1953 und Zürich 1953.

Lenz, Karl-Heinz: Das Vertrauensschutz-Prinzip zugleich eine notwendige Besinnung auf die Grundlagen unserer Rechtsordnung, Berlin 1968.

Leussner, Clauss und *Gerner*, Erich: Bayerisches Beamtengesetz, München 1961.

Lichter und *Hoffmann*: Staatsangehörigkeitsrecht, 3. Aufl., Köln-Berlin-Bonn-München 1966.

Liebisch, Arnold: Steuerrecht und Privatrecht. Ein Beitrag zur Förderung der Rechtseinheit, Köln 1934.

Lindgen, Erich: Handbuch des Disziplinarrechts für Beamte und Richter in Bund und Ländern. Erster Band Allgemeine Lehren Materielles Disziplinarrecht, Berlin 1966.

Liver: Der Begriff der Rechtsquelle, in: Festgabe für den Schweizerischen Juristenverein (siehe bei *Flückinger*), 1 ff.

Löbbecke, Wolf von: Die Aufrechnung im öffentlichen Recht, Göttingen 1935.

Löwer, Kurt: Der verwaltungsgerichtliche Prozeßvergleich als materielles Rechtsgeschäft, in: VA 56/142 ff., 236 ff.

Lorz, Albert: Naturschutz-, Tierschutz- und Jagdrecht. Fischerei- und Kulturpflanzenschutz, München 1967.

Lüthke, Claus: Gemeingebrauch und Sondernutzung nach hamburgischem Wegerecht, Hamburger Dissertation, Hamburg 1964.

Luther, Gerhard: Änderung des Volljährigkeitsalters, in: FamRZ 1969/113 ff.

Makarov, Alexander N.: Deutsches Staatsangehörigkeitsrecht. Kommentar, Frankfurt/M.-Berlin 1966.

Maneck, Arno und *Schirrmacher*, Herbert und *Kissel*, Otto Rudolf: Hessisches Bedienstetenrecht, 3. Aufl., Ergänzungsband IV Hessisches Beamtengesetz — HBG — mit Nebenbestimmungen, erläutert von Otto Rudolf Kissel, Wiesbaden-Dotzheim, Stand: 1. 3. 1967.

Mang, Johann und *Simon*, Alfons: Bayerische Bauordnung mit ausführlichen Erläuterungen, Übersichten und praktischen Darstellungen, den Durchführungsbestimmungen sowie dem Bundesbaugesetz und weiteren bundes- und landesrechtlichen Vorschriften (Fortführung des Kommentars zur früheren Bauordnung von Englert-Mang), 1. und 2. Aufl., München, Stand: 15. März 1967.

Manigk, Alfred: Das Anwendungsgebiet der Vorschriften für die Rechtsgeschäfte. Ein Beitrag zur Lehre vom Rechtsgeschäft, Breslau 1901 (Studien zur Erläuterung des bürgerlichen Rechts 5. Heft).
zitiert: *Manigk*, Anwendungsgebiet.

— Die Privatautonomie im Aufbau der Rechtsquellen, Berlin 1935.
zitiert: *Manigk*, Privatautonomie.

Marschall, Ernst A.: Bundesfernstraßengesetz, 2. Aufl., Köln-Berlin-Bonn-München 1963.

Martens, Joachim: Zur Begriffsbestimmung des Verwaltungsaktes, in: DVBl 1968/322 ff.

Mattern, Gerhard: Treu und Glauben im Steuerrecht ein Beitrag zur Lehre von der Besteuerungsmoral unter besonderer Berücksichtigung der Rechtsprechung, Stuttgart 1958.
zitiert: *Mattern*, Treu und Glauben im Steuerrecht.

— Grundsätzliches zu Treu und Glauben im Steuerrecht, in Festgabe für G. Küchenhoff (Staat und Gesellschaft. Festgabe für Günther Küchenhoff zum 60. Geburtstag am 21. August 1967. Herausgegeben von Franz Mayer, Göttingen 1967), S. 39 ff.
zitiert: *Mattern*, in: Festgabe für G. Küchenhoff, S. 39 ff.

Mattern, Gerhard und *Messmer*, Kurt: Reichsabgabenordnung; Mit Nebengesetzen einschließlich Steuerberatungsrecht (ohne Beitreibung und Steuerstrafrecht) Grundgesetz Art. 105 ff., Bonn o.J.

Maunz, Theodor: Hauptprobleme des öffentlichen Sachenrechts. Eine Studie zur Methodik und Dogmatik des deutschen Verwaltungsrechts, Habilitationsschrift, München, Berlin und Leipzig 1933.
zitiert: *Maunz*, Hauptprobleme.

Mayer, Franz: Der Gemeingebrauch, in: JuS 1963/205 ff. (Referat).

Mayer, Otto: Deutsches Verwaltungsrecht, Erster Band, Zweiter Band, 3. Aufl., München und Leipzig 1924.
zitiert: *Mayer*, VR, 1./2. Bd.

Meier-Branecke: Die Anwendbarkeit privatrechtlicher Normen im Verwaltungsrecht, in: AöR NF 11/230 ff.

Meier-Hayoz, Arthur: Der Richter als Gesetzgeber, Eine Besinnung auf die von den Gerichten befolgten Verfahrensgrundsätze im Bereiche der freien richterlichen Rechtsfindung gemäß Art. 1 Abs. 2 des schweizerischen Zivilgesetzbuches, Zürcher Habilitationsschrift, Zürich 1951.

Menger, Christian-Friedrich: System des verwaltungsrechtlichen Rechtsschutzes, Tübingen 1954.
zitiert: *Menger*, Verwaltungsrechtlicher Rechtsschutz.

— Die allgemeinen Grundsätze des Verwaltungsrechts als Rechtsquelle, in: Festschrift für Walter Bogs (Sozialenquête und Sozialrecht, Wiesbaden, Juni 1967), S. 89 ff.
zitiert: *Menger*, in: Festschrift für Bogs, S. 89 ff.

Merk, Wilhelm: Deutsches Verwaltungsrecht, Erster Band, Berlin 1962.

Michel, Elmar: Das Gaststättengesetz vom 28. April 1930 in der Fassung der Gesetze vom 3. Juli 1934, 9. Oktober 1934 und 27. September 1938 und die wichtigsten bundes-, reichs- und landesrechtlichen Ausführungs- und Nebenbestimmungen, 4. Aufl., Köln-Berlin 1952.

Mitzschke, Gustav und *Schäfer*, Karl: Kommentar zum Bundesjagdgesetz vom 29. November 1952 unter Einbeziehung der Ausführungsvorschriften der Länder und des saarländischen Jagdrechts, 2. Aufl., Hamburg und Berlin 1957.

Moebis, Rolf: Geschäftsführung ohne Auftrag im Verwaltungsrecht, Heidelberger Dissertation, Menden/Westf. 1934.

Molitor, Erich: Über Öffentliches Recht und Privatrecht. Eine Rechtssystematische Studie, Karlsruhe 1949.

Moser, Artur: Die Behandlung der Familie im geltenden deutschen Reichssteuerrecht, Münchener Dissertation, Berlin 1931.

Müller, Hanswerner: Gelten so allgemein-gehaltene Vorschriften wie § 186 BGB ohne weiteres für die gesamte Rechtsordnung?, in: NJW 1964/1116 ff.

Müller, Wilfried: Beseitigungs- und Unterlassungsansprüche im Verwaltungsrecht, Göttinger Dissertation, Göttingen 1967.
zitiert: *Müller*, Beseitigungs- und Unterlassungsansprüche.

Müller-Freienfels, Wolfram: Die Vertretung beim Rechtsgeschäft, Tübingen 1955.

Münzner, Richard: Rechtsgrundsätze zum allgemeinen Teil des öffentlichen Rechts in den neueren Entscheidungen der Oberverwaltungsgerichte von Preußen und Sachsen und der Verwaltungsgerichtshöfe von Bayern und Württemberg, in: VA 43/95 ff.

Nadler, Max und *Wittland*, Hermann und *Ruppert*, Kuno: Deutsches Beamtengesetz, Teil I Abschnitt I bis VI (§§ 1—49) Abschnitte VII bis XIV (§§ 50 bis 184), Berlin 1938 (Deutsches Beamtenrecht Bd. 2).

Nawiasky, Hans: Allgemeine Rechtslehre als System der rechtlichen Grundbegriffe, 2. Aufl., Einsiedeln/Zürich/Köln 1948.

Nebinger, Robert: Verwaltungsrecht. Allgemeiner Teil, 2. Aufl., Stuttgart 1949.

Nedden, Gerhard und *Mecke de Swebussin*, Heinz: Handbuch des niedersächsischen Straßenrechts. Niedersächsisches Straßengesetz, Göttingen 1964.

Niehues, Norbert: Dinglichkeit im Verwaltungsrecht, Münsteraner Dissertation, o.O. 1963.
zitiert: *Niehues*, Dinglichkeit.

Obermayer, Klaus: Grundzüge des Verwaltungsrechts und des Verwaltungsprozeßrechts, Stuttgart-München-Hannover 1964.
zitiert: *Obermayer*, Grundzüge.

— Gedanken zur Methode der Rechtserkenntnis, in: NJW 1966/1885 ff.

Obrecht, Paul: Treu und Glauben in der Verwaltungsgerichtsbarkeit, Referat, gehalten auf der Helgoländer Fortbildungstagung vom 17.—19. 5. 1967 für Richter der allgemeinen und besonderen Verwaltungsgerichtsbarkeit, in: SchlHAnz 1967/249 ff.

Oertmann, Paul: Die Rechtsbedingung (condicio iuris). Untersuchungen zum bürgerlichen Recht und zur allgemeinen Rechtslehre, Leipzig Erlangen 1934.

Oeschger, Kurt: Zur Lehre vom öffentlich-rechtlichen Vertrag, St. Gallener Dissertation, Winterthur 1954.

Otto, Walter: Der Vorrang des beamtenrechtlichen Entlassungsantrages, in: ZBR 1955/65 ff.

Palandt: Bürgerliches Gesetzbuch, 27. Aufl., München 1968.

Peters, Hans: Lehrbuch der Verwaltung, Berlin/Göttingen/Heidelberg 1949.

Plog, Ernst und *Wiedow*, Alexander: Kommentar zum Bundesbeamtengesetz, o.O., Stand: 15. 11. 1967 (60. Ergänzungslieferung).

Polland, Wolfgang: Steuerrecht und Privatrecht unter besonderer Berücksichtigung der Rechtsprechung des Bundesfinanzhofes und der Finanzgerichte, Kölner Dissertation, Neuß 1960 und Düsseldorf 1960 (Schriftenreihe des Instituts für Steuerrecht der Universität zu Köln, Bd. 14).

Potrykus, Gerhard: Das neue Waffengesetz des Bundes, in: NJW 1968/2219 ff.

Ramforth, Martin: Landesstraßengesetz Nordrhein-Westfalen mit Anmerkungen, Verweisungen, Verfahrensdarstellungen, Mustern und ergänzenden Vorschriften, Köln 1962 (Kommunale Schriften für Nordrhein-Westfalen Nummer 9).

Rausch, H.: Personalausweisrecht nach dem Stande vom 1. Juli 1962, Bielefeld 1962.

Redeker, Konrad und *Oertzen,* Hans-Joachim von: Verwaltungsgerichtsordnung, 2. Aufl., Stuttgart 1965.

Reichard, Hans: Gesetz über das gerichtliche Verfahren bei Freiheitsentziehungen. Mit den bundesrechtlichen Vorschriften zum materiellen Unterbringungsrecht, Köln-Berlin 1956.

Reichel, Hans: Höchstpersönliche Rechtsgeschäfte, Berlin-Grunewald 1931.

Rettenbeck, Alois: Gefährdungshaftung im öffentlichen Recht, Münchener Dissertation, o.O. 1962.

Reichsgerichtsräte-Kommentar zum BGB: Das Bürgerliche Gesetzbuch mit besonderer Berücksichtigung der Rechtsprechung des Reichsgerichts und des Bundesgerichtshofes. Kommentar. Herausgegeben von Reichsgerichtsräten und Bundesrichtern, 11. Aufl. I Band, 1. Teil Allgemeiner Teil, §§ 1—240, Berlin 1959.
zitiert: BGB-RGRK.

Reuter, A.: Allgemeines Verwaltungsrecht in der Rechtsprechung des Bayerischen Verwaltungsgerichtshofs und des Bayerischen Verfassungsgerichtshofs, München 1952.

Rietdorf, Fritz: Zum Musterentwurf eines Verwaltungsverfahrensgesetzes — Einführung und leitende Gesichtspunkte —, in: DVBl 1964/293 ff. 333 ff.

Rössler, Gerhard: Die Aufrechnung im Steuerrecht, in: NJW 1969/494 ff.

Rollin, Klaus: Irrtum und Reurecht. Rechtsvergleichende Untersuchung über die Mißbrauchsverhütung bei der Irrtumsanfechtung, Hamburger Dissertation, Hamburg 1966.

Rosener, Wolfgang: Die Einwilligung in Heileingriffe. Ein Beitrag zur Rechtsgeschäftslehre, Berliner Dissertation, o.O. 1965.

Rosen von Hoewel, Harry von: Allgemeines Verwaltungsrecht, Düsseldorf 1959 (72. bis 76. Tausend).

Rothoelt, Dietrich: System der Irrtumslehre als Methodenfrage der Rechtsvergleichung, dargestellt am deutschen und englischen Vertragsrecht, Tübinger Habilitationsschrift, Tübingen 1968 (Tübinger Rechtswissenschaftliche Abhandlungen Band 18).

Roth-Stielow, Klaus: Gesetzlicher Vertreter und Minderjährigenschutz, in: ZBlJugR 1967/33 ff.

Ruck, Erwin: Schweizerisches Verwaltungsrecht. Erster Band Allgemeiner Teil, 3. Aufl., Zürich 1951.

Ruppert, Ernst: Recht der rheinland-pfälzischen Beamten und Angestellten, Mainz 1963 (Kommunale Schriften für Rheinland-Pfalz Nummer 27).

Sachse, Carl W. A. und *Topka,* E.: Niedersächsisches Beamtengesetz. Kommentar, Berlin-Spandau 1961.

Sailer, Christian: Die Fragwürdigkeit des Privatrechts in der Leistungsverwaltung, in: BayVBl 1966/293 ff.

Schack, Friedrich: „Analogie" und „Verwendung allgemeiner Rechtsgedanken" bei der Ausfüllung von Lücken in den Normen des Verwaltungsrechts, in: Festschrift für Laun (Festschrift zu Ehren von Prof. Dr. jur. Rudolf Laun Rektor der Universität Hamburg Anläßlich der Vollendung seines 65. Lebensjahres am 1. Januar 1947. Gesammelt und herausgegeben von Gustav C. Hernmarck, Hamburg 1948), S. 275 ff.
zitiert: *Schack*, in: Festschrift für Laun, S. 275 ff.

— Willensmängel im Beamtenrecht, in: ZBR 1964/161 ff.

— Die Haftung bei öffentlich-rechtlicher Verwahrung, in: RVerwBl 56/189 ff.

Schätzel, Walter: Das deutsche Staatsangehörigkeitsgesetz. Kommentar, Berlin 1958.

Schallenberg, Hermann: Die Widmung, Stuttgart und Köln 1955 (Verwaltung und Wirtschaft Heft 13).

Scheer, Bernhard: Gaststättengesetz, Hamburg 1959.

Scheerbarth, Hans Walter: Beamtenrecht. Grundlagen und Grundzüge, Siegburg 1967.
zitiert: *Scheerbarth*, Beamtenrecht.

Scherer, Werner und *Krekeler*, Theo: Wehrpflichtgesetz mit Erläuterungen sowie Rechtsverordnungen, Verwaltungsvorschriften und Erlassen zum Wehrpflichtrecht, 3. Aufl., Berlin und Frankfurt/M. 1966.

Schiedermair, Rudolf: Gesetzeskunde für Apotheker. Ein Leitfaden für Studium und Praxis, Zweite Auflage, Frankfurt/M. 1965.
zitiert: *Schiedermair*, Gesetzeskunde.

Schiedermair, Werner: Der Verwaltungsakt auf Unterwerfung — Ein Beitrag zur Lage der öffentlichen Verwaltung und zum Wesen des Grundsatzes der Gesetzmäßigkeit der Verwaltung, Würzburger Dissertation, o.O. 1967.
zitiert: *Schiedermair*, Verwaltungsakt auf Unterwerfung.

Schiedermair, Rudolf und *Blenke*, Günther: Apothekengesetz. Kommentar und Materialien zum Bundesgesetz über das Apothekenwesen, Frankfurt/M. 1960.

Schilling, Karl Jürgen: Wesen und Form der Rechtsverleihung. Ein Beitrag zur Lehre vom subjektiv-öffentlichen Recht unter besonderer Berücksichtigung der Privateisenbahnkonzession, in: JR 1968/87 ff.

Schlez, Georg: Landesbauordnung für Baden-Württemberg mit den Durchführungsbestimmungen sowie dem Bundesgesetz und weiteren bundes- und landesrechtlichen Vorschriften, München 1967.

Schmid, O.: Verwaltungsrechtsordnung für Württemberg, in: WüVR 1931/132 ff.

Schmidt, Hans Wolfgang: Zur Geschäftsfähigkeit der Heranwachsenden, in: SchlHAnz 1967/91 ff.

Schnapp, Detmar: Die Verwirkung im Verwaltungsrecht, Kölner Dissertation, Düsseldorf 1941.

Schneider, Egon: Logik für Juristen. Die Grundlagen der Denklehre und der Rechtsanwendung, Berlin und Frankfurt/M. 1965.
zitiert: *Schneider*, Logik.

Schneider, Hans: Zur Haftung der Gemeinden für ihre öffentlichen Anstalten, in: NJW 1962/705 ff.

Schoenborn, Walther: Studien zur Lehre vom Verzicht im öffentlichen Recht, Tübingen 1908.
zitiert: *Schoenborn*, Verzicht.

Schoenborn, Walther: Altersstufen und Geschäftsfähigkeit im öffentlichen Recht, in: AöR 24/126 ff.

Schönleiter, Waldemar und *Hennig*, Walter: Gesetz über das Verwaltungsverfahren der Kriegsopferversorgung (VfG) vom 2. Mai 1955, Berlin und Frankfurt/M. 1957.

Scholvien, Siegfried: Der Erstattungsanspruch im Verwaltungsrecht, Hamburger Dissertation, Hamburg 1958.

Scholz, Franz: Die Rechtssicherheit, Berlin 1955.

Schroeder-Printzen, Günther: Allgemeines Verwaltungsrecht in Stichworten, Köln, Berlin, Bonn, München 1965.

Schüle: Treu und Glauben im Verwaltungsrecht, in: VA 38/399 ff.; 39/1 ff.

Schulke, Erichheinz: Die Zustimmung des Betroffenen als Rechtsgrundlage belastender Verwaltungsakte, in: DÖV 1959/132 ff.

Schultzenstein: Besprechung von: Fritz Fleiner, Institutionen des deutschen Verwaltungsrechts, Dritte vermehrte Auflage, in: VA 22/196 ff. (22.).

Schunck, Egon und *De Clerck*, Hans: Verwaltungsgerichtsordnung mit ergänzenden Bundesgesetzen und den Ausführungsgesetzen der Länder. Kommentar, 2. Aufl., Siegburg 1967.

Schwarz, H.: Bürgerliches Recht und Verwaltungsrecht. Sind privatrechtliche Normen im Verwaltungsrecht anwendbar?, in: GemTag 1963/145 ff.

Schwarzenbach, Hans Rudolf: Grundriß des Allgemeinen Verwaltungsrechts, 3. Aufl., Bern 1968.

Schwimann, Michael: Die Institution der Geschäftsfähigkeit. Ein Beitrag zu den Grundlagen der rechtsgeschäftlichen Privatautonomie, Wien 1965 (Wiener Rechtswissenschaftliche Studien Zweiter Band).

Seifert, Karl-Heinz: Das Bundeswahlgesetz. Bundeswahlordnung und wahlrechtliche Nebengesetze, 2. Aufl., Berlin und Frankfurt/M. 1965.

Sendler, Horst: Anwendung allgemeiner Vorschriften des BGB im Verwaltungsverfahren, in: NJW 1964/2137 ff.

Seybold, Karl und *Hornig*, Erich: Bundesnotarordnung vom 24. Februar 1961, 4. Aufl., Berlin und Frankfurt/M. 1962.

Siebecke, Friedrich F.: Die Mitwirkungsbedürftigen Verwaltungsakte, Münsteraner Dissertation, o.O. 1959.

Siebert, Wolfgang: Privatrecht im Bereich öffentlicher Verwaltung. Zur Abgrenzung und Verflechtung von öffentlichem Recht und Privatrecht, in: Festschrift für Niedermeyer (Festschrift für Hans Niedermeyer zum 70. Geburtstag 30. November 1953. Dargebracht von der Rechts- und Staatswissenschaftlichen Fakultät zu Göttingen, 1953), S. 215 ff.
zitiert: *Siebert*, in: Festschrift für Niedermeyer, S. 215 ff.

Sieder, Frank: Öffentliche Sachen und Verwaltungsgerichtsbarkeit (Einige alte und neue Probleme des Rechts der öffentlichen Sachen im Gemeingebrauch), in: Staatsbürger und Staatsgewalt (siehe bei *Baring*), Bd. II, S. 91 ff.

Sieder, Frank und *Zeitler*, Herbert: Bayerisches Straßen- und Wegegesetz. Kommentar, München 1960.

Sievers, Rudolf: Das Beamtenrecht der Reichsverfassung in der Rechtsprechung des Reichsgerichts, Berlin 1932.

Simon, Alfons und *Borries*, Reimer von: Die Genehmigungsfiktion im Bodenverkehrsrecht. Versuch, eine mangelhafte Regelung des Bundesbaugesetzes zu bewältigen, in: NJW 1968/1759 ff.

Simons, Lothar: Leistungsstörungen verwaltungsrechtlicher Schuldverhältnisse, Münsteraner Dissertation und Berlin 1967 (Schriften zum öffentlichen Recht Bd. 45).

Sinthaus, Bodo: Die sogenannten allgemeinen Rechtssätze und ihre Anwendbarkeit im Verwaltungsrecht, in: ZfS 1954/124 ff.

Skaupy, Walther: Die ungerechtfertigte Bereicherung im öffentlichen Recht, Berlin 1934 (Rechtswissenschaftliche Studien Heft 56).

Soergel-Siebert: Bürgerliches Gesetzbuch mit Einführungsgesetz und Nebengesetzen, 10. Aufl., Bd. 1 Einleitung Allgemeiner Teil (§§ 1—240), Stuttgart, Berlin, Köln, Mainz, Stand: Frühjahr 1967.

Spanner, Hans: Empfiehlt es sich, den allgemeinen Teil des Verwaltungsrechts zu kodifizieren?, in: Verh.43.DJT I 2 A (Gutachten).

Staudinger: J. v. Staudingers Kommentar zum Bürgerlichen Gesetzbuch mit Einführungsgesetz und Nebengesetzen, I. Bd. Allgemeiner Teil, 11. Aufl., Berlin 1957.

Stern, Klaus: Die öffentliche Sache, in: VVDStRL 21/183 ff. (2. Mitbericht).

— Zur Problematik des energiewirtschaftlichen Konzessionsvertrages, in: AöR 84/137 ff. und 273 ff.

Stich, Rudolf: Das Verwaltungshandeln. Eine Bestandsaufnahme an Hand von Beispielen aus der neueren Gesetzgebung, Rechtsprechung und Literatur, in: JuS 1964/333 ff. und 381 ff.

Sturm, Friedrich: Die Haftung der Länder (Gemeinden, Gemeindeverbände) bei fehlerhafter Verwendung von Haushaltsmitteln des Bundes im Gesetzesvollzug, in: DÖV 1966/256 ff.

Süsterhenn, Adolf und *Schäfer*, Hans: Kommentar der Verfassung für Rheinland Pfalz mit Berücksichtigung des Grundgesetzes für die Bundesrepublik Deutschland, Koblenz o.J.

Tezner, Friedrich: Die Privatrechtstitel im öffentlichen Recht, in: AöR 9/325 ff., 489 ff.

Thieme, Werner: Verwaltungslehre, Köln-Berlin-Bonn-München 1967 (Academia Iuris Lehrbücher der Rechtswissenschaft).
zitiert: *Thieme*, Verwaltungslehre.

— Zur Systematik verwaltungsrechtlicher Handlungsformen, in: Festschrift für Schack (Hamburger Festschrift für Friedrich Schack zu seinem 80. Geburtstag am 1. Oktober 1966. Herausgegeben von Hans Peter Ipsen, Hamburg 1966), S. 157 ff.
zitiert: *Thieme*, in: Festschrift für Schack, S. 157 ff.

Thordsen, Günther: Rechtsfragen im Zusammenhang mit der Einstellung Minderjähriger in den Polizeidienst, in: Polizei 1967/108 ff.

Tipke, Klaus und *Kruse*, Wilhelm: Reichsabgabenordnung (ohne Steuerstrafrecht, Steueranpassungsgesetz, Finanzverwaltungsgesetze Steuersäumnisgesetz) Verwaltungszustellungsgesetz Finanzgerichtsordnung. Kommentar, 2.—3. Aufl., Köln-Marienburg 1965/68.

Turegg, Kurt Egon von und *Kraus*, Erwin: Lehrbuch des Verwaltungsrechts, Vierte, neubearbeitete Auflage von Dr. Erwin Kraus, Berlin 1962.

Ule, Carl Herrmann: Verwaltungsprozeßrecht. Ein Studienbuch, 4. Aufl., München und Berlin 1966.
zitiert: *Ule*, Verwaltungsprozeßrecht.

— Die Entwicklung des Beamtenrechts durch die Rechtsprechung der Verwaltungsgerichte, in: Staatsbürger und Staatsgewalt (siehe bei *Baring*), Bd. II, S. 113 ff.

Ule, Carl Herrmann: Anmerkung zu HessVGH in DV 1949/502 f.

— Die Lehre vom Verwaltungsakt im Licht der Generalklausel, in: Recht - Staat - Wirtschaft, Bd. III (1951), S. 260 ff.

Ule, Carl Herrmann und *Sellmann*, K.-A.: Zum Stand der Vereinheitlichung des Verwaltungsverfahrensrechts, in: DVBl. 1967/837 ff.

Walsmann, Hans: Der Verzicht. Allgemeine Grundlagen der Verzichtslehre und Verzicht im Privatrecht, Leipzig 1912.

Weigelin, Ernst: Die Lücken im Recht, in: IherJb 88/1 ff.

Weimar, Wilhelm: Die Anfechtung von Willenserklärungen eines Beamten bei Begründung und Beendigung des Beamtenverhältnisses, in: RiA 1964/121 ff.

Weiss, Michael: Falsa demonstratio im Verwaltungsrecht, Münsteraner Dissertation, o.O. 1963.

De Weldige-Cremer, Wessel: Die Benutzung öffentlicher Verkehrswege nach der neueren Wegegesetzgebung, insbesondere dem Entwurf eines Straßengesetzes des Landes Nordrhein-Westfalen, Münsteraner Dissertation, Münster 1960.

Wenz, Helmut: Steuerrecht und Privatrecht, in: Staats- und verwaltungswissenschaftliche Beiträge (10 Jahre Hochschule für Verwaltungswissenschaften Speyer, Stuttgart 1957), S. 299 ff.
zitiert: *Wenz*, in: Staats- und verwaltungswissenschaftliche Beiträge, S. 299 ff.

Werner, Fritz: Empfiehlt es sich, den allgemeinen Teil des Verwaltungsrechts zu kodifizieren?, in: Verh. 43. DJT I 2 B (Gutachten).

Westermann, Harry: Besprechung von Enneccerus-Nipperdey, 14. Aufl. 1. Halbjahr 1953, 2. Halbband 1953, in: AcP 154/551 ff.

Wilde, Klaus Rüdiger: Der Verzicht Privater auf subjektive öffentliche Rechte, Hamburger Dissertation, Hamburg 1966.

Wilhelms, Louis: Die Heranziehung des Geburtsjahrgangs 1922 zum Wehrdienst, in: BWV 1959/230 ff.

Wittern, Andreas: Grundriß des Verwaltungsrechts, 5. Aufl., Köln 1968.

Wittmaack: Die Verträge auf dem Gebiete des sächsischen Verwaltungsrechts, in: FischersZ 49/1 ff.

Wolf, Ernst: Zur Methode der Bestimmung von privatem und öffentlichem Recht, in: Festschrift für Molitor (Festschrift für Erich Molitor zum 75. Geburtstag 3. Oktober 1961. Herausgegeben im Auftrag der Mitarbeiter von Hans Carl Nipperdey, München und Berlin 1962), S. 1 ff.
zitiert: *Wolf*, in: Festschrift für Molitor, S. 1 ff.

Wolff, Hans J.: Verwaltungsrecht I. Ein Studienbuch, Siebente Auflage, München 1968.
zitiert: *Wolff*, VR I
Sechste Auflage München und Berlin 1965.
zitiert: *Wolff*, VR I[6].

— Verwaltungsrecht II (Organisations- und Dienstrecht). Ein Studienbuch, 2. Aufl., München und Berlin 1967.
zitiert: *Wolff*, VR II.

— Rechtsgrundsätze und verfassungsgestaltende Grundentscheidungen als Rechtsquellen, in: Jellinek-Gedächtnisschrift (Gedächtnisschrift für Walter Jellinek 12. Juli 1885 — 9. Juni 1955. Herausgegeben von Otto Bachof, Martin Draht, Otto Gönnenwein, Ernst Walz, München 1955), S. 33 ff.
zitiert: *Wolff*, in: Jellinek-Gedächtnisschrift, S. 33 ff.

Wolff, Hans J.: Der Unterschied zwischen öffentlichem und privatem Recht, in: AöR 76/205 ff.

Zimniok, Klaus: Bayerisches Straßen- und Wegegesetz (BayStrWG) vom 11. Juli 1958 (GVBl S. 147) in der Fassung des Gesetzes zur Änderung des Bayerischen Straßen- und Wegegesetzes vom 22. Dezember 1960 (GVBl S. 298). Handkommentar, München 1961.

Zinser, H. W.: Der allgemeine Teil des öffentlichen Rechts in der jüngsten Rechtsprechung des badischen, bayrischen, sächsischen und württembergischen Verwaltungsgerichtshofes bzw. Oberverwaltungsgerichts, in: VA 39/40 ff. und 229 ff.

Zippelius, Reinhold: Grundfragen des öffentlichen Sachenrechts und das Bayerische Straßen- und Wegegesetz, in: DÖV 1958/838 ff.

Zitelmann, Ernst: Lücken im Recht, Rede gehalten bei Antritt des Rektorats der Rheinischen Friedrich-Wilhelms-Universität zu Bonn am 18. Oktober 1902, Leipzig 1903.

Zuleeg, Manfred: Bürgerliche Schuldverhältnisse zwischen Hoheitsträger und Staatsbürger aufgrund Verwaltungsakt? Erlangener Dissertation, o.O. o.J.
zitiert: *Zulegg*, Bürgerliche Schuldverhältnisse.

— Die Rechtsform der Subventionen, Berlin 1965 (Neue Kölner Rechtswissenschaftliche Abhandlungen Heft 36).
zitiert: *Zuleeg*, Subventionen.

Zweigert, Konrad: Irrtümer über den Irrtum. Rechtsvergleichende Bemerkungen zur Irrtumslehre, in: ZfRV 1966/12 ff.

FSC
www.fsc.org
MIX
Papier | Fördert
gute Waldnutzung
FSC® C083411

Kolibri 360 GmbH
Ferdinand-Jühlke-Straße 7
99095 Erfurt, Deutschland
produktsicherheit@kolibri360.de

Druck:
CPI Druckdienstleistungen GmbH
im Auftrag der
Kolibri 360 GmbH
Ferdinand-Jühlke-Str. 7
99095 Erfurt